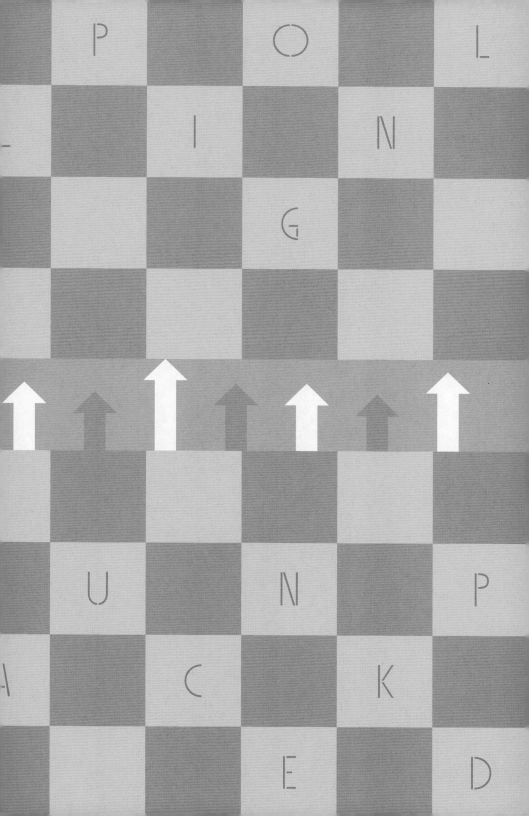

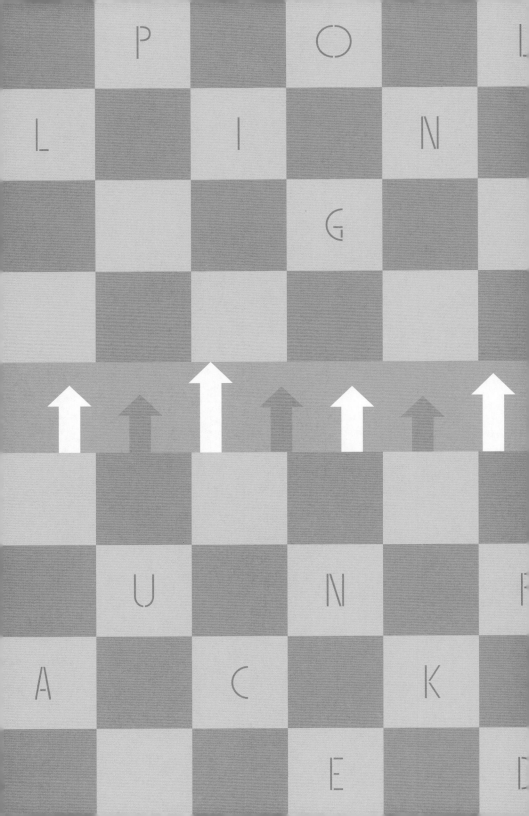

낱낱이 파헤치는
여론조사의 모든것

낱낱이 파헤치는
여론조사의 모든것

초판 1쇄 인쇄 2024년 3월 15일
초판 1쇄 발행 2024년 3월 22일
지은이 마크 팩
옮긴이 김문주
펴낸이 김요셉
책임편집 김요셉
디자인 보통스튜디오
펴낸곳 이사빛
등록 제2020-000120호
주소 서울특별시 서대문구 간호대로 11-31 102호
대표 전화 070-4578-8716
팩스 02-6342-7011
ISBN 979-11-986029-0-9 (03340)
내용 및 집필 문의 2sabit@naver.com

※책값은 뒤표지에 표시되어 있습니다.
※파본이나 잘못된 책은 구입하신 곳에서 바꿔드립니다.

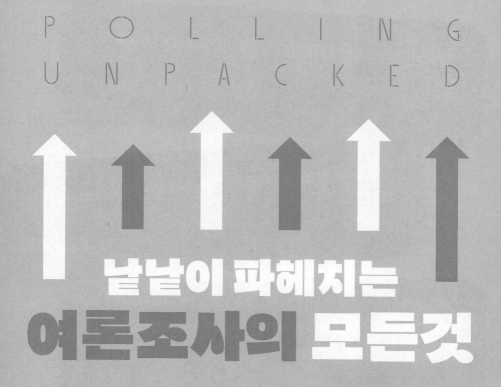

POLLING
UNPACKED

낱낱이 파헤치는
여론조사의 모든것

마크 팩 지음

김문주 옮김

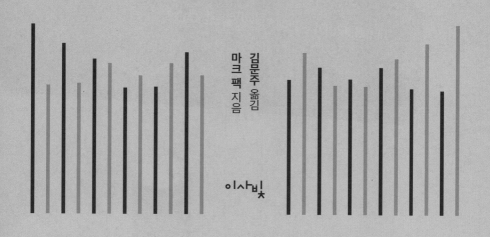

이사빛

"데이터가 없다면 당신은 그저 어떤 의견을 가진 또 한 명의 사람일 뿐이다."

- 통계학자 W. 에드워즈 데밍

"여론조사는 시민들의 감정과 의견, 태도에 민감한 민주주의에서 필수적이다."

- 사회학자 해럴드 멘델슨

"갤럽 여론조사는 '여론의 단면'이라고 불리지만, 나는 갤럽의 여론조사가 합법적이면서 동시에 매우 위험한 관례이자 하원의 독립성을 약화시킬 수도 있는 존재라고 생각한다."

- 정치인 초대 자작 스탠스게이트

"제군들, 우리가 곤란에 처한 것 같습니다만."

- 여론조사원 조지 갤럽, 1948년 미국 대통령 선거결과가 발표되고 여론조사가 승자를 잘못 예측했음이 밝혀지자

목
차

"개개인은 풀 수 없는 수수께끼지만, 여럿이 모이면 수학적인 확신이 되지. 예를 들어, 어느 한 사람이 무슨 일을 하려는지 절대 예측할 수 없지만, 평균적으로는 무슨 일을 할지 정확히 이야기할 수 있는 거야."

— 셜록 홈즈

수많은 정치인들이 기분 좋게 인정하는 거짓말이 하나 있다. 정치인들은 세상을 향해 여론조사에 신경 쓰지 않는다고 말한다. 그러나 비공식적으로는 여론조사의 세세한 부분까지 깊이 들여다보다가 자신에 대한 여론조사를 의뢰하고 다른 정치인들의 조사 결과에 조바심을 내곤 한다.

정치인들은 자꾸 숨기려하지만, 여론조사에 관심을 기울이는 것은 바람직한 일이다. 기상학자들이 오늘의 날씨를 살피고 스포츠팀의 매니저들이 리그 성적표에 관심을 가지며 아마도 작가들은 도서 판매차트를 염두에 두는 것이 자연스럽듯, 정치인들이 여론조사를 들여다보는 것은 자연스러워야 한다. 제대로 실시된 여론조사는 여러분에게 무슨 일이 벌어지고 있는지를 알려주며, 여러분의 생각 너머에 무엇이 있는지를 알려준다. 또한 대중에게 봉사해야 하는 사람에게 대중이 무엇을 원한다고 말하는 지도 알려준다. 즉, 형편없는 여론조사로부터 훌륭한 여론조사를 구분해낼 수 있다면 그리고 의심스러운 여론조사로부터 유용한 통찰력을 분리해낼 수 있어야 한다는 의미다.

이 시점에서 이 책이 슬쩍 끼어들어 본다. 나는 여론조사가 어떻게 작용하며, 어떻게 해야 올바르게 실시할 수 있는지 보여주는 것뿐 아니라, 언제 여론조사가 잘못 되는지도 살펴보려 한다. 여론조사가 심하다 싶을 정도로 틀려서 가끔은 그냥 무시하는 게 최선일 수도 있을까? 스포일러: 아니, 그렇지 않다.

이 질문들을 철저히 캐보기 전에 몇 가지 정의를 순서대로 살펴보자. 이 책에서는 여론조사를 다음과 같이 설명한다: 한 집단의 사람들에게 체계적으로 질문을 던져서 그 답이 더 큰 집단을 대표하도록 보정하는 것. 여기에서 더 큰 집단이란 테네시가 될 수도 있고, 뉴사우스웨일스나 영국이 될 수도 있다. 핵심은 더 큰 인구의 의견을 측정하기 위해 작은 집단의 사람들에게 질문을 던져서 그 결과를 활용한다는 데에 있다.

좀 더 구체적으로 이야기하자면, 이 책은 정치 여론조사를 설명한다. 즉, 투표의향, 정부의 최신예산안에 대한 태도, 정치인들에 대한 지지율 등 주로 정치적인 질문들을 하는 여론조사라는 의미다. 정치여론조사와 비정치여론조사의 방법론은 대부분 똑같으며, 따라서 이 책의 많은 부분은 일반적인 여론조사를 이해하는 데에도 큰 도움이 될 것이다. 그러나 정치 여론조사에는 몇 가지 특별한 반전들이 존재하는데, 이 책에서 그 부분들을 다루려 한다.

'여론조사원'이라는 단어 자체를 최초로 사용한 것은 1939년 <타임>이였다. 이 용어가 탄생한 계기는 인생을 밝게 비춰주는 몇 가지 아름다운 우연 가운데 하나였다. 최초의 선거운동 여론조사원 에밀 허자가 이 시대의 가장 유명한 여론조사원인 조지 갤럽을 자택에서 어떻게 조사했는지 설명하기 위해 만들어낸 용어였기 때문이다. 문자 그대로 갤럽의 명성은 계속 살아남았지만 허자는 무명의 존재로 전락하고 말았다. 이 책은 갤럽과 허자, 그 전임자와 후임자들 그리고 이들의 작업을 어떻게 이해할 것인지에 관한 이야기다.

제 1 장

최초의
정치여론조사

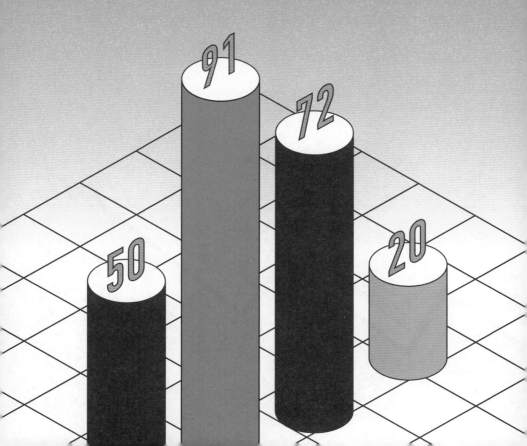

"일반적인 선거에서 정치지도자는 만성적으로 혹사당하고 <데일리 프레스>를 세심히 들여다볼 수 있는 시간도 없는 것을 제외하고는 거의 한치 앞도 안 보이는 안개 속에서 비행하는 파일럿이라든가 전사와 같다...(그렇기 때문에) 시장조사는 가치 있는 역할을 맡고 있다."

- 영국의 전 총리 해럴드 윌슨

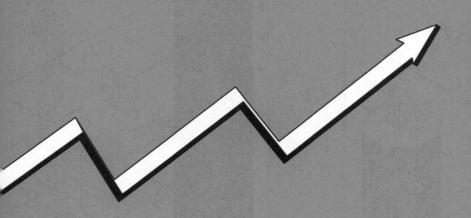

정치여론조사는 민주주의정치를 이루는 기본적인 리듬의 한 부분이지만, 항상 그랬던 것은 아니었다. 정치여론조사는 민주주의보다 훨씬 더 최근에 고안된 것이기 때문이다. 민주주의의 시작은 2천 년을 거슬러 올라가야 하지만, 정치여론조사는 고작 두 세기 전, 미국의 어느 특별한 선거에서 시작됐다.

미국

1824년 미국 대통령선거는 기이했다. 오직 단 하나의 정당만이 참여한 경쟁이었기 때문이다. 진짜 경쟁은 대중의 표를 받기 위해 경쟁하는 데에 한 정당에서 네 명의 후보자가 등장했다는 데에서 벌어졌다. 그러나 대중의 투표는 선거결과를 좌우하지 않았고, 그 대신에 선거인단에서 과반수를 차지한 후보가 없다면 대통령 선출은 하원에게로 넘어갔다. 하원의 투표를 통해 결정된 승자^{당시 존 퀸시 애덤스가 승리했다}는 선거인단의 투표도, 일반 유권자들의 투표도 거칠 필요 없었다.

애덤스의 승리는 미국 정당체계가 발전하는 분수령이 됐다. 그때까지 민주공화당^{훗날의 민주당이나 공화당과 헷갈리지 말자}이 미국 정계를 지배하고 있었고, 1820년에 실시됐던 직전의 대통령 선거에서 민주공화당의 후보였던 제임스 먼로에게는 의미 있는 적수조차 없었다.

정당은 대통령 후보를 뽑을 수 있는 권력을 대의원단에 주었다. 그리고 선출된 후보의 승리를 위협할 만한 다른 정당의 경쟁자가 없었기 때문에, 요컨대 대통령선거는 대의원단이 단독으로 행하는 소규모의 폐쇄적인 선택이었다는 의미가 됐다.

소규모 코커스Caucus, 미국 대선과정에서 각 정당이 대통령 후보를 지명하는 전당대회에 내보낼 대의원을 뽑는 당원대회 - 옮긴이에 권력을 안겨주고 집중시키는 행태는 미국 건국의 아버지들이 피하려고 부단히도 노력한 일종의 군주권력이었기에 1824년에는 '킹 코커스King Caucus'라고 널리 조롱당했다. 그 결과 1824년 정당의 공식적인 대선후보를 선출하는 투표에는 대의원의 4분의 1만 참여했다. 게다가 정당 내에서 그 외에 세 명 역시 대통령에 입후보했다.

대선에서 일반 유권자들이 투표하도록 하는 주들이 점차 늘어나면서 엘리트 의사결정자로부터 권력이 이동하는 현상이 강화됐다. 예전에는 개별적인 주 의회에서 그 주의 전국 선거인단을 선발했고, 그 후 선거인단이 후보 가운데에서 대통령을 선출했다. 그러나 점점 더 많은 주들이 선거인단 구성을 결정하는 데에 일반투표를 거치도록 했다. 1800년에는 16개 주 가운데 오직 5개 주만 일반투표를 실시했지만 1824년에는 24개 주 가운데 18개 주가 실시했다. 그리고 1836년에는 사우스캐롤라이나 주가 유일하게 일반투표를 실시하지 않는 주로 남았다.

혼란스럽지만 정당한 경쟁은 결과에 대해 진짜 의구심을 품게

했고, 민주공화당의 대의원단이 가진 권력은 분열했으며, 개별 주에서 결과를 결정하기 위해 일반투표를 활용하는 경우가 늘어났다. 이 세 가지 요인은 후보들에 대한 대중또는 적어도 선거를 하도록 허용된 일부 남성들들의 생각에 평소보다 더 많은 관심을 기울이게 됐음을 의미했다.

그 결과, 이 경쟁을 위해 현대적인 정치 여론조사의 조상들로 눈을 돌리게 됐다. 예를 들어 독립기념일 같은 다양한 행사에서 얼마나 많은 사람들이 각 후보를 지지하는가를 단순하게 조사하는 밀짚여론조사Straw Poll, 풍향을 알아볼 때 밀짚Straw을 던져보았다는 데에서 유래된 이름으로, 엄격한 통계적 표본추출을 거치지 않은 여론조사를 의미한다 - 옮긴이였다. 어떤 경우에는 공공장소에 며칠 동안 책 몇 권을 놓아두고 사람들이 투표할 사람의 이름을 거기에 쓰도록 하기도 했다. 그러나 밀짚 여론조사는 주로 지역의 민병대 집회에서 이뤄졌다. 민병대 소집일은 그런 조사를 하기에 이상적인 사례였는데, 정식민병대에는 18세에서 45세 사이의 모든 백인남성들이 등록되어 있었고 연례집회는 많은 군중을 끌어 모으는 인기 있는 행사였기 때문이었다. 이들에게 선거에 관해 묻는 일은 민병대의 민주주의적이고 정치적인 전통에도 맞아 떨어졌다. 대부분의 민병대는 하급 장교들을 투표로 뽑았고 일부 주에서는 심지어 상급 장교들마저 투표로 뽑았다. 이들은 여론을 시험하기에 자연스럽고도 상대적으로 확실한 방법이었다. 그러나 훗날의 선거논쟁을 미리 예고라도 하듯 민병대 집회에 참석한 이들이 더 광범위한 대중들을 어떻게 대표할 수 있는가에 대해 떠들썩하게 찬반론이 일었다. 후보자 중 하나였던 앤드류 잭슨이 민병대의 영웅이었음을 생각하면 더욱 그랬다.

대표성을 띤 표본을 확보하기 위해 이 책에서 설명하고 있는 기술들이 당시에는 그 어디에도 존재하지 않았다. 일부 보도는 어느 후보자가 '대중'의 선택을 받았다고 선언할 수 있을지 윤곽을 제시하는 데에 도움이 되도록 여러 행사의 숫자들을 집계했지만, 이 숫자는 현대의 여론조사보다 훨씬 더 허술하고 날 것 그대로의 문제였다.

이 밀짚 여론조사들의 정확한 세부내용들은 가끔 잘못 보도되고 가끔은 신문들이 정리한 그대로 설명된다. 또 가끔은 다른 신문들이 이미 보도한 내용을 그저 재보도할 뿐인 신문들에게 저작권을 인정하기도 한다. 그러나 <롤리 스타 앤드 노스 캐롤라이나 스테이트 가제트Raleigh Star and North Carolina State Gazette>나 <윌밍턴 아메리칸 와치맨 앤드 델라웨어 어드버타이저Wilmington American Watchman and Delaware Advertiser>, <스타 앤드 노스 캐롤라이나 가제트Star and North Carolina Gazette> 등 세 종의 신문들은 밀짚 여론조사를 가장 선구적으로 보도했다는 공을 인정받을 만하다.

훗날 정치 여론조사에 관한 언쟁을 미리 보여주는 또 다른 사례로는, 밀짚 여론조사의 결과가 자신의 편집논조에 맞거나 맞지 않거나에 따라 밀짚 여론조사를 선호하거나 선호하지 않는 다양한 신문들의 유형이 있었다는 점이다. 예를 들어, <롤리 레지스터Raleigh Register>는 윌리엄 H. 크로포드 후보를 지지했으며 '사람들의 의견을 어설프게 수집하는' 행위를 공격했다. 수집된 의견들에 따르면 크로포드가 뒤쳐져 있었다. 가장 초창기 형태의 여론조사가 기지개를 펴고 운영되고 있었다.

다음 차례의 중대한 발전 역시 미국에서 등장했는데, 이번에는 19세기에 <콜럼버스 디스패치Columbus Dispatch>와 함께였다. 1824년 이후 계속된 밀짚 여론조사로부터 한 단계 진보해서, 이 신문은 조사원을 훈련시켜서 도시 곳곳에 내보냈다. 심지어 조사 대상자의 나이와 직업까지 고려해서 그 결과가 대표성을 띄도록 만들려고시도하기까지 했다. 그러나 이 선구적인 노력은 인기를 얻지 못했고, 점차 더 많은 투표수가 더해지면서 밀짚 여론조사가 계속 이어짐에도 불구하고, <디스패치>의 방법론적인 정교함은 여전히 예외로 남아 있었다. 게다가 그 결과들은 지리적으로도 제약이 있었고, 전국에서 지지도를 측정하려는 시도는 존재하지 않았다.

20세기 초 전국지인 <리터러리 다이제스트Literary Digest>와 함께 상황이 바뀌었다. 전국 곳곳의 사람들에게 질문을 던져서 전국적인 결과를 구한다는 개념을 도입했으며, 몇 년 후 너무나 중대한 실패의 굴욕을 겪은 덕에 현대적인 여론조사를 수립하게 된 것 모두 <리터러리 다이제스트>가 이룬 공이었다.

<리터러리 다이제스트>는 1916년 선택된 지역의 사람들에게 질문들을 제공하기 시작했고, 이후 전국으로 확대되었다. <콜럼버스 디스패치>와 함께 <리터러리 다이제스트>는 질문을 받은 사람들이 더 큰 규모의 대중들을 대표하는지 확인할 필요성을 어

느 정도 이해하고 있음을 보여주었다. 그러나 이 잡지는 전화번호부나 동호회 명단 또는 자동차를 등록한 사람 등 한정된 명단에서 사람들을 주로 선택했다.

이 잡지의 여론조사는 이례적일 정도로 많은 수의 응답자가 관여되어 있다는 점에서 권위를 얻고 유명해졌다. 1930년 금주령에 대한 질문에 5백만 명의 사람들이 응답했다. 신뢰할 수 있는 잡지사라는 인상은 <리터러리 다이제스트>가 선거에서 기록한 성적 덕에 강화됐다. 연속 다섯 번의 대선1916년, 1920년, 1924년, 1928년, 1932년 에서 <리터러리 다이제스트>의 조사는 정확히 승자를 예측했기 때문이었다.

그렇게 해서 <리터러리 다이제스트>는 가장 유명한 밀짚 여론 조사기관이 됐다. 결코 유일한 기관은 아니었지만, 편향된 결과의 위험성을 이해하지 못하는 멍청이들이 몰고 가는 밀짚 여론조사도 아니었다. 오히려 그 반대였다. 밀짚 여론조사의 결과와 선거 결과 간의 비교는 기본이었고, 밀짚 여론조사를 통해 최고의 결과를 얻으려고 애쓰느라 방법론도 다양하게 변형됐다. 심지어 현재 우리가 방법론적으로 엄격하다고 인정하는 방식도 포함됐다. 예를 들어, 가끔 선거인 명부에서 매 열 번째 사람에게 투표의향을 묻는 식이다. 이런 식의 여론조사에 착수하는 이들은 표본추출의 수학적 원리는 이해하지 못했을지 모르지만, 올바른 일을 하기 위해 더듬더듬 나아가고 있었다. 가끔은 어떤 약이 왜 효과를 발휘하는지 제대로 이해하기도 전에 치료법이 발전하는 모습을 보는 것과 마찬가지였다.

그러나 신중한 관찰자들에게는 결점의 징후가 눈에 띄었다. 1936년 이전의 한 비평가가 언급했듯, <리터러리 다이제스트>가 정확히 승자를 예언한 다섯 번의 대선 가운데 오직 단 한 번, 1916년 대선만이 치열한 접전이었다. 나머지 네 번의 선거는 압도적인 승리였기 때문에 연속 다섯 번 승자를 올바르게 예측하는 일은 훨씬 더 쉬웠다. 게다가 단순히 승자뿐 아니라 득표율을 예측하는 <리터러리 다이제스트>의 성적은 훨씬 인상적이지 못했다. 이런 결점의 징후에도 불구하고 여론조사에 수백만 명이 참여했다는 점과 승자를 정확히 예측한 성적 덕에 1936년 이 잡지는 "<다이제스트>의 여론조사는 여전히 수백만 명에게 성경이 된다"라고 주장할 수 있었다.

그 후 1936년 미국 대통령 선거가 다가왔다. 전국 천만 명의 사람들이 편지를 받았고 2,266,566통의 응답이 돌아왔다. 그 결과 공화당 앨프 랜던의 압도적인 승리가 점쳐졌고, 57퍼센트 대 43퍼센트로 민주당 후보이자 현직 대통령인 프랭클린 D. 루스벨트를 앞서고 있었다. <리터러리 다이제스트>는 다음과 같이 보도했다.

거의 4반세기 동안, 특히나 대선이 열리는 해마다 우리는 48개주 유권자들을 대상으로 여론조사를 실시해왔다. 그리고 우리는 언제나 그저 투표용지를 발송한 뒤 답장으로 돌아온 용지를 계산하고

기록해서 전국의 국민들이 우리의 정확성에 따라 결론을 낼 수 있도록 했다. 지금까지 우리는 매번 여론조사에서 옳았다. 우리의 여론조사는 이 분야에서 가장 상세한 밑짚 여론조사를 대표하며, 25년간 완벽을 기해왔다는 점에서 가장 노련하며, 그 명성으로 보아 가장 공평한 여론조사이기도 하다. 우리의 여론조사는 지금까지 언제나 정확했다.

<리터러리 다이제스트>는 한층 더 나아가 그 숫자가 전혀 손을 대지 않은 순수한 상태임을 자랑했다. 요즘 식품제조업자들이 자연에서 나고 첨가물이 전혀 없는 식품임을 어떻게 뽐내는지를 떠올리게 만드는 방식으로 이 부분을 내세웠다. "이 숫자들은 우리 국가에서 투표하는 유권자 다섯 명 당 한 명 이상에게서 응답을 받은 그대로다. 가중치를 주거나 보정하거나 해석하지 않았다."

그러나 그 명성은 그리 오래가지 않았다. 실제 선거결과에서 프랭클린 D. 루스벨트가 압도적으로 승리를 거둔 것이다. 43퍼센트 대 57퍼센트로 낙선하기는커녕, 루스벨트는 61퍼센트 대 37퍼센트로 쉽게 재선에 성공했다. 득표율과 선거인단투표 모두 1820년 이후 대선에 출마했던 그 어떤 후보보다도 높았다.

기특하게도 이후 잡지는 이렇게 기사제목을 뽑았다. "얼굴이 벌겋게 달아오르네!" 다만 이후에도 여론조사를 계속 진행하겠다는 번드르르한 결심을 밝혔다. "현대의 미식축구에서 가장 위대한 성

적을 낸 미네소타대학교가 스물한 번의 연승행진을 한 뒤에 마침
내 한 번 시합에서 졌다고 해서 운동을 포기해야 하겠는가?"

　뭐가 잘못이었을까? 전체 유권자 내에서의 비율보다 더 많은
공화당 지지자들이 여론조사에 참여했다는 데에서 부분적으로
답을 찾을 수 있다. 잡지가 활용한 정보원들은 자동차 소유주 등
돈이 더 많은 사람들로 편향되어 있었다. 1936년에 이 사실은 특
히나 문제가 됐는데, 선거가 심각한 경제침체를 겪고 있는 사이
에 치러졌으며 빈곤층을 돕기 위해 아주 다양한 노선을 가진 경쟁
자들이 경쟁했기 때문이었다. 그러나 이 설명은 그 자체로 충분치
않았다. 예를 들어, 시카고에서 <리터러리 다이제스트>는 등록
유권자 세 명 당 한 명에게 의향을 묻는 현대적인 표본추출방식을
따라했기 때문이었다. 그럼에도 랜던의 지지율을 예측한 결과는
역시나 지나치게 높이 나왔다. 한편, 각 후보자의 지지자들이 얼
마나 열심히 이런 여론조사에 참여했는지도 관건이었다. 이 초기
형태의 '무응답 편향'은 전반적인 오차에 크게 기여했다. 전체 유
권자 내 비율보다 더 많은 공화당 지지자들을 조사대상으로 삼았
다는 문제점과 비교했을 때 그 영향력은 두 배 정도 더 컸다.

　그러나 <리터러리 다이제스트>가 완전히 틀린 와중에 더 적은
사람들, 정확히는 230만 명이라는 숫자와 비교해 5만 명이라는
훨씬 적은 규모로부터 얻어낸 결과를 사용해 몹시도 정확한 결과
를 내놓은 신참이 있었다. 그러나 이 결과는 마치 가공되지 않은
날 것 그대로의 자료가 미덕인양 가중하거나 보정 또는 해석하지

않은 채 남겨둔 것이 아니었다. 오히려 진실을 만들어내기 위해 가중치를 주고 보정하고 해석한 숫자였다.

그 신참은 바로 조지 갤럽이었다. 갤럽은 표본추출에 감춰진 통계이론을 이해하는 것을 바탕으로 한 새로운 과학적 방법으로 무장했다. 그에게는 응답자의 수가 여론조사를 정확하게 만들지 않는다는 결정적인 통찰이 있었다. 그보다 중요한 것은 이 응답자들이 측정하려고 하는 인구를 얼마나 대표하는 지였다. 우리는 후에 표본추출의 과학이자 기법을 좀 더 자세히 살펴볼 예정이다. 지금으로서는, 예를 들어 사람들이 어느 축구팀을 지지하는지를 알고 싶다면 뉴캐슬 유나이티드의 홈구장인 세인트 제임스 파크 앞에 서서 사람들에게 질문을 하는 것으로는 정확한 그림을 얻지 못할 것임을 아는 것으로 충분하다. 조사결과는 분명 뉴캐슬 또는 그날 시합하는 상대 팀을 향해 아주 심하게 왜곡되어 있을 것이다. 또한 상대팀은 실제로 지지자가 없어서가 아니라 어디에서 누구에게 질문했는지에 따라 그 결과가 형편없이 나올 것이다. 그렇기 때문에 더 큰 규모의 표본을 확보하는 것이 가능한 트위터가 훨씬 더 작은 표본을 대상으로 하는 적절한 여론조사보다 더 낫다고 주장하면서, 트위터를 통해 '더 큰 규모의 표본에 도달할 수 있게 리트윗해주세요'라고 요청하는 것은 부적절하다. 트위터 사용자들, 더군다나 여론조사를 공유하는 계정을 팔로우하는 한정된 숫자의 사용자들은 더 큰 인구의 특색을 잘 나타내지 못한다. 특정 스포츠 종목의 경기장 바깥의 사람들이 대중 전체는 고사하고 모든 스포츠팬들을 대표하지 않는 것과 마찬가지다. 규모는 크지만 품질이 떨어지는 표본은 고품질의 작은 표본에게 질 수밖에 없다.

조지 갤럽은 이 사실을 잘 알고 있었으며, 이 사실을 아는 유일한 여론조사원도 아니었다. 그에게는 경쟁자가 둘 있었는데, 이 둘은 여론조사 전문기술을 개발해서 사업조사뿐 아니라 정치에도 적용했다. 바로 <포춘>의 여론조사를 이끈 엘모 로퍼 갤럽보다 몇 달 앞서 <리터러리 다이제스트>를 위해 여론조사를 시작했다 와 허스트 잡지사를 위해 여론조사를 기안하고 지휘한 아치볼드 크로슬리였다. 아이러니하게도 크로슬리는 <리터러리 다이제스트>의 전임자였고, 그 후에는 라디오 청취자 데이터를 만들어내기 위해 전화로 표본을 무작위로 추출하는 선구적인 역할을 했다. 갤럽의 두 경쟁자도 모두 1936년 대선결과를 올바르게 예측했다. 그러나 갤럽은 홍보의 귀재로, <포춘>이 득표율에 더 가깝게 예측했음에도 더 많은 관심을 한 몸에 받았다.

어울리지 않게도 갤럽은 신문 독자층을 분석하는 것으로 박사학위를 취득했다. 그는 사람들이 어떻게 신문을 읽는 지를 파악하기 위해 단순히 질문을 하는 것보다 더 우수한 방식을 찾아내려고 검토했다. 단순히 질문을 던지는 방식은 신뢰성이 떨어지기 때문이었다. 세계에서 가장 유명한 여론조사원이 된 갤럽은 사람들이 설문조사에서 내놓는 답에 의심을 품는 데에서 박사학위를 획득했다.

갤럽은 후에 광고회사인 영 앤드 루비캠에서 연구책임자가 됐고, 장모인 유니스 밀러를 돕기 위해 처음 정치여론조사를 시작했다. 1932년 유니스 밀러는 민주당 후보로서 아이오와주 국무장관 선거에 출마하기로 지명 받았다. 당연히 공화당에게 자리를 빼앗길 것이라고 기대하던 와중에, 그 해에는 민주당의 압도적인 득표로 그녀가 예상 밖의 승리를 거두었고, 아이오와주 최초의 여성주 국무장관이 되었다. 밀러의 선거운동을 위해 갤럽이 실시한 비공개 여론조사는 밀러의 당선을 정확히 예측했다. 1933년 후반부에도 비공개 작업이 이어졌고, 그는 1934년 의회선거 결과를 예측하기 위해 전국적인 표본추출을 실시했다. 갤럽의 회사 차원에서 다시 만들어낸 이야기에 따르면, 그의 작업은 소름끼치게 정확했다. 다만 선거보다 일 년 가까이 앞서 실시된 여론조사는 운이 따르는 경우에나 그나마 실제 수치에 가깝게 나올 수 있음은 강조할만한 가치가 있겠다. 그 후 1935년 갤럽은 미국 여론연구소 American Institute of Public Opinion, AIPO를 세웠고, 이후 오늘날까지 존재하는 여론조사기업인 갤럽이 됐다. 1935년 10월 20일 최초로 갤럽의 여론조사 수치를 담은 신문기사가 배포됐고, <워싱턴 포스트>를 포함해 전국 삼십여 종의 신문에 실렸다.

그 다음해 대선에서 갤럽은 <리터러리 다이제스트>를 앞질렀다. 그때까지 매체들은 <리터러리 다이제스트>에 좌우되어 왔다. 여론조사를 위해 갤럽을 고용한 <뉴욕 헤럴드> 신문의 경우 <리터러리 다이제스트>의 수치에도 갤럽만큼이나 많은 공간을 내어줬을 정도였다.

그러나 갤럽은 <리터러리 다이제스트>보다 자신의 방법론이 우월하다고 과할 정도로 자신감을 가졌다. 심지어는 설문조사에 착수하기에 앞서 <리터러리 다이제스트>의 조사가 내놓은 숫자를 건방지게 예측하기까지 했다. <리터러리 다이제스트>의 기자인 윌프레드 J. 펑크는 다음과 같이 분노했다.

"지금껏 그 누구도 우리 여론조사가 시작되기도 전에 어떤 결론이 나올지 예언한 적은 없었다!" 그는 딱 잘라 말했다. "우리의 훌륭한 통계 동료갤럽는 <다이제스트>가 '그 당시 100퍼센트 정확하게 예측치를 내놓았던 그 구닥다리 방식'을 계속 유지해야 한다는 조언을 들어야만 한다."

갤럽은 여기서조차 옳았다. <리터러리 다이제스트>가 '랜던 56퍼센트 대 루스벨트 44퍼센트'라는 수치를 내놓을 것이라고 예언했고, 이들이 내놓은 57퍼센트 대 43퍼센트라는 실제 수치에 놀라울 정도로 가까웠다. 갤럽과 <리터러리 다이제스트> 간의 불꽃 튀는 갈등은 갤럽의 인지도를 높여주었고, 결과가 갤럽이 내놓은 숫자와 일치했을 때 명성을 얻게 됐다.

경쟁자가 얼마나 잘못 됐는지를 제대로 이해하고, 또 바로잡을 수 있던 갤럽은 일반적으로 역사가 흘러가는 대로 됐다. 그러나 세부적인 부분까지 파고들어보자면 이 이야기에 중요한 반전이 있음을 깨달을 수 있다. 갤럽은 <리터러리 다이제스트>가 조사를 시작하기 6주 전에 수치를 내놓았고, 이 잡지는 몇 주에 걸쳐 설문조사의 답을 수거했다. 따라서, 후보들에 대한 지지율은 시간이 지남에 따라 변할 수도 있었기 때문에 갤럽이 그토록 근사치를 뽑아내기 위해서는 어마어마한 수준의 행운이 필요했다. 갤럽의 여론조사가 완벽했고 <리터러리 다이제스트>의 결점을 정확하게 이해하고 있다 하더라도, 자신의 여론조사와 <리터러리 다이제스트>의 여론조사 결과가 나온 시점 사이에 현실이 바뀌지 않을 것이라고 확신할 방법이 없었다. 뛰어난 예측이라기보다는 행운이 따른 추측이었다. 물론 데이터 덕에 정보에 근거한 추측이 될 수 있었지만, 그럼에도 여전히 운 좋은 추측이었고, 행운이 따르고 홍보에 능한 덕에 누가 봐도 탁월한 모습으로 바뀌었다.

갤럽은 홍보능력이 뒷받침되는 만큼 로퍼와 크로슬리보다 잘나가게 되었고, 이는 다른 효과를 낳기도 했다. 즉, 새로운 '과학적' 여론조사가 예전의 방식과 얼마나 차이가 나는지에 대한 신화가 탄생한 것이다. 갤럽은 여기에 장단을 맞추며, 자신이 1936년 대선을 잘못 예측한 경우 여론조사를 의뢰한 신문사에 돈을 환불해주겠다고 약속했다. 마치 선거를 정확히 예언할 수 있는 새롭고 완벽한 방법을 찾아내기라도 한 양 들렸다. 그러나 앞서 언급했듯, 밀짚 여론조사는 무작위 표본추출을 제한적으로 사용하는 등 어느 정도 상당히 정교화됐다. 그리고 갤럽은 표본이 예상 밖의 변화를 보일 수 있기 때문에 선거의 승자가 누구인지 보장할 수 있는 여론조사 방법론은 없다는 사실을 알고 있었다. 세부적인 상황을 자세히 살필수록 갤럽과 로퍼, 크로슬리가 갑작스레 변화를 일으킨 것은 아님을 알 수 있다. 이들은 통계를 좀 더 철저히 활용하고 전임자들보다 더 좋은 성과를 내는 새로운 세대였지만, 이 전임자들이 간단한 셈도 할 줄 모르는 완전 바보들도 아니었다. 그보다, 전임자들은 새로운 세대가 성공을 거두고 유명해질 수 있던 통찰력을 향해 이미 더듬더듬 나아가고 있었다. 그러나 새로운 방식이 완벽한 것은 아니었다. 1968년 인터뷰에서 로퍼 자신은 자신의 초기 여론조사가 얼마나 '과학적'이었는지를 이야기하면서 잠시 말을 멈추고 피식 웃으며 주의할 점을 덧붙였다.

1948년까지 갤럽과 다른 신진 여론조사원들은 1940년과 1944년 미국 대선을 정확히 예언하면서 1936년의 성공을 이어갔다. 조지 갤럽의 명성은 1948년 3월 3일 "여론조사계의 베이브 루스"라는 제목과 함께 <타임>의 표지를 장식할 정도였다. 이 호칭은 베이브 루스가 야구에서 충격적일 정도로 뛰어난 활약을 벌인다는 점에서 찬사였다. 그러나 의도치 않게 모순적인 표현이기도 했는데, 루스는 인생 대부분을 기본 숫자^{자신의 나이}와는 어긋나게 지냈기 때문이었다^{'아기(Babe)'라는 별명을 빗대어 하는 말 - 옮긴이}. 소설로 써도 손색없을 만한 반전으로, 갤럽은 이 해에 공개적으로 가장 큰 실수를 저지르기도 했다. 또 다른 미국 대선과 다른 여론조사 예측 결과에서 틀렸던 것이다. 갤럽은 공화당의 토머스 듀이가 5퍼센트에서 15퍼센트 차이로 승리할 것이라고 예측했지만, 민주당의 해리 S. 트루먼이 5퍼센트 미만의 격차로 선거에서 이겼다. 1936년과 똑같은 모습으로, 크로슬리와 로퍼 역시 이 선거를 위해 여론조사를 실시했고 갤럽과 같은 결과를 얻었다. 그리고 또 다시 이들의 역할은 빈번히 간과되고 있다.

<디트로이트 프리 프레스>는 이 굴욕을 강조하며 트루먼이 획득한 선거인단 득표수와 관련해 '트루먼 304표 대 여론조사원 0표'라는 1면 표제를 냈다. 그 다음으로는 '길거리 범인凡人, 진짜 전문가로서 선거를 설명하다'라는 작은 제목이 붙었다. 윌프레드 J. 펑크는 1936년 <리터러리 다이제스트>에서의 굴욕을 떠올리며 이렇게 시인했다. "나는 이 부분에서 실소를 터트렸다."

1949년 발표된 보고서에서는 갤럽과 크로슬리, 로퍼가 1948년도 여론조사에서 저지른 실수의 원인으로 네 가지를 꼽았다. 우선, 투표일보다 너무 앞서서 여론조사를 끝마쳤다. 조사원들은 더 교양 있고 형편 좋은 사람들 위주로 조사를 했고, 당시에는 이를 교정할 수 있는 방법이 없었다. 또한 아직 지지할 후보를 결정하지 못한 이들이 최종투표에서 이미 결정을 한 이들과 동일한 비율을 이룰 것이라고 가정했다하지만 실제로는 부동층이 대거 트루먼을 지지하는 쪽으로 돌아섰다. 그리고 듀이 지지자와 트루먼 지지자 사이에도 투표율에 차이가 있었는데, 다시 한 번 말하지만 이 역시 당시 방법론으로는 설명할 수 없는 부분이었다.

1948년 대선에서는 '듀이가 트루먼을 패배시켰다'라는 표제가 실린 <시카고 트리뷴>지를 들고 있는 트루먼의 사진도 탄생했다.

이 표제에는 심지어 별도의 위키피디아 페이지도 만들어 졌으며 가끔은 여론조사 오류를 설명하기 위한 예시로 활용된다. 그 잘못된 여론조사들은 이 유명한 오보의 탄생에 어느 정도 책임이 있었다. <시카고 트리뷴>의 초판은 여러 선거결과가 입수되기 전에 인쇄됐고, 따라서 예전 선거를 상당히 정확히 예측해왔던 책임 저널리스트인 아서 시어스 헤닝이 내놓은 예측치대로 신문을 제작했다. 인쇄를 하려고 서두르는 과정에서 식자공이 파업을 하는 바람에 기사 몇 줄은 거꾸로 인쇄되었다는 일화도 곁들여서, 듀이가 이길 것이라는 예상이 전반적으로 퍼져있는 만큼 이 여론조사들이 헤닝의 의견에 영향을 주었을 가능성이 아주 높다.

<워싱턴 포스트> 역시 동일한 예상을 한 대표적인 사례로, 1948년 11월 2일 "만약트루먼 후보가 승자가 된다면 여론조사원들과 예언자들은 미국정치 연대기에서 가장 굴욕적으로 실패를 인정해야만 할 것이다."라고 보도했다. <포춘>은 자체적으로 실시한 잘못된 여론조사를 바탕으로 "중대한 정치적 기적을 가로막고 토머스 E. 듀이 주지사가 선출될 것이다. 엘모 로퍼가 실시한 다섯 번째 선거 전 여론조사에서 압도적인 증거를 찾을 수 있다."라고 했다. 또한 1948년 10월에는 "(우리는)현저하게 중요한 발전이 어느 정도 이뤄지지 않는 이상, 다가오는 대선 선거운동에서 의견의 변화에 관해 추가적으로 상세한 보도를 할 계획이 없다." 라고 보도하며 상당한 여유를 보였다. <키플린저 매거진>은 11월에 특별호를 발간했고, 지면을 모두 "듀이가 해야 할 일"이라는

제목의 표지와 함께 듀이 대통령 정부가 어떻게 작동해야 하는지에 할애했다. 이 잡지는 의도치는 않았으나 결국 현명했던 것으로 판명된 조언을 내놓았다. "아마도 독자 여러분의 자녀나 손주를 위해 이 잡지 한 부를 남겨두는 게 나을 것이다. 아니면 여러분이 한 부를 더 사두도록 하자." 그뿐 아니라 <시카고 트리뷴>은 공화당에 우호적인 태도를 가지고 있어서, 이 요인이 헤닝이 오판하는 데에 한 몫 했을 가능성이 높다. 게다가 그는 트루먼이 뉴욕주에서 승리를 거뒀다고 잘못 보도한 AP 통신사가 제출했던 초기 선거보고서에서 오류를 지적하기도 했다. 이로 인해 헤닝은 자신의 판단에 과하게 자신감을 가졌을 수도 있다.

새벽 3시 경 <시카고 트리뷴>이 그 오류를 깨달았을 때 직원들은 서둘러 그 수치스러운 1면을 달고 나간 신문들을 모조리 찾아내어 사들이느라 바빴다. 출처가 불분명한 뒷이야기에 따르면, 어느 경쟁신문사가 <트리뷴>의 사무실에 누군가를 보내서 <트리뷴> 직원이 미처 없애지 못한 초판 한 부를 빼오는 바람에 결국 치욕을 겪었다고도 한다. 그러나 그 시점에서 이미 여러 부의 신문이 팔렸기 때문에, 사실이라기보다는 그저 재미있는 이야기에 가까울 수도 있다. 틀림없이 신문 배급사는 조심스레 자신들이 가지고 있던 초판을 남겨두었을 터다.

그러나 1946년 가장 어처구니없이 오보를 낸 곳은 상대적으로 유명세가 덜한 신문사였다. 독일의 신문사인 <뮌헤너 메르쿠어>는 결과가 나오기도 전에 인쇄를 시작해야 한다는 유혹에 넘어가

'미국의 새 대통령 토머스 E 듀이'라는 표제를 내고 말았다. 또한 "대통령 당선인인 듀이는 뉴욕시 루스벨트 호텔에 있는 본부에서 라디오 연설을 통해 미국 국민들에게 감사를 표했다."라고까지 보도하기까지 했다.

그러나 트루먼은 자신을 반대하며 목소리를 내던 매체들의 굴욕에 즐거워하며, 오보가 되어 버린 표제를 들고 포즈를 취해 사진을 찍고 <시카고 트리뷴>의 실수를 박제해버렸다. <시카고 트리뷴>을 여론조사 실수와 가장 밀접하게 연관된 신문사로 만들어준 이 사진은, <시카고 트리뷴>이 1916년부터 시장조사 위주의 여론조사 가운데 단연코 현대적인 가정방문 표본추출의 선구자였다는 점에서 아이러니한 운명을 나타냈다.

게다가 가장 유명한 트루먼의 사진은 어떤 면에서 1948년 여론조사에 몹쓸 짓을 해버린 것이기도 했다. 여론조사원 닉 문은 다음과 같이 지적했다.

여러 여론조사가 잘못된 승자를 예상했기 때문에 이 선거는 보통 '여론조사계의 재앙'이라는 용어로 설명되곤 한다. 하지만 각 후보의 예상 득표율과 실제 득표율 간에 차이가 나는 여론조사의 실질적인 오류는 여론조사원들이 최초로 위대한 승리를 거둔 해인 1936년보다 크지 않았다. 이는 여론조사에 있어서 중요한 교훈이 됐다. 여론조사원들은 각 정당의 실제 득표수에 얼마나 가깝게 예측했는

지에 따라 스스로를 판단하겠지만, 매체와 일반 국민들은 그렇지 않을 것이다. 객관적으로 보았을 때 미국의 여론조사는 1936년도 조사보다는 1948년도 조사에서 훨씬 더 좋은 성과를 냈다.

그 이후로 이 양상은 몇 차례 반복됐다. 승자를 잘못 예상했다면, 실제 득표율에 아무리 가깝게 예측해도 소용없다. 그리고 부정적인 판결을 받는다. 하지만 승자를 제대로 예측했다면 득표율을 엄청나게 틀리게 예측했더라도 여전히 성공적이라는 평을 받는다.

1948년도 여론조사에서의 헛발질에도 불구하고, 정치 여론조사의 개념과 상대적으로 작은 표본을 신중하게 선택하고 보정해서 사용한다는 개념이 그때까지 확실히 자리 잡게 됐다. 1948년의 사건은 이 접근법의 종착역이라기보다는 낭패였고, 미래에 벌어질 양상의 전조로서 이 실수가 벌어진 이후 한동안 정치여론조사에 대한 관심이 사그라졌고 정치여론조사원들의 일거리도 줄어들었다. 그러나 정치여론조사는 다시 살아났다. 그 후 몇 십 년 동안 미국 정치에서 중요성이 점차 커져갔고, 마케팅과 사회과학 조사 그리고 공공부문에서 동시적으로 확장되면서 그 중요성이 더해졌다.

이 후속적인 성장에서 특별히 언급할 가치가 있는 중간지점이 하나 있으니, 처음에는 철저히 비밀에 지켜졌지만 나중에는 거의 잊혀져버렸다. 바로 비밀리에 내부적으로 실시된 선거운동 여론조사 작전으로, 미국 베스트셀러에서 네 달 이상 머무른 소설의 바탕이 되기도 했다. 더군다나 여기에는 존 F. 케네디와 리처드 M. 닉슨이 경쟁한 1960년 미국 대선이 관련되어 있었다. 이 선거는 케네디가 닉슨을 0.2퍼센트도 되지 않는^{정확히는 0.17퍼센트}의 차이로 승리한, 박빙의 선거로 유명했다. 케네디는 2개 주에서 승리를 거둔 덕에 1퍼센트도 안 되는 표차로 선거인단 투표에서 이겼을 뿐이었다^{닉슨이 두 주에서 이겼다면, 선거인단 투표에서 과반수를 차지하지도 못했을 뿐더러 당선자를 결정하기 위해 하원까지 갔어야 했을 것이다.} 18개주가 3퍼센트 미만의 표차로 결정됐고, 케네디가 그 가운데 12주를, 닉슨이 3개주를 차지했다.

1960년 대선은 또한 최초의 TV 토론이 미친 영향과 두 후보 간의 대조적인 스타일과 운명으로도 유명했다. 젊고, 카리스마 넘치며, 낙천적인 후보 케네디는 미국의 달 탐사 프로그램을 발족했지만 암살로 인해 그의 임기는 비극적으로 짧게 끝나버리고 말았다. 닉슨은 두 번의 대선에서 승리를 거뒀지만 워터게이트 추문이 그와 그의 행정부를 덮치면서 너무 이르게 대통령 직에서 내려오게 됐다.

극적인 관점에서 1960년 대선이 유일하게 놓치고 있는 부분이라면 오스카상 수상에 빛날 만한 드라마로 만들어지지 못했다는 것이지만, 대신에 재능과 카리스마를 갖추고 비극적으로 일찍 세상을 떠난 또 다른 인물인 유진 버딕이 베스트셀러 소설로 내 놓았다. 버딕은 서핑이 유행하기 전부터 서퍼였고, 전국 방송에서 타히티 훌라춤을 춘 사람이었다. 또한 제 2차 세계대전에서 동료를 구하기 위해 포화를 뚫고 수영을 한 것으로 훈장을 받은 선원이었고, 말론 브란도의 친구, 로즈 장학생, TV 전문가이자 정치학자 그리고 여러 학생의 눈에는 '지금껏 만나본 중 가장 위대한 스승'이었다. 버딕은 에일 맥주의 광고 "해저의 탐험가...문예가...에일 맨"에서 스쿠버다이빙 장비를 장착하고 등장할 정도로 유명하고 매력적인 정치학자였지만, 1965년 고작 46세라는 젊은 나이로 테니스코트에서 심장마비로 사망했다.

그의 정치학 연구에는 사람들이 어떻게 투표할 지를 결정하는 법을 탐색하는 지가 포함되어 있다. 예를 들어, 1956년 5월 13일 <워싱턴 이브닝 스타> 독자들은 취업, 주거지 그리고 외국어로 된 신문을 읽는지 여부 등을 주제로 스무 개의 질문을 받았다. 따라서 독자들이 점수를 모두 합쳐보면 "두 후보가 충분히 받아들일 만한 인물인지를 따져보면서, 여러분이 11월에 누구에게 투표할지를 아주 높은 정확도로 예측할 수 있다!"고 했다.

버딕은 또한 여러 할리우드 영화와 베스트셀러 소설들을 쓰기도 했다. 버딕이 쓴 가장 유명한 소설 가운데 하나는 1962년 냉전시대 핵을 다룬 드라마인 《페일 세이프Fail-Safe》로, 동료 정치학자인 하비 윌러와 공동집필했다. 이 소설에서는 연달은 실수들이 벌어지면서 미국의 핵 폭격기가 모스크바를 파괴하려 러시아로 향하게 된다. 이 소설은 시드니 루멧이 감독하고 배우 헨리 폰다와 월터 매튜 등이 출연하는 영화로 만들어지면서 큰 성공을 거두었고, 다만 2000년 조지 클루니가 출연한 드라마를 제외하고 추후에 사람들의 뇌리에서 잊혀져 버린 것은 거의 운이 없었던 탓이다. 영화가 개봉된 해인 1964년 스탠리 큐브릭의 <닥터 스트레인지러브: 혹은 나는 어찌하여 근심을 멈추고 폭탄을 사랑하게 되었는가> 역시 아주 비슷한 주제로 영화계를 강타했다. 아마도 <페일 세이프>도 좋은 영화겠지만 <닥터 스트레인지러브>는 영원한 고전이 됐다.

가상의 1964년 선거운동을 다룬 버딕의 다음 소설은 《480》으로, 데이터와 컴퓨터, 여론조사와 선거운동 컨설턴트를 다룬 줄거리는 1960년에 발생한 사건들로부터 영감을 얻었다. 책의 서문에서는 다음과 같이 밝히고 있다.

미국 정치에는 자비로운 암흑의 세계가 있다. 불룩 튀어나온 배로 시가를 씹어대는 관계자가 미스터리하게 '그 기계'를 돌리는 그런 암흑의 세계가 아니다. 그런 사람들도 있긴 하지만, 그 권력은 점차 기우는 중이다. 이들은 그 사실을 깨닫지 못하고 있지만, 점차 시대에 뒤처지고 있다.

새로운 암흑의 세계는 선량하고 선의를 가진 사람들로 이뤄졌다. 이 사람들은 버튼만 누르면 거의 무한에 가까운 양의 정보들을 보유하고 있을 뿐 아니라 이 정보를 분류해서 카테고리로 나누고 재생산할 수 있는 운영자와 계산기계와 컴퓨터를 가지고 일을 한다.

이들은 기술자이며 예술가이다. 그리고 이들 모두는 과학자가 되기를 간절히 바란다.

이 제목은 현실세계에서 벌어진 사건을 가리킨다. 1960년 케네디 선거운동에서는 여론조사 및 다른 데이터를 기반으로 미국 유권자들을 480개 카테고리로 나눴다. '지방, 동부, 여성, 프로테스탄트, 전문직과 화이트칼라 민주당' 등이다. 예전에 버딕과 함께 일했던 에드워드 L 그린필드가 사장을 맡고 있던 사이멀매틱스 코퍼레이션은 케네디의 선거운동을 위해 유권자의 세분화를 진행했다. 회사는 선거결과 등의 정보와 함께 63가지의 사전 여론조사를 분석했고, 유권자 세분화를 완료한 후 쟁점과 정책적 입장을 여론조사해서 세분화된 유권자들이 이를 어떻게 받아들이는지를 살펴보았다.

버딕의 소설은 상업적으로 성공했음에도 불구하고 공동의 정치 기억에서 밀려났고, 어떤 후보가 양심과 원칙 대신 여론조사와 컴퓨터가 이끄는 대로 행동할 수도 있다고 상상하는 대중들의 적개심이 두려웠던 케네디 선거운동팀은 최선을 다해 사이멀매틱스의 작업을 비밀에 부쳤다.

《480》에 맞대응하기 위해 사이멀매틱스는 자체적인 책을 펴내면서, '다수의 선정적인 신문과 잡지기사, 심지어 허구적인 작품'으로부터 사람들이 상상하는 바를 바로잡기 위해 애썼다. 이 책은

"우리와 함께 했던 그 분"이라는 존 F 케네디를 향한 헌사와 함께 감사의 글에는 로버트 케네디를 언급해서, 사이멀매틱스의 작업이 얼마나 중요했는지를 보란 듯이 과시했다. 초반부에는 여론조사 데이터를 바탕으로 선거를 시뮬레이션하려는 시도를 흥미롭게 설명하고 있지만, "이제 세 가지 대상 간의 균형을 고려해보자. 그 가운데 하나는 우리가 'P'라고 부를 어느 유명인으로..."라는 식으로 시작하는 문장들은 왜 이 책이 선거의 역사에서 사이멀매틱스를 중요하게 다루지 않았는지에 관한 단서를 보여준다. 이기업은 데이터와 시뮬레이션을 이용해 산업과 정부, 정치적 목적을 달성하려고 미래를 과학적으로 예측하려고 노력한 선구자였음에도 불구하고 까맣게 잊히고 말았다. 사이멀매틱스는 1959년과 1970년 사이에만 업계에 있었고, 그 이후 사무실은 햄버거 가게가 되었다.

사이멀매틱스의 선구적인 노력을 두고 <뉴요커>는 2020년에는 거의 존재감이 사라진 이 회사에 대해 다소 과장된 표제로 다음과 같이 다루었다. "사이멀매틱스 코퍼레이션은 어떻게 미래를 창조했는가." 그 밑으로는 "JFK가 대통령 선거에 출마했을 당시, 뛰어난 컴퓨터를 갖춘 데이터 과학자 팀은 미국 유권자의 모형을 만들어 조작하는 작업에 착수했다. 어디서 많이 들어본 이야기라고?" 라는 부제가 달렸다. 이 기사와 이 기사를 쓴 작가가 사이멀매틱스를 매력적으로 다룬 책, 여기에 베스트셀러인 《빅토리 랩 The Victory Lab》에 등장하는 간략한 참조문헌 등을 통해 케네디 선거운동을 돕기 위한 은밀한 여론조사 분석은 최근 몇 년 동안 좀 더 윤곽을 드러내게 됐다.

이 비밀은 대개 잊혀져버렸지만, 이 비밀이 정계에 미친 여러영향은 이 소설과 사이멀매틱스의 실제 작업 그리고 21세기에 벌어진 케임브리지 애널리티카 스캔들까지 시종일관 이어졌다. 케임브리지 애널리티카에서처럼, 사이멀매틱스가 선거결과에 미친 영향은 판단하기 쉽지 않다. 심지어 두 사례 모두에서 선구적인 기술은 결과를 바꾸는 데에 아무런 일조도 하지 못했을 가능성도 높다. 다만, 케네디의 득표율 차이는 종이 한 장에 가까울 정도로 근소해서 사이멀매틱스가 작업하기에 어렵지 않은 사례였다.

그럼에도 불구하고《480》은 여성에 대한 태도라든지 문체를 제외하고는 아이디어와 통찰 면에서 정치여론조사를 다룬 최고의 소설이다. 그리고 1960년 대선을 주제로 삼은 훌륭한 영화는 존재하지 않더라도 사이멀매틱스는 <매트릭스>에 영감을 주었다.

전 세계로 확산된 정치여론조사

현대적 여론조사는 미국에서 시작된 후, 특히나 조지 갤럽이 국제적으로 품은 사업적 야망 덕에 다른 국가로 퍼져나가게 됐다. 갤럽의 왕국은 1939년 덴마크와 스웨덴을 포함해 전 세계로 뻗어갔고 1941년에는 캐나다와 호주에도 상륙했다. 호주에서 로이 모건

은 상사이자 신문기자인 키스 머독미디어 황제로 불리는 루퍼트 머독의 아버지
다의 뒤를 이어 갤럽의 제휴업무를 시작했다. 키스 머독은 모건이
여론조사를 배우고 자신의 신문기사를 위해 여론조사를 실시할
수 있게 하려고 그를 미국으로 보낸 바 있다.

　호주에서 공개적으로 정치여론조사를 시작한 이는 모건이지만,
이미 실비아 애쉬비는 정치인을 대신해 여론조사를 실시하고 있
었다. 1938년 그녀는 '대영제국에서 시장조사기관을 지휘하는 유
일한 여성'이라고 주장했고, 1940년부터 여당인 노동당을 위해
은밀한 선거구 조사를 실시해왔다.

　호주의 실전에는 곧 미국의 경험이 반영됐고, 명성을 얻기 위해
서는 승자를 제대로 예측하는 것이 득표율을 정확히 예측하는 것
보다 더 중요했다. 모건의 초창기 일반선거 여론조사 가운데에서
예상득표율 오차가 가장 적은 최고의 조사는 1954년에 실시된 여
론조사다. 그러나 이 역시 그가 '틀린' 선거였다. 설사 그의 여론조
사가 호주 노동당이 거대양당 간의 선호투표제유권자가 단 한 명의 후보가
아닌 출마한 후보 전원에게 지지순서대로 순위를 매겨 투표하는 방식 - 옮긴이에서 50퍼센
트를 겨우 넘겼음을 정확히 짚어냈음에도, 노동당이 자유당 또는
국민당의 경쟁후보보다 더 적은 의석을 얻었기 때문이었다.

　그 외의 지역에서 갤럽의 간접적이지만 아주 실질적인 영향력
은 제 2차 세계대전 발발 직전에 장 스투에젤이 최초의 프랑스 여
론조사기업인 IFOPInstitut Français d'Opinion Publique, 프랑스 여론연구소를 세
운 데에서 드러난다. 그는 뉴욕의 컬럼비아대학교에서 1년 동안

공부하면서 갤럽의 여론조사 기술을 배우고 돌아온 참이었다. 스투에젤은 1938년 7월 첫 번째 여론조사를 실시했지만, 그 후 전쟁으로 인해 그의 노력은 잠시 보류되어야 했다. 1944년 여름 정치여론조사가 재기됐고, 해방된 파리를 조사하자 파리지엔의 61퍼센트는 독일을 패배시키는 데에 USSR이 가장 큰 기여를 했다고 생각했지만 69퍼센트는 미국이 프랑스의 재기에 가장 큰 기여를 할 것이라고 기대하는 것으로 나타났다.

프랑스의 정치여론조사는 1946년 잠시 극적인 오류를 겪게 되는데, 헌법국민투표에서 54퍼센트가 찬성을 할 것이라고 예측했지만 실제로는 오직 47퍼센트만이 찬성을 하면서 예상득표율과 결과 모두 형편없이 빗나갔기 때문이었다. 그러나 곧 되살아났고, 샤를 드골은 IFOP의 작업에 깊은 인상을 받은 나머지 공식적인 지위를 부여하거나 정부기금을 지원하겠다고 제안할 정도였다. 두 제안 모두 거절당했다.

프랑스 여론조사는 1965년에 미국의 1936년과 같은 모습을 드러냈다. 그 해 IFOP가 실시한 여론조사에서는 현직 대통령인 샤를 드골의 득표율이 하락할 것이며 논쟁의 여지는 있지만 결국 대선의 첫 관문에서 과반수를 얻지 못할 것임을 보여주었다. 개표를 해보자 IFOP가 옳았다. 드골은 IFOP가 최종적으로 43퍼센트에서 45퍼센트 가량 득표할 것이라고 예측한 것과 비교해, 44퍼센트의 득표율을 보였다. 프랑스 정치여론조사의 명성이 드높아졌다.

국경을 넘어 독일에서는 미국 고등위원회가 전후 미국 점령지역에서 정치여론조사를 실시했다. 프랑스 점령지역에서도 엘리사베스 노엘레-노이만의 결정적인 조언에 따라 정치여론조사가 시작되어 미국의 영향력을 느낄 수 있었다. 노엘레-노이만은 미국의 기법을 공부하면서 여론조사의 과학을 배웠다. 그 후 성공적인 전후 커리어를 이어나갔고, 1976년에는 독일연방공화국 공로훈장을 받았다. 다만, 그녀는 나치활동에 관여하고 반유대인적인 글을 쓰는 바람에 그 명성이 빛을 잃었다.

아일랜드는 정치여론조사를 늦게 받아들였고, 1961년이 되어서야 최초의 여론조사가 실시됐다. 갤럽이 그 해 여론조사를 시작했지만 <아이리시 프레스>가 갤럽 대신 최초의 정치여론조사를 실시했다는 명예를 차지했다. <아이리시 프레스>는 한 해 먼저 아일랜드의 유럽경제공동체 가입 가능성에 대해 묻는 여론조사를 실시했다. 그때까지 여론조사는 일본, 이탈리아, 네덜란드를 포함해 전 세계 어느 곳에나 널리 퍼졌다.

스페인의 경우 프랑코의 독재로 인해 뒤늦게 정치여론조사를 시작했으며, 프랑코의 지배가 끝나기 9년 전인 1966년 지방선거에서 최초의 여론조사가 등장했다이 조사는 완전히 틀린 여론조사와 함께 '충격적일 정도로 전면실패'했다. 가장 최근에 정치여론조사가 도입된 국가는 중국으로, 다당제 민주주의의 부재가 그 발전을 계속적으로 가로막아왔기 때문이다. 그러나 중국 공산당은 특히나 자체적인 사용을 위해 일부 여론조사를 허용했다.

정치여론조사는 1930년대 영국에 도입됐다. 헨리 듀란트는 본래는 BIPO British Institute of Public Opinion 라고 했던, 갤럽 최초의 해외 계열사인 영국지사를 운영했다.

미국의 <리터러리 다이제스트>와 마찬가지로, 영국에서도 표본의 질보다 양을 따지던 유명한 선구적인 사례가 있었다. 영국의 경우, 1934년에서 1935년 사이에 '평화투표 Peaceful Ballot'가 민간에 의해 실시됐다. 5개 문항으로 구성된 이 조사는 각 가정을 직접 방문하는 방식으로 실시됐고, 총 11,640,066명이 참여했다. 이 조사는 국제분쟁을 평화롭게 해결하고 무기를 감축하기를 바라는 사람들에 관한 메시지를 강하게 전달하면서 응답자의 규모를 실제보다 더 강조했다. 그러나 설문조사를 주관한 기관들 여기에는 국제연맹연합 League of Nations Union 포함됐는데, 국제연맹 League of Nations을 지지하는 국제연맹연합은 국제연맹에 관한 투표에서 중립적인 태도를 거의 보이지 않았다 의 편향적 특성으로 인해 평화투표는 더욱 중대한 청원이 됐다. 온라인에서 서명을 수집하는 인터넷이 존재하지 않던 시절임을 고려하면 상당히 커다란 규모였지만, 여론조사이기보다는 청원에 가까웠다. 이 청원의 특색은 '국제연맹과 군비확충에 관한 국민선언'이라는 그 공식명칭으로 더욱 두드러졌다. 자, '여론조사'가 아니라 '선언'임을 눈여겨보자. 역사학자들은 이 조사의 영향력을 논의의 대상으로 삼았는데, 방법론적으로 의문이 들어서가 아니라 같은 시기에

히틀러와 무솔리니가 저지른 행위 때문이다. 당시 독일은 베르사유 조약을 위반하며 군사적으로 재무장했고 이탈리아는 아비시니아를 침략했다. 일본 역시 국제적인 군축협약인 워싱턴 해군군축조약과 런던 해군군축조약을 포기했다.

그럼에도 적절한 여론조사가 곧 실시됐다. 갤럽은 기업을 설립하도록 영국 출신의 해리 필드를 영국으로 보냈고, 필드의 도움을 얻어 듀란트는 1936년 여론조사를 시험해보기 시작했다. 그리고 1938년 그 결과가 <뉴스 크로니클>을 통해 최초로 공개됐다. 가장 처음 던져진 질문 가운데 하나는 다음과 같았다.

파시즘과 공산주의 사이에서 선택해야 한다면, 당신의 선택은?

파시즘: 49퍼센트

공산주의: 51퍼센트

그러나 주요항목에 '모름'이라는 응답들을 포함하게 되면서 그 결과는 다음과 같이 나타났다.

파시즘: 26퍼센트

공산주의: 28퍼센트

의견 없음: 46퍼센트

이는 '모름' 혹은 '의견 없음'의 답을 제외하는 것에 따라 주요 항목의 수치가 달라질 수 있음을 보여주는 초창기의 사례가 됐다.

갤럽의 여론조사는 곧 다른 기업들의 관심을 끌기 시작했고, 이에 대해 듀란트는 "사람들은 우리의 정기 여론조사들에 질문을 넣어달라고 지속적으로 요청했고, 처음에 나는 어리석게도 이를 귀찮다고 생각했다. 그러다가 문득 이를 통해 멋지게 돈을 벌 수 있다는 사실을 깨닫게 됐다."라고 설명했다.

1938년 10월에는 국민들이 총리에 대해 만족하는지 묻는 질문이 처음으로 등장했다_{만족 51퍼센트, 불만족 39퍼센트}. 국회의원 보궐선거 여론조사 역시 1938년에 시작되었는데, 갤럽은 보수당이 이길 것이라는 예상이 파다한 상황에서도 풀햄 웨스트 보궐선거에서 노동당이 승리할 것이라고 올바르게 예측했다. 갤럽 여론조사의 예상 득표율은 실제 득표율에 놀라울 정도로 가까웠고, 듀란트가 다음과 같이 언급하기에 이르렀다. "우리가 1퍼센트 안쪽으로 정확히 예측한 것은 기적이다. 초심자의 행운이랄까."

갤럽은 이 최초의 성공 이후에 치러진 다섯 차례의 보궐선거에서도 네 번의 승자를 정확히 예측했다. 그중에는 유명한 1938년 옥스퍼드 보궐선거에 관해 내놓은 매우 근접한 예측치도 포함됐다. 뮌헨회담 직후에 실시된 옥스퍼드 보궐선거에서는 유화정책이 쟁점이 됐다. 이 여론조사에서 목표로 삼은 표본크기는 300명이었고, 표본은 투표일 이틀 전에야 결정됐다. 훗날 여론조사에서 문제점이 된 것과는 대조적으로, 이 조사에서는 부유층의 응답을 얻기 어렵다는 것이 문제였다. 현관에서 하인들이 응대하는 경우가 종종 발생했기 때문이었다. 따라서 이 부분을 감안하기 위해 숫자들에 가중치를 주어야만 했다.

전국적으로 투표의향을 묻는 최초의 설문조사는 1939년 2월에 실시됐고, 그 결과는 정부와 야당, '모름'으로 나뉘었다. 결과를 정당보수당, 노동당, 자유당에 따라 분류하는 최초의 투표의향 조사는 1943년 6월에 등장했다.

1936년 미국 여론조사원들이 도출해낸 요점, 즉 작지만 훌륭한 표본이 훨씬 더 크지만 엉터리인 표본보다 낫다는 사실이 영국에서 받아들여지기까지는 시간이 걸렸다. 갤럽과 <리터러리 다이제스트> 접근법 사이의 상대적인 장점은 심지어 전시戰時에도 하원에서 두드러지는 논의 대상이었다. 1940년 8월 1일 브리튼 전투가 런던 상공에서 벌어지고 히틀러가 침략의 서막으로 공군과 해군작전의 강화를 지시하는 총통명령 17호를 발표한 그날에도 영국의 하원의원들은 표본크기를 가지고 언쟁을 벌였다. 이 언쟁을 촉발시킨 것은 사회조사를 위한 정보부의 연구방법론이었다. 소규모의 과학적 표본추출법을 비판하는 이들에 맞서 하원의원 데릭 건스턴은 이렇게 말했다.

새로운 과학적 방법을 비웃는 이들이 많고, 특히나 여론이 무슨 생각을 하는지 알아내기 위해 미국에서 사용하는 방식을 비웃는 이들

은 더 많다. 그러나 언제나 과학적 진보를 조롱하는 자들이 존재하기 마련이다. 우리당은 어리석게 굴면서 진보와 과학적 노력에 반대한다는 비판을 받아 왔지만… 나는 우리가 이 새로운 과학적 방식을 사용해 여론이 정말로 어떤 생각을 가지고 있는지를 알 수 있으리라고 믿는다.

건스턴은 작은 표본의 장점이 무엇인지 다음과 같이 사례를 들어 설명했다.

이 여론조사에서 흥미로운 부분은 응답자의 수보다는 횡단Cross-section, 다양한 연령, 교육수준, 소득수준, 인종 등 광범위한 사람들의 표본추출 - 옮긴이의 과학적 분화에 더 크게 의존한다는 것이다. 1936년 미국에서 흥미로운 사례가 있었는데, 특정질문 한 가지를 묻는 여론조사였다. 3만 명이 조사 대상이었고, 답은 '아니오'였다. 처음 조사한 500명 가운데 54.9퍼센트가 '아니오'라고 답했다. 처음 조사한 1000명 가운데 53.9퍼센트가 '아니오'라고 답했다. 그리고 3만 명 중 55.5퍼센트가 '아니오'라고 답했다. 3만 명과 처음 500명 사이에서 실질적인 오차는 고작 0.6퍼센트였고, 이 방식들이 얼마나 정확한지를 보여주는 결과다. 나는 우리가 이 나라에서 미국의 방식을 사용하지 않기를 바란다고 말할 수도 있다는 것을 안다. 그러나 우리는 아주 기쁘게도 미국의 항공기를 사용하고 있지 않은가.

그와 이 '새로운 과학적 접근법'의 옹호자들은 모든 사람을 설득하지 못했다. 영국에서 상황을 더욱 복잡하게 만드는 것은 '대량관찰Mass Observation', 즉 1937년부터 시작해 1960년대까지 진행된 광범위한 사회과학 연구프로젝트가 존재한다는 점이었다. 이 연구에는 일지와 개방형 질문들이 혼합된 질적 연구에 가까운 방법론이 사용되어서, 새로운 과학적 여론조사를 비평하는 또 다른 장이 됐다.

그러나 고작 몇 년 후 영국 여론조사는 획기적인 순간을 맞이하게 된다. 1945년 총선에서는 보수당이 승리할 것이라는 예상이 팽배했다. 윈스턴 처칠이 당 대표를 맡고 있으며, 그가 제 2차 세계대전 내내 영국을 그저 성공적으로 이끌었던 점이 크게 작용했기 때문이다. 처칠 자신도 왕에게 30석에서 80석 사이로 과반수를 차지하며 승리할 것으로 예상한다고 말했다. 상대편인 노동당의 핵심인물들 역시 처칠이 이길 것이라 생각했다. 특히 노동당의 하원의원인 휴 달튼은 "토리당보수당 - 옮긴이의 과반수 차지 또는 교착상태"를 예측했는데, 결국은 그가 재무장관으로 취임하게 된다. 또한 압도적인 표차로 총리자리에 오르게 될 노동당 대표도 보수당의 승리를 예상하고 있었다. 클레멘트 애틀리는 노동당이 과반수는 고사하고 30석을 차지할 가능성도 거의 없다고 믿었다. 우리가 가진 몇 가지 제한적 증거에 따르면 대중들 역시 보수당의 승리를 점쳤다.

그러나 결과는 146석의 과반수를 차지한 노동당의 승리였다.

다른 이들은 충격을 받았지만 갤럽에게는 아니었다. 갤럽의 여론조사는 총선결과를 옳게 예측했기 때문이었다. 이 여론조사는 <뉴스 크로니클>의 의뢰를 받아 실시됐고, 조사결과에 대해 적잖이 놀란 이 신문사는 투표일 사전보도에서 묵직한 경고와 함께, 그 수치는 '잠정적 예측'이라고 말했다. 1945년 7월 4일자 기사에 따르면 이 여론조사는 "선거결과를 예견하려는 척하는 것이 아니며, 이 결과를 바탕으로 새로운 하원에서 가능성 있는 의석 분포도를 예측하기는 불가능함을 강조해야만 하겠다"라고 했다.

돈을 지불한 자의 경고에도 불구하고 갤럽의 여론조사는 정당성이 입증됐고, 여러 형태의 정치적 예측 가운데에서 여론조사의 가치를 드높였다. "1945년 총선은 여러 모습을 갖췄다. 자유당의 워털루 전쟁이자, 보수당의 워털루 전쟁이었다. 그러나 그 무엇보다도, 정치기상학자들의 워털루 전쟁이었다_{워털루 전쟁은 1815년 6월 엘바 섬에서 돌아온 나폴레옹 1세가 이끈 프랑스군이 벨기에 워털루에서 영국, 프로이센 연합군과 벌인 전투로, 프랑스군이 패배하면서 나폴레옹 1세의 지배가 끝나게 된다 - 옮긴이}.

미국의 여론조사에서 1936년 대선이 새로운 지평을 연 순간이 되었듯, 1945년 영국 총선에서 여론조사의 역사적 중요성은 갤럽에 초점을 맞추게 된다. 다만 갤럽은 당시 유일한 여론조사기관이 아니었으며 또 다른 여론조사기관이자 1942년 <데일리 익스프레스>가 설립한 센터 오브 퍼블릭 오피니언Center of Public Opinion은 잘못된 선거 예측결과를 내놓았다. 갤럽이 노동당의 선두를 확신한 반면에 이 경쟁사는 정당들이 막상막하일 것이라고 보았다. 그럼에도 이 역시 보수당이 승리할 것이라는 광범위한 예상보다는 정확했다.

미국과는 달리 영국에서는 한 무리의 전국지가 존재한 덕에 이후의 정치여론조사가 발전할 수 있었다. 이 전국지들은 미국의 지역단위 언론사들보다 더 자연스럽게 전국 여론조사를 주동할 수 있었다. 1950년 총선에서 여론조사는 더욱 확대됐고, 갤럽과 <데일리 익스프레스>는 더 자주 여론조사를 실시하는가 하면 <데일리 메일> 역시 처음으로 선거 여론조사를 실시했다. 이 세 곳에서 실시한 최종 여론조사 결과는 모두 실제 득표율에 상당히 가까웠지만, 이번에도 갤럽은 유일하게 노동당의 선두를 점친 기관으로서 다시 한 번 의기양양하게 승리를 거두었다.

좋든 나쁘든 현대의 정치여론조사는 대서양 양 끝에 굳건히 자리 잡았다. 또한 적어도 보수당에게 여론조사는 정치인들이 의지하는 주기적인 정보의 흐름이 됐다. 그럼에도 불구하고, 가장 최근에는 1959년에 <데일리 익스프레스>가 "완전한 진실성과 가능한 한 모든 효율성을 갖춘 채 수행됐음에도 불구하고 우리의 자체 여론조사에 자신감이 없다."라고 선언하기도 했다. 그러나 자신감을 가졌어야만 했다. 그 해 총선에서 <데일리 익스프레스>의 최종 여론조사는 노동당과 보수당의 예상 득표율은 실제 결과보다 1퍼센트 미만의 오차를 보였기 때문이다.

여론조사는 그 외에도 기대치 못한 장점을 드러냈다.

갤럽의 어느 여론조사원이 사우스 런던에 있는 어느 집 현관을 두드리자 가정주부가 문을 열고 이렇게 말했다. "당신이 문을 두드려줘서 정말 고맙네요. 막 자살하려던 차였거든요." 조사원은 그녀를 따라 부엌으로 들어갔고, 아니나 다를까 부엌 오븐에는 쿠션이 들어가 있었고 유서도 남겨져 있었다. 조사원은 쿠션을 꺼내어 오븐을 닫아버리고, 유서를 찢어버린 뒤, 여성에게 차 한 잔을 만들어줬다.

영국과 여러 국가에서 정치여론조사가 자리 잡았지만, 그렇다고 해서 정치인들이 여론조사기관에 관심을 기울여야 하는 적정 수준에 대한 논란은 막을 수 없었다. 정치인들의 여러 역할 사이에는 긴장관계가 존재한다. 정치인은 지도자로서 대중에게 자신들이 생각하는 바가 옳다고 이야기하는 역할인가 하면, 청취자로서 무슨 일이 벌어질 지를 대중들에게 맡겨두는 역할도 해야 한다. 일부 정치인들과 지지자들은 대중들이 원하는 바를 무시하는 것이 미덕이라고 보았고, 이를 원칙에 입각한 리더십으로 미화했다. 물론, 정치인들의 말에 동의한다면 이 미덕을 받아들이기가 더욱 어렵지 않다. 또한 정치인들이 특정한 정책의 장점을 홍보하는 것 이외에도 좀 더 일반적인 시장연구와 사회과학에 곁들여 여론조사를 실시하는 방식이 지지율을 높이는 데에 어느 정도 도움이 되는가도 논쟁거리가 된다. 유권자가 후보에게 호감을 가지는지 등 정책 이외의 가벼운 요인들에 의해 정치적 지지가 변화하는 정도를 이해하는 일은 일부에서 보기에 일종의 부정행위처럼 보일 수 있다.

그렇기 때문에 고어 비달은 민주당 대선후보에 지명되기 위해 경쟁하는 두 남자에 관한 희곡 <베스트맨> 제 1막에서 주인공이 여론조사를 비난하게 했다.

러셀강경하게: 저는 여론조사를 믿지 않아요. 정확하든 아니든 말이에요. 그리고 제가 여러분을 지루하게 만들 법한 설교를 하자면, 인생은 인기투표가 아니에요. 정치도 마찬가지고요. 어떤 정부든 중요한 건 사람들에게 쟁점에 관해 교육하는 거예요. 여론이 오르내리는 대로 따라다니는 게 아니라요.

기자확인사살이라도 하듯: 당신이 여론을 존중하지 않는다는 의미인가요? 대통령은 사람들이 원하는 걸 무시해야 한다고 생각하시나요?

러셀침착한 말투로: 사람들이 잘못된 걸 원한다면, 사람들이 쟁점을 이해하지 못한다면 그리고 언론– 공손한 말투로그러니까 일부 언론에 의해 오도된다면, 그러면 저는 대통령이 대중의 의견을 무시하고 국민들을 설득하려 노력해야 한다고 생각합니다.

연극 후반부에서, 러셀은 현 대통령에게 경쟁후보를 언급하며

이렇게 말한다.

중국이 인도를 침략하겠다고 위협하고 우리가 세계대전, 최후의 세계대전이 터질 가능성에 직면했다고 가정해보십시오. 이제 각하와 제가 그 상황을 이해하고, 또 저는 우리가 전쟁을 벌이거나 인도를 빼앗기지 않고 해결할 수 있다고 생각하는 거지요. 하지만 ^{경쟁후보인} 조는 어떻게 할까요? 아마도 조는 갤럽 여론조사를 들여다볼 겁니다.

정치인들이 어느 수준까지 여론을 이끌거나 따라야하는지에 대해서는 언제나 찬반양론이 펼쳐진다. 그러나 대중들의 생각에 언제, 어떻게 관심을 기울일지 결정하는 것이 정치인들에게 달렸다면, 가능한 한 그 정보를 정확하게 만들어내는 것은 여론조사기관의 몫이다.

이 사실이 정치여론조사의 가장 근본적인 작업, 즉 투표의향을 묻는 데에서는 어떻게 작용하는지를 살펴보자.

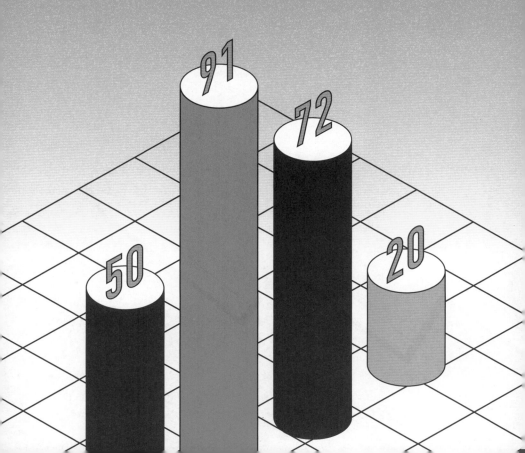

제 2 장

정치여론조사는
어떻게
작동하는가

"여론조사업계의 은밀한 추악함은 다음과 같다…우리는 낯선 이들의 친절함에 기댄다. 전화벨이 울렸을 때 전화를 받아주는 친절함, 무슨 전화인지 깨달았을 때 끊어버리지 않는 친절함 그리고 처음부터 끝까지 전화기를 놓지 않고 조사에 모두 응해주는 친절함 말이다."

- 여론조사원 앤 셀저

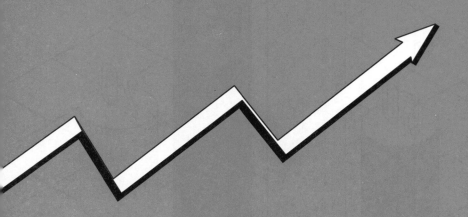

정치 여론조사는 직관에 어긋나서 괴롭다. 수백만 개의 응답을 수집한 여론조사는 고작 몇 천 개의 응답만 모은 여론조사보다 훌륭해야 할 것 같지만, <리터러리 다이제스트>지가 발견한 바에 따르면 그렇지 못하다. 차라리 "작은 사례로부터 우리는 전체를 판단할 수 있다"고 말한 《돈키호테》의 어느 상인이 옳을 지경이다. 우리는 여론조사를 이해하기 위해 그리고 그릇된 직관을 바로잡기 위해서 우선 표본추출을 이해해야 한다. 표본추출이란 여론조사원들이 누구를 대상으로 조사를 하고 몇 명에게 물을 것인지 결정하는 방법이다.

표본추출

1947년 그랜빌이라는 미국의 한 소도시는 비밀리에 여론조사를 실시하는 장소가 됐다. 은퇴한 농구선수이자 여론조사원인 로렌스 스미스는 끔찍한 상황에 처해 있었다. 회사는 망하기 일보 직전으로, 이미 책상은 모두 거둬가고 전화기만 맨바닥 위에 덜렁 놓여 있는 지경이었다. 그러나 스미스가 그랜빌의 인구구성이 미국 전체의 인구구성과 정확하게 일치한다는 점을 깨닫는 순간 대박이 터졌다. 전국 여론조사를 실시하는 시간과 비용 대신 그는 그랜빌 주민들만을 대상으로 저렴하고 신속하게 여론조사를 할 수 있었던 것이다.

그러나 그는 '패널 효과'의 위험성을 알고 있었기에 이 조사를 몰래 실시해야 했다. 패널 효과란 일정한 집단의 사람들에게 반복적으로 의견을 물어보는 행위가 결과적으로는 바로 그 해당 견해를 바꿔놓는다는 의미다. 뭔가에 관해 반복적으로 질문을 받다 보면 그 대상에 점점 더 많은 관심을 기울이게 되기 때문이다. 따라서 스미스와 두 명의 동료는 조용히 '전국적인 생각을 반영하기에 수학적으로 완벽한 도시' 그랜빌로 향했고, 매일 많은 사람들에게 말을 걸 수 있는 핑계를 만들기 위해 보험설계사인 척했다.

어쨌든, 이것이 영화 <마법의 도시^{1947년}>의 설정이다. 이 영화에서 제임스 스튜어트는 스미스로, 제인 와이먼은 동네 신문기자로 분했고, 스튜어트의 공범 가운데 하나로 네드 스팍스가 출연했다. 스팍스는 음침한 표정을 한 인물을 연기하는 것으로 유명해서, 런던 로이즈^{런던의 국제보험업자협회 - 옮긴이}는 떠들썩하게 광고를 내며 그가 웃고 있는 모습을 포착한 사진기자에게 10만 달러를 주겠다고 제안할 정도였다. 다른 공범을 연기한 배우는 도널드 믹으로, 그는 영화를 찍는 도중 세상을 떠났다. 영화 후반부에는 관객들에게 믹의 부재를 설명하기 위해 철로를 비춰주며 "그는 더 이른 시간대의 기차를 타고 떠났다"라고 설명하는 가슴 미어지는 장면이 등장한다.

각본 작가들이 영화 속에 그럴듯한 여론조사의 디테일들을 포함시킨 점이 인상 깊다. 예를 들어 현실의 여론조사기관들처럼 성별 또는 민주당이나 공화당원 등의 기준을 바탕으로 그랜빌과 미국 전체를 비교하는 방식 등이 사용됐다. 여론조사원의 이중신분이라는 설정을 위해 영화 줄거리의 핵심으로 사용된 패널 효과 역시 진짜로 존재한다. 실제 여론조사원이었던 조지 갤럽도 여러 번 언급됐다 그리고 역시나 이번에도 크로슬리와 로퍼는 소외됐다. 단 하나의 소도시만 조사한다는 발상마저도 실제 연구인 <미들타운 조사>에서 영감을 얻은 것이었다. 미들타운 연구는 인디애나 주 먼시에 사는 백인 주민들을 대상으로 한 장기적인 사회학 연구로, 그 결과는 《미들타운Middletown》과 《전환기의 미들타운Middletown in transition》이라는 두 권의 책으로 출간됐다. 책의 제목은 이 연구결과가 평범한 장소, 적어도 전형적인 소도시에서 나온 것임을 보여주기 위해 붙여졌다.

<마법의 도시>가 제작되고 몇 년 후에 공상과학소설가 아이작 아시모프는 한 발 더 나아간 아이디어를 제시했는데, 단 하나의 장소는 단 하나의 사람이 됐다. 1955년 아시모프는 단편 《프랜차이즈》에서, 머나먼 미래인 2008년에는 컴퓨터 모델링이 몹시도 정교해져서 오직 단 한 사람만이 투표에 참여한다고 상상했다. 이 소설에서 노먼 뮬러는 선거에 참여하는 단 한 명의 유권자로 선발되지만, 멀티백 컴퓨터는 '모든 국가와 주와 지방선거'를 계산하기 전에 뮬러에게 질문을 던진다. 뮬러는 "계란 가격에 대해 어떻

게 생각하는가?" 등의 질문을 받는 동안 건강 모니터링 장비에 연결되어서, 질문마다 '뇌와 심장, 호르몬과 땀샘이 작동하는 방식을 통해 멀티백은 여러분이 그 문제를 얼마나 진지하게 느끼는지 정확히 판단'할 수 있다.

그러나 현실세계에서는 그랜드빌도, 멀티백도 따라할 수 없다. 단 한 사람, 심지어 단 하나의 장소만으로는 젊은이와 노인, 도시와 지방, 종교와 비종교, 부유층과 빈곤층 그리고 그 외에 우리를 그토록 다른 존재로 만들어주는 특성들을 모두 다양하게 담을 수 없다. 그 대신 여러분이 좇아야할 견해를 가진 전체 인구를 대표할 수 있는 다양한 집단의 사람들을 선발해야만 한다. 사람들 집단을 선발하는 과학 그리고 기법을 표본추출이라고 한다.

사람들 집단을 골라내는 과정이 완벽하지 않기 때문에, 그 결점을 보완하기 위해 결과를 보정할 필요가 있다. 그 보정의 과정을 가중법Weighting이라고 하는데, 여기에도 나름의 위험성이 따른다. 그러나 이 모든 위험에도, 표본의 양보다 질에 집중한 덕에 조지 갤럽은 <리터러리 다이제스트>를 상대로 승리를 거둘 수 있었다. <리터러리 다이제스트>가 보여주는 아무것도 섞이지 않은 순수하고 날 것 그대로의 큰 숫자는 갤럽의 더 작지만 정제와 보정이 이뤄지고 변형된 작은 숫자보다 열등했다.

이 사실을 염두에 두고 가중법 그리고 우선 표본추출이 어떻게 작동하는지를 파헤쳐보자. 표본추출이 등장하기에 앞서, 사물의 상태를 한층 더 이해하기 위해 모든 사람 혹은 모든 사물을 체계적으로 세어보려는 아이디어는 요셉과 마리아가 베들레헴으로 돌아가야만 했던 로마제국의 인구조사까지 거슬러 올라가는 긴 역사를 가졌다. 로마제국의 인구조사 또는 영국의《둠스데이 북¹⁰⁸⁶ 년 윌리엄 1세가 조세징수를 위해 토지현황을 조사해 정리한 책 - 옮긴이》같은 초창기 사례에서 보듯, 진실을 확인하기 위해서는 모든 것을 세어봐야 한다는 것이 원래의 개념이었다. 1665년-1666년 북아메리카의 프랑스 식민지였던 뉴 프랑스에서 실시된 것 같은 최초의 인구조사도 마찬가지다_{당시 '모든 사람'이란 식민지 주민만을 의미했으며 토착민 또는 일부 종파는 여기에서 제외됐다}. 1790년대에는 한층 더 발전된 변화의 물결이 일었는데, 1794년 스웨덴_{당시에는 핀란드도 한 국가였다}에서 비슷한 활동이 이뤄졌고, 미국 역시 1790년에 조사를 시작했다_{토착민이 인구조사에 포함되어야 하는지 여부는 이들이 세금을 납부하는지 여부에 따라 달라졌고, 이 핵심적이고 두드러진 특징은 미국 헌법 1조 2항에 포함됐다}. 이 시기에는 다른 선구적인 통계자료 수집도 등장했다. 이를 테면 1790년대에는 존 싱클레어가《스코틀랜드의 통계적 해석^{Statistical Account of Scotland}》를 집필하기 위해 최초로 전국적인 설문조사를 실시하고 성공적으로 활용하기도 했다.

그러나 표본추출의 개념은 19세기에 확고히 자리 잡게 됐다. 즉, 모든 것을 세는 것이 아니라 대표적인 표본을 세어봤을 때도 여전히, 그러나 더 빠르고 저렴하고 쉽게 진실에 닿을 수 있다는 개념이었다. 이를 개척한 것이 노르웨이 통계청으로, 국가의 공식적인 통계기관이자 독립적인 기관으로 1876년에 설립됐다. 첫 책임자였던 안데르스 니콜라이 키에르는 데이터를 요구하는 목소리가 점차 높아지는 상황에 직면하게 됐다. 새로 제안하는 연금과 사회보험제도에 대해 국민들이 어떻게 생각하는지를 연구해달라는 요청을 받은 그는 모든 사람에게 묻는 대신 추출표본을 선택했다. 12만 명 규모의 표본이 성공을 거두자, 그는 다음 설문조사에서 과감하게 표본 크기를 1만 명으로 잘라냈다.

이 표본은 임의적으로 고른 것이 아니었다. 그보다는 다음과 같았다.

키에르는 축소판 세계를 만들 듯 표본을 구성하는 개념을 널리 알렸다. 우선 분명한 목적을 가지고 겉보기에 '대표적인' 방식으로 국가의 지역구역, 소도시 등을 선택한 뒤, 그 계층 내에서 예를 들어 특정 나이대와 성姓의 첫 글자에 따라 체계적으로 표본단위를 추출했다. 그의 표본은 '전반적으로 인구의 중요한 특성들에 일치하도록' 구성됐으며, 이 특성들은 초기 인구조사에서 나온 결과들을 반영한 것이었다. 크루스칼과 모스텔러는 "예를 들어, 표본에서 목축업자가 부족하다면 키에르는 이 사람들을 몇 명 더 추가했다"라고 지적했다.

키에르는 인맥이 탄탄했으며, 이 접근법을 의도적으로 널리 퍼트리는 개종활동을 했다. 그렇기 때문에 표본추출의 역사에서 키에르는 훨씬 더 먼저 표본추출의 원칙을 이해했던 프랑스의 수학

자 피에르-시몽 라플라스보다 더 중요한 역할을 맡고 있다. 그러나 프랑스 혁명과 나폴레옹 전쟁 시기에 활동했던 라플라스는 국제적으로 표본추출의 개념을 널리 알릴 기회가 제한적이었다. 벨기에에서 통계학적 갈등을 유발하고 표본추출의 개념이 밀려나 버린 이후 라플라스의 견해는 설 곳을 잃고 말았다. 그렇게 해서 널리 확산된 것은 키에르의 방식이었다.

키에르에게 설득당하고 그 방법론을 받아들이게 된 이들 가운데는 영국의 통계전문가 아서 L. 불리도 있었다. 그는 표본이 얼마나 도움이 되고 표본과 진실 사이에 어떤 오차가 있을 수 있는지를 엄밀히 연구하는 여러 수학적 접근법을 개발했다. 1912년 그는 영국의 사회적·경제적 조건을 조사하기 위해 과학적 표본추출법을 사용했고, 이후 표본추출의 표준교과서가 된 글을 썼다.

표본추출의 활용은 민간부문까지 확산됐고, 특히나 미국에서는 상업기업에게 제공하기 위한 시장조사가 성장했다. 그 시작은 1911년 선구적인 연구자 찰스 쿨리지 팔린이 커티스 출판사를 위해 실시했던 조사였다. 정부와 사회과학조사원들과 마찬가지로 기업들은 주변에서 벌어지는 일들을 가능한 한 빠르고 저렴하게 알고 싶어 했다. 표본추출을 활용한 설문조사가 여기에 딱 맞아떨어지는 방법이었다.

그러나 선발을 통해 표본을 추출할 때 누구에게 물어볼지 어떻게 결정할 수 있을까? 이를 위한 방법 한 가지는 사람들을 완전히 무작위로 선택하는 것이다. 그러나 이 방법은 아주 어렵고, 모든 사람이 여론조사나 설문조사에 똑같이 흔쾌히 응답하는 것은 아니다. 사람들을 강제로 참여하게 만드는 법적 강제력이 없다면, 결국에는 무작위적이 아닌 집단을 꾸리게 될 것이다. 그 후에는 또 다른 문제들도 생겨나는데, 예를 들어 낮 시간 동안 사람들에게 질문을 한다면, 밤 근무를 하느라 낮에는 잠을 자야하는 사람들을 놓치게 된다. 완벽한 무작위성을 달성하는 일은 마치 완벽한 원을 그리는 것과 같다. 열심히 노력하면 가까이 도달할 수는 있다. 그러나 더 자세히 살펴보세요, 완벽에서 벗어나는 부분이 더욱 분명해진다. 실제로, 그저 무작위에 가까워지기란 어렵고, 그렇기 때문에 느리고 비싼 일이다.

게다가 완전히 무작위로 추출된 표본을 얻었다 하더라도 그 표본이 일반적이지 않을 수도 있다. 동전 뒤집기를 한다고 상상해보자. 사건의 순수한 상태에서는 동전을 던졌을 때 무작위로 앞면 또는 뒷면이 나올 확률은 50:50이다. 이제 동전을 열 번 던져보자. 앞면이 정확히 다섯 번 나왔는가? 아마도 아니었을 것이다. 다섯 번의 앞면이 '올바른' 결과물임에도 불구하고, 오직 네 차례의 시도 가운데 한 번만24.6퍼센트 앞면이 정확히 다섯 번 나온다. 나머지는, 앞면 여섯 번과 뒷면 네 번이랄지, 혹은 앞면 세 번과 뒷면 일곱 번처럼 앞면은 '마땅히' 나와야할 숫자보다 더 많거나 적게 나올 것이다. 여론조사를 위해 여러분이 희망하는 무작위 표본추출 역시 마찬가지다. 운이 나쁜 경우, 예를 들어 남자가 전반적인 현실보다 표본에 더 많이 포함될 수도 있다. 여성과 남성 간의 정치적 견해가 차이가 난다면 이는 여러분의 표본을 잘못된 방향으로 왜곡시킬 수 있다.

　통계학자와 여론조사기관들은 그동안 시도된 무작위 표본추출에서 드러난 이 문제점들을 해결하기 위한 방법들을 개발해왔다. 한 가지 해결책은 할당을 활용하는 것이다. 나이, 성별, 직업 등의 핵심기준을 선택한 후 여론조사에서 각 유형의 사람들을 얼마나 필요로 하는 지에 따라 할당작업을 한다. 이 접근법에 따르면 각 할당을 채울 때까지 사람들을 조사한다. 이는 조사의 막바지에 도달할수록 조사에 참여할 수 있던 여러 사람들을 제하게 된다는 의미일 수 있다. 이 사람들이 핵심기준에는 맞아떨어지지만 이미 여러분은 할당량을 채웠기 때문이다. 이 방식에는 그 자체로 결점이 있는데, 그렇다보니 1948년 미국 대선에서 갤럽과 다른 기관들이 잘못된 결과를 도출했다. 조사원 또는 조사과정이 할당을 채우려고 시도할 때 다른 편향들이 소리 소문 없이 끼어 드는 수가 있다. 대면조사를 위해 길거리에서 사람들을 멈춰 세운다면, 이는 상대적으로 한가해 보이는 사람들을 붙잡는다는 의미가 되기도 하고, 따라서 결국은 점심시간에 나온 직장인보다는 쇼핑객들을 더 많이 포함할 수도 있기 때문이다.

따라서 초기단계에 불거진 문제점을 해결할 수 있는 방법은, 무작위 표본추출을 시도하면서 할당을 사용하는 방식^{사전층화}과 사후에 결과에 가중치를 주는 방식^{사후층화}을 혼합하는 것이다. 예를 들어, 조사원들이 X번째 사람마다 붙잡고 질문을 던지도록 요구한 뒤, 차후에 나이와 성별 등에 따라 결과에 가중치를 둔다. 가중법은 상당히 중요하므로 책의 다음 부문에서 구체적으로 다시 살펴볼 예정이다.

여론조사의 방법이 대면 또는 우편조사부터 시작해 20세기 후반기에는 전화 그리고 21세기에는 온라인 패널로 변화하면서, 새로운 장애물들을 극복해나가야만 했다. 그러나 표본추출과 가중법의 핵심개념은 여전하다.

이 핵심개념을 정치여론조사에 적용할 때, 누구를 대상으로 표본을 추출해야하는지의 문제가 발생한다. 즉각 떠오르는 답은 '국민'이 되겠으나, 이는 여론조사원에게 필요한 세부적이면서 간결한 답이 아니다. 예를 들어, 사람들이 외출 시에 쓰레기를 버릴 만한 쓰레기통을 찾을 수 있을 때까지 손에 그 쓰레기를 손에 들고 있어야 할 때 얼마나 행복한지를 묻는다면, 질문의 대상은 '전국의 성인남녀'로 충분하다. 그러나 정치적 질문에 대해서는 '다음 선거에서 투표에 참여할 사람'의 변주가 되는 경우가 더 잦다. 여기에서 어떤 사람이 공식적으로 합법적인 유권자 등록이 되어 있는지 그리고 이 사람이 투표할 가능성이 얼마나 되는 지를 바탕으

로 보정해야 할지 여부를 여론조사원이 확인해야 하는가의 쟁점
이 생겨난다. 특히 미국에서는 '투표의향이 있는 유권자'를 대상
으로 한 여론조사와 '등록 유권자'라는 더 큰 범주결국 '원하는 경우에 유
권자 등록을 할 수 있는 사람'이라는 작은 범주가 된다를 대상으로 한 여론조사 사
이에 구분을 짓는다. 반면에 영국의 여론조사기관은 보통 '투표의
향이 있는 유권자'에 해당되는 응답자를 찾기 위해 투표의향을 묻
는 질문을 던지는데, 다시 설명하겠지만 그로 인해 투표율 가중법
을 적용해야 할 필요성이 생긴다. 그러나 다른 유형의 정치적 질
문에는 투표율 가중법이 자주 생략된다.

이 모든 것들을 면밀하게 검토하더라도 여전히 애매하다. 여론
조사기관들은 누군가가 등록유권자인지 또는 실질적으로 합법적
으로 유권자 등록을 할 수 있는 자격이 있는지 여부에 대해 사람
들의 응답을 있는 그대로 받아들이는 경향이 있기 때문이다. 또는
이 사안을 전혀 물어보지 않을 수도 있다. 투표에 참여할 수 없는
불법이민자가 여론조사에 응하면서, 있는 그대로 솔직히 질문에
답을 하고 결국에는 표본에 포함되는 경우도 있다. 또 다른 특이
사항으로는, 민주주의가 잘 운영되는 국가에서는 사망자도 합법
적으로 투표할 수가 있다는 사실우편투표 또는 사전투표를 마친 후 바로 사망해도
선거일에 그 사람의 표가 그대로 인정됨은 투표일이 가까워질수록 여론조사기
관의 표본이 대표성이 떨어질 수 있다는 의미다. 그러나 이런 식
의 특이사항은 실질적으로 문제가 되기에는 그 사례가 현저히 작

다. 몇몇 특별한 수집품은 그저 수집품으로 남을 뿐이다.

　그럼에도 불구하고 항상 그런 것은 아니다. 정치여론조사의 역사는 발전과정에서 잘못된 방향으로 미끄러져 갔고, 조지 갤럽은 인종차별적이며 성차별적인 여론조사 기법을 그대로 가져갈 수 있었다. 갤럽의 초창기 표본추출은 백인에게만 과하게 초점을 맞췄으며, 여성과 비백인은 적절하게 표본으로 추출되지 못했다. 이 부분을 최대한 정당화하자면, 갤럽은 선거결과를 예측하는 데에 집중했고, 따라서 성인 전체보다는 유권자의 관점을 측정하고 싶었다. 그러나 이는 아프리카계 미국인의 투표권을 광범위하고 의도적으로 탄압하는 행위가 유권자에 집중하는 갤럽의 시선을 통해 여론조사 방법론으로 탈바꿈했으며, 따라서 이들의 관점을 의도적으로 경시했다는 의미였다. 순수하게 선거의 인기도를 측정하는 것은 정당화할 수 있다 할지라도, 문제는 갤럽이 유권자에 초점을 맞춘 여론조사에서 벗어나 미국 대중 전체를 언급하는 수사법을 사용했다는 점이다. 갤럽의 여론조사결과를 처음으로 다룬 신문사 공동배포 칼럼의 제목은 '백인남성미국인들이 말하다'가 아닌 '미국인들이 말하다'였다. 여론조사를 가치 있게 생각해야 한다는 갤럽의 강력한 주장에는 자신의 여론조사가 백인 이외의 미국인들의 관점을 온전히 대표하지 못했음을 나타내는 경고나 주의 또는 후회 등이 특히나 결여되어 있었다.

　설상가상으로, 갤럽의 논리는 유권자 여론조사에만 관련있는 것이 아니라, 아프리카계 미국인들의 의견에 정당한 중요성을 부여했을 때 미국 남부의 신문들이 그의 여론조사를 채택하지 않을 것을 걱정한 영리적인 반응이었던 것으로 보인다. 갤럽의 표본에는 남성이 과하게 포함됐지만1936년에서 1937년 사이 갤럽 여론조사의 응답자 중 3분의 2는 남성이었다, 그는 결과에 다시 가중치를 주어서 통계를 보완하지 않았다이는 투표관련질문에만 특별히 해당되는 문제로, 쟁점이 되는 질문들에는 부분적으로 재가중법이 적용됐다. 여기에 대한 가장 그럴 듯한 변명은 여성의 투표율이 낮을 것이라는 그릇된 믿음을 바탕으로 표본을 추출했다는 것이다. 다만 갤럽이 성차별적인 발언을 했다는 기록으로 보아서는 그저 데이터의 판독오류 외에도 더한 문제가 있을 것으로 보인다. 이는 정치여론조사의 암울한 출발점이 됐다.

또한 반드시 기억해야만 할 사건이기도 했다. 한편에는 '대중'을, 다른 한편에는 '투표의향이 있는 유권자' 혹은 '유권자'를 두고 구분하는 것은 이민 등을 주제로 한 질문에 관련이 있을 수 있는데, 전자는 아직 시민권을 취득하지 못한 이민자들을 포함하지만 후자는 포함하지 않기 때문이다.

가중법

지금껏 보았듯 가중법은 여론조사의 핵심이다. 무작위성의 위험에 대비하고 순수한 무작위성을 획득하는 데에 대한 실패를 보완하기 위해서다. 예를 들어, 미국의 여론조사 전문가 네이트 실버는 이렇게 말했다.

여론조사에 대한 한 가지 작고 추악한 진실은 여러분이 무작위로 사람들에게 전화를 걸더라도 진정으로 무작위적인 표본을 얻지 못하리라는 것이다. 여성들은 남성들보다 더 많이 전화를 받을 가능성이 높으며, 젊은 사람보다는 나이 많은 사람이 그리고 흑인과 히스패닉보다는 백인이 전화 받을 가능성이 높다. 따라서 기본적으로 "우리는 어느 주에서 투표율의 12퍼센트를 차지하게 될 흑인들을 5퍼센트 밖에 포함하지 못했다는 것을 안다. 그러니 모든 흑인을 2.5배 해서 세도록 하자."라고 말하기 위해서는 인구통계에 맞춰 여론조사에 가중치를 주어야만 한다.

이런 가중법을 더욱 잘 활용할수록, 무작위에 가까워지는 것과는 거리가 먼 표본들을 더욱 잘 활용할 수 있게 된다. 실제로, 최근의 여론조사기관들은 무작위를 추구하기 보다는 제대로 가중치를 주는 것을 훨씬 더 중요시 여긴다. 특히나 사회연구에서 무작위에 아주 가까워지기 위해 엄청난 시간과 노력을 쏟아 붓는 표준적인 설문조사들이 여전히 존재한다. 무작위로 이름을 선발하고, 설문조사를 완성하도록 설득하기 위해 여러 차례 시도해야 하는 이런 식의 설문조사들은 느리고, 비싸며, 따라서 드물게 시행된다.

그러나 가중법이 꼭 필요한 경우라면 이 역시 실패의 징조다. 가중치를 주어야 하는 만큼 원 표본은 사라진다. 여론조사기관들은 가중법이 자신들의 조사결과에 별 영향을 미치지 않아서 기쁘다는 언급을 자주 하기도 한다. 일부 가중법은 반드시 필요하지만, 심각한 가중법은 원 표본에 문제가 있으며, 따라서 가중법으로 보완할 수 없는 면에서 틀릴 수 있음을 시사하기도 한다. 또한 결국에는 소수의 응답에 가중법을 적용하면서 이를 전체 통계의 중요한 부분으로 크게 의존할 수도 있다는 의미도 된다. 그렇게 되면 이 소수의 사람이 실질적으로 다른 많은 수의 사람들을 대표하기를 바라면서 기도하는 수밖에 없다.

훌륭한 여론조사 가중법이 되기 위해서는 세 가지 특성이 필요하다. 우선, 적절한 가중법이어야 한다. 다시 말해, 이 가중법은 표본의 정치적 견해를 여러분이 결과를 얻고 싶은 인구의 정치적 견해와는 다르게 만드는 차이점을 포착할 수 있어야 한다. 정치적 견해는 흔히 나이에 따라 다양하기 때문에, 나이는 분명 가중치를 두는 것이 필요하다. 그럼에도 나이 하나만으로는 부족하다. 여론조사에서 어떤 가중법을 혼합해서 사용할 것인지는 요리사가 특제소스를 만드는 비법과 마찬가지다. 2016년의 한 실험에서 보듯 조리법은 각기각색의 결과물을 만들어낼 수 있다. <뉴욕 타임스>는 플로리다 주를 대상으로 한 대선 여론조사의 미가공 자료를 네 곳의 여론조사기관에 제공한 뒤 표제로 싣기 위해 투표의향 결과로 변환해달라고 의뢰했다. 네 곳의 여론조사기관과 신문사 자체가 내놓은 다섯 가지 결과는 트럼프가 1퍼센트 차로 승리한다는 경우부터 클린턴이 4퍼센트 차로 승리한다는 경우까지 다양했다. 그 어떤 분석결과도 트럼프나 클린턴이 큰 차이를 두고 승리한다고 보지 않았으나, 우리가 접전에 주의를 기울여야 하며 가중치를 이해하는 것이 중요함을 보여주기에는 충분할 정도로 다양했다.

어느 여론조사기관의 특별한 비법은 한 선거에서는 정확할지 몰라도 정치가 변화함에 따라 바뀌어야 한다. 한 선거에서 훌륭하게 적용된 가중법이 정당이나 후보에 대한 지지구조가 바뀜에 따라 다음 선거에서는 실패할 수도 있다. 과거에는 가중법을 적용하지 않아도 됐지만 이제는 반드시 포함시켜야 하는 경우도 있다. 미국 여론조사기관들은 2016년 대선에서 교육수준이라는 항목 때문에 된통 데이고 말았다. 이전까지는 표본에 교육수준이 높은 사람들이 다소 많이 포함되어 있어도 문제가 발생하지 않았으나 2016년에는 교육층에 따라 새로운 정치분열이 생겨나면서 문제가 됐다.

유사한 문제들이 다시 벌어질 수 있다는 사실은 여론조사기관들에게 계속적인 위협이 된다. 어떤 점이 잘못될 수 있는지를 설명하기 위해서, 가장 크고 오래된 인터넷 여론조사기관 가운데 하나인 유고브YouGov가 겪은 가구원 수의 사례를 한 번 살펴보자. 이글을 쓰는 시점에서 유고브는 가구원 수에 따라 가중치를 두지 않는다. 그 결과 유고브의 표본은 1인 가구를 너무 많이 포함하게 됐고, 그 가중법은 이 사실을 보정하지 않았다. 유고브는 지금까지 가구의 크기를 무시하는 위험성이 한 번도 문제가 된 적 없었기 때문에 그렇게 했다. 그러나 우리는 가구의 크기가 투표참여 등 정치적 행동에 영향을 미친다는 사실을 안다. 따라서 미래의 총선에서는 1인 가구 대 다인 가구 사이에서 균형을 맞추는 일을 예전보다 더 중시여기는 방향으로 정치유형이 변화할 가능성이 분명 있다. 선거에서 여론조사를 타격을 주기 위해서는 여러 가지 일들이 잘못 되어야만 한다. 예를 들어, 변화하는 유형과 빗나간 표본 그리고 또 다른 경로를 통해 보완되지 못한 다른 가중치 등이다. 곧 살펴보겠지만, 그리하여 여론조사는 잘못되어 버린다. 이때는 연달아 여러 다른 요인들이 모두 쌓인 순간인 것이다.

두 번째로, 훌륭한 가중법은 습득 가능한 정보들을 활용할 필요가 있다. 이들은 사람들이 기꺼이 그리고 솔직하게 건네줄 수 있는 정보들을 활용해야 한다. 사람들의 부를 기반으로 여론조사 결과에 가중치를 주는 것은 유용해보일 수도 있다. 특히나 한쪽 정당은 부유세를 약속하고 다른 정당은 목소리를 높여 여기에 반대하는 선거에서는 더욱 그렇다. 그러나 모든 사람이 신이 나서 여론조사기관에 자기 재산에 대해 이야기할 수 있을까? 그리고 얼마나 많은 사람들이 실제로 즉석에서 빚과 자산의 순수총액을 올바르게 이해할 수 있을까? 암산실력과 재정적 자신감 덕에 은행

계좌의 잔고와 신용카드 계좌 등의 총합을 재빨리 합산하고 공제하는 것이 가능하다 할지라도, 아직 해결되지 않은 주택담보대출이나 연금계좌의 총 가치 같은 지식들도 필요하다. 이는 여론조사기관이 올바른 이해를 위해, 그것도 신속한 올바른 이해를 위해 사람들에게 지나치게 많은 것을 묻고 곤혹스럽게 만드는 것이다.

마지막으로, 여론조사기관은 가중치 계산을 정확히 맞추기 위해 가중치의 참값을 알아야만 한다. 과거의 투표를 상기하는 일은 가중치의 참값을 알아내는 일이 보기보다 얼마나 더 어려울 수 있는지를 보여주는 사례다. 사람들에게 과거 선거에서 어떻게 투표했는지를 묻고 이를 표본에 가중치를 주는 데에 사용함으로써 사람들의 정치적 혼합체를 올바르게 구성하는 일은 대표성 있는 표본을 추출하기에 좋은 방법처럼 보인다. 그 사이에 어떤 사람들은 죽거나 이민을 가고, 또 어떤 사람들은 투표를 할 수 있는 나이게 접어들거나 시민권을 획득해서 투표권이 생기는 등 지난 투표의 통계가 완벽한 견본이 될 수 없게 만드는 문제점들은 둘째 치고, 사람들이 자신이 과거에 어떻게 투표했는지를 그다지 정확하게 기억하지 못한다는 문제도 존재한다.

여기에는 어느 정도 승자편향이 작용한다. 사람들은 승자가 누구든 자신이 그 승자에게 투표했다고 말할 가능성이 더 높다. 일부는 투표하기 직전에 마음을 바꾼 사실을 잊는다. 갑작스럽고 간단한 마음의 변화가 생겼지만 그 후 잊어버리는 것이다. 일부는 기억을 현재의 관점과 일치시키는 경향을 보인다. 우리는 스스로가 일관성 있다고 생각하기를 좋아하기 때문이다. 일부에게는 그저 기억이 흐릿해져버렸을 뿐이다여러분은 어찌하여 사람들이 누구에게 투표했는지 같은 중요한 선택을 잊을 수 있는지 궁금해질 수도 있다. 민주주의가 지닌 경탄이자 저주는 투표하기 전에 우리가 집중력 시험을 통과할 필요가 없다는 것이다.

어떤 이유의 조합에서든, 여론조사기관들은 가능한 한 가장 완벽하게 구성되고 정확한 선거 전 여론조사를 생성해낼 수 있는 표본조차도 마땅한 진실과 정확히 일치하도록 과거의 투표를 회상해낼 수 없음을 지속적으로 발견해왔다. 이 문제에 대해 두 가지 대응이 가능하다. 한 가지는 과거 투표의 회상에 보완을 가해서 그 응답의 오류가능성을 처리하는 것이다. 다른 한 가지는 그런 보완을 위해서는 결국 너무나 많은 추정과 상황맞춤형 계산이 필요하므로 지나치게 무모하다고 걱정하는 것이다. 그보다는 한 표본이 결국 특정 정당의 너무 많은 지지자를 포함하게 된다면 그다음 표본은 다를 것이고, 또 그 다음에도 그럴 것이라고 믿으며 이 상황을 묵묵히 받아들이고 무작위성에 의존하는 것이 낫다. 그 뒤에는 어쨌든 여론조사 전반에서 옳게 끝날 것이다.

이 부분에서 패널을 사용하는 온라인 여론조사가 강점을 지닌다. 이들은 세 번째 노선을 타는 것이 가능하다. 즉 사람들이 선거

철에 한 응답을 기록할 수 있는 것이다. 그렇다면 과거 투표를 회상하는 데에 의지하는 대신 여론조사기관은 사람들이 당시 기관에 실제로 한 응답을 활용할 수 있다. 이 접근법도 위험성이 없지는 않다. 그 선거여론조사 당시 표본에 문제가 있다면 그 오류는 미래의 여론조사에서도 굳어진다. 적어도 그릇된 표본을 잡아내는 데에 도움이 되는, 비교 가능한 실제 투표결과가 존재했다. 그러나 한 가지 방향으로 오류를 자아낸 그릇된 표본이 또 다른 방향의 오류로 인해 감춰졌다면 어떨까? 아마도 영원한 오류에 여전히 갇힐 수도 있다. 또한 지난 선거에서는 투표하지 않았지만 다음 투표에는 참여할 사람들을 다뤄야할 수도 있다. 이 역시 온라인 여론조사기관에게 완전히 간단한 일은 아니다.

모든 여론조사기관에게는 가중법과 관련해 또 다른 복잡한 문제가 있다. 모든 사람이 투표하지는 않는다는 것이다. 더욱 골치아픈 일은, 투표를 할 것이라고 말한 모든 사람들이 투표하는 것은 아니라는 점이다. 사람들은 일관적으로 지나치게 낙관적인 응답을 내놓는다. 그러나 투표할 것이라고 응답한 사람보다 더 적은 수의 사람들이 투표에 참여한다. 이는 아마도 선한 의도를 가로막는 사건들 때문일 수 있다. 또는 사람들은 반드시 투표를 해야 한다고 생각하므로 투표를 할 것이라고 응답하면서도 언제나 기준에 부응하며 살지는 않기 때문일 수도 있다. 혹은 사람들은 사회적으로 용납되지 않는다고 두려워하는 응답을 내놓고 싶어 하지 않기 때문일 수도 있다. 어떤 원인이 합쳐진 것이든, 사람과 비교해서 덜 비판적인? 컴퓨터에게 응답하는 온라인 설문조사에서도 이 문제는 여전히 집요하게 계속된다.

　정치적 견해가 종종 투표참여 가능성에 따라 달라지기도 하고 의무투표를 강제해서 이 문제를 의미 없게 만드는 경우가 흔치 않다보니, 여론조사기관들은 투표율을 자신들의 투표통계에서 요인으로 포함할 수 있는 방식을 찾아야만 한다. 여론조사기관들이 투표율을 감안할 수 없다면, 투표율이 낮아질수록 여론조사가 알아낸 결과와 현실 사이의 잠재적인 부조화가 더 커질 수 있다. 그리고 그 부조화는 결과를 왜곡시킬 수 있다.

　투표할 가능성이 낮은 사람일수록 정치적 스펙트럼에서 왼편에 위치할 가능성이 더 높아지는 것이 일반적인 유형이다. 따라서 보통은 중도-좌파와 좌파 정치인들과 정당들이 선거에서 투표율을 높이기 위한 행동을 잘 하지 않는다. 역사적으로 특이한 예외가 있으니, 바로 호주에서 의무투표를 도입한 것이다. 호주에서 우파 정치인들은 낮은 투표율을 조장하는 좌파 정치인 조직이 우파가 아닌 좌파에 도움된다는 점을 두려워했다. 그 결과, 우파가 의무투표의 도입을 가장 열심히 추진했다. 그러나, 미국의 도널드 트럼프와 공화당 그리고 영국의 보리스 존슨과 보수당 모두에게서 전통적인 투표율 유형이 변하고 있다는 징조가 존재한다. 두 경우에서 이제 투표를 하지 않는 사람들은 전국적으로 좀 더 우파에 가까워보인다. 이렇게 변화하는 유형은 그동안 작업해오던 방법론과 어긋나기 때문에 항상 여론조사기관에 위험요소가 된다.

따라서 여론조사기관은 투표율에 대한 데이터를 보정해야 하고, 또 그 작업을 잘해내야 한다. 여론조사원 앤서니 웰스는 "단순하게 대입하는 것, 이것이 가장 본질적으로 해야 할 일이다. 문제는 어떻게 하느냐."라고 말했다. 정확한 데이터 보정의 어려움은 몇 십 년 동안의 선거 전 여론조사를 살펴보는 한 국제적인 연구에서 드러났다. 이 연구에 따르면 투표율이 낮을수록 선거 전 여론조사의 평균적인 오차가 더 컸다. 이 어려움으로 인해 여론조사기관들은 투표율을 보정하기 위한 여러 다양한 해결책들을 강구해냈다. 보통은 사람들에게 투표할 것인지 여부를 물은 뒤 이 미가공 수치를 조정하는 형태를 포함한다. 이 방식으로 인해 여론조사기관들의 결과 사이에서 차이가 더 자주 발생하며, 여론조사기관들이 도출한 결과와 그 후 선거에서 나온 결과들 사이에 차이점도 발생하게 된다. 특히, 투표율 행동유형은 가끔 선거와 선거 사이에 변하고, 또 매우 빠르게 변화할 수 있기 때문에 투표율 보정은 여론조사기관 방법론에서 불안정한 부분이 된다. 1940년 미국 대선까지 거슬러올라가면, 조지 갤럽은 투표율 보정을 행한 덕에 최종 여론조사가 더욱 정확하게 나올 수 있었지만, 아치볼드 크로슬리의 투표율 보정은 최종 여론조사의 정확성을 떨어뜨렸다.

여론조사 산업은 이 얽히고설킨 문제점을 풀어내기 위한 최고의 방식에 대해 합의를 이루지 못했다. 한 학파에서는 미래를 예측하는 데에 도움을 얻기 위해서는 과거를 활용해야 한다고 본다. 이 학파를 따르는 여론조사기관들은 이번 차례에는 누가 투표할 가능성이 높은지를 가장 최고의 모형으로 만드는 법을 알아내기 위해 이전의 선거와 여론조사들로부터 나온 자료들을 사용한다. 이는 분명 올바른 접근법처럼 들릴 수 있다. 미래를 예측하기 위해 가능한 한 많은 과거의 데이터를 사용한다니. 그러나 여기에는 위험이 뒤따른다. 미래가 늘 과거와 다르다면 어떨까? 대안은 그저 현 시점에서 투표 가능성에 관해 말한 것들에 따라 움직이는 것뿐이다.

　이것이 바로 앤 셀저가 택한 가장 눈에 띄는 접근법으로, 가끔 그녀의 아이오와주 여론조사는 여론조사기관들에게 가장 표준 중의 표준이 된다. 셀저의 회사는 미국 내에서 그저 어느 자그마한 주 안에서 전문적으로 여론조사를 실시할 뿐이지만, 미국 대통령 선거에서 아이오와 코커스가 차지하는 중요한 역할을 고려한다면 아이오와주에서 여론조사를 훌륭히 수행하는 일이 국제적인 명성의 기반이 된다. 그녀는 '반드시' 또는 '거의' 투표할 것이라고 말하는 사람들을 포함시키는 간단한 방법을 쓰며, 그 외의 답을 한 사람들을 배제해버린다. 이는 셀저의 결과가 투표율 행동유형의 극적인 변화를 반영할 수 있다는 의미다. 2008년 버락 오바마의 승리를 이끈 민주당 코커스에서 이 방법론은 다수의 처음으로 참여한 사람들을 정확히 골라냄으로써 기대에 부응하기도 했다. 민주당 참여자의 거의 삼분의 이 가량이 난생 처음 코커스에 참여한 사람이었다. 셀저는 "과거의 코커스에 기반해 예측할 수 있는, 코커스에 참여할 가능성이 높은 사람 같은 것은 세상에 없다. 반 이상의 사람이 처음으로 코커스에 참여하는 사람이다."라고 지적했다.

그러나 이 역시 위험한 접근법이다. 투표의향에 대한 자기보고의 정확성에는 한계가 있다는 증거들이 많기 때문이다. 그렇기 때문에 일부 여론조사기관들은 방법론을 개선하는 데에 도움이 되는 다른 정보를 파고 드는 것을 선호한다. 기타 등등의 논쟁은 각 접근법으로부터 나온 고품질과 저품질의 여론조사 결과의 생성에 따라 흘러가면서 계속 제자리에서 빙빙 돈다.

이 모든 것에서 식품에 대한 논쟁을 떠올리게 된다. 인간의 개입이 최소화된 자연식품은 좋은 음식처럼 들린다. 그러다가 식품이 상하면서 방부제가 그럴듯하게 들리기 시작한다. 또는 여러분이 비타민 부족 때문에 아플 때, 비타민을 첨가하는 것은 유용해 보일 수 있다. 아니면 여러분이 아이에게 적절히 음식을 먹이려고 애쓰는 와중에는 시리얼의 첨가영양소가 문제가 될 수도 있다. 그렇다면 여러분은 음식에 들어간 모든 설탕과 고지방을 살펴보면서, 간단하고 자연스러운 식품생산의 미덕이 다시 궁금해지기 시작할 것이다.

섣부른 조작의 위험성은 여론조사기관들의 경험치와 품질 사이에 확연한 관련성이 없는 것처럼 보이는 이유를 설명하는 데에 도움이 된다. 새로운 참여자들은 선거에서 최고의 성과를 낼 수 있지만 노련한 기관들은 실패를 겪을 수 있다. 예를 들어, 2010년 영국 총선에서 최고의 여론조사기관 가운데 하나는 인도의 기업 RNB였다. 영국에서 처음으로 여론조사를 실시한 RNB는 직접적이고 간단한 방법론을 적용했고, 적어도 이 경우에는 단순하고 경험이 결여된 이 기업이 1등을 차지했다. 성공한 초보 정치여론조사기관은 가끔 상세한 사회과학연구나 대규모의 상업적 시장조사 등 다른 유형의 여론조사와 연구를 통해 갈고 닦은 기술을 가지고 등장하기도 한다. 다른 분야의 조사와 연구에서는 예산과 시간범위 덕에 정치여론조사에서 거의 확보하기 어려운 기술의 개발이 가능한 경우가 왕왕 있다. 게다가 문제는, 경험이 많은 사람일수록 섣부르게 조작하고 싶은 유혹이 드는 부분이 더 눈에 잘 들어온다는 것이다. 섣부른 조작은 효과가 있을 수 있지만, 극적으로 잘못될 수도 있다.

이 모든 것은 특정 선거에서 특정 여론조사기관이 사용하는 특정 가중체계에 대해 무엇을 생각해봐야할지 예측하는 것이 아주 어렵다는 의미가 된다. 어떤 방식이 가장 훌륭하게 작동할 것인지를 알 수 있는 간단한 공식은 없다.

1000명 짜리 표본의 마법

여론조사에서 어떤 표본추출과 가중법이 사용되든지 간에, 오늘날 전국적인 여론조사를 실시할 때 대표적인 표본크기는 약 1000명이다. 따라서 여론조사에 대한 회의론과 논란을 일으키는 원인이 될 때도 있다. 고작 1000명의 사람들이 우리에게 영국의 유권자 몇 천만 명 또는 미국 같은 국가의 유권자 몇 억 명이 지닌 의견을 어떻게 정확히 이야기해줄 수 있는가?

표본추출의 수학적 마법은 두 가지 이유에서 경이롭다. 1000명이라는 분명 터무니없이 작은 표본이 제 할 일을 해낼 수 있을 뿐더러, 표본이 충분한 크기인지 결정하는 데에 있어서 표본을 추출한 원래의 인구크기보다 그 표본의 절대적인 크기500명? 800명? 1000명? 2000명?가 훨씬 더 중요하다. 미국이 영국보다 훨씬 더 큰 선거인단을 가지고 있다고 해서 더 큰 여론조사 표본을 가질 필요는 없다. 어떻게 그럴 수 있을까?

조지 갤럽은 간단하고 강력한 비유를 내놓았다. 여러분 앞에 수프 한 그릇이 놓여 있다고 상상해보자. 수프 한 그릇 전체가 어떤 맛이 나는지 확신을 가지려면 얼마만큼의 양을 맛봐야 할까? 아주 조금만 맛보면 된다. 숟가락 가득 맛봐야할 필요도 없다. 물론 수프를 휘휘 저어야 하고, 특히나 그 안에 건더기가 있다면 더욱 그렇다수프는 무작위 추출법을 의미한다. 그러고 나면 수프를 아주 조금만 맛보고도 전체 한 그릇의 맛을 자신 있게 예측할 수 있다. 18세기 신체질량지수BMI와 '평균적인 사람'이라는 개념을 고안해낸 아돌프 케틀레는 비록 여론조사만을 구체적으로 가리키는 개념은 아니었으나 이를 더욱 고급스러운 형태로 제시했다. "내가 와인의 질을 판단하기 위해서 와인 한 병을 다 마셔야하겠나?"

수프로 돌아와서, 이제는 이 수프그릇을 엄청나게 큰 수프통으로 바꾼다고 상상해보자. 다시 한 번, 어느 정도 격렬하게 수프를 저어주는 것은 필요하다. 그러나 다시 한 번, 아주 조금만 먹어보고도 수프가 어떤 맛일지 자신 있게 알 수 있을 것이다. 수프 한 그릇을 맛보든 한 통을 맛보든. 무슨 수프인지 확신하기 위해서 맛봐야 할 양에는 그다지 큰 차이가 없다. 약도 마찬가지다. 혈액검사를 하기 위해 혈액의 아주 작은 양만 채취하지만 그 몇 방울만으로도 충분하다. 의료진은 "정말로 결과가 정확한지 보려고 오늘은 보통 뽑는 혈액량의 두 배를 뽑을게요."라고 말하지 않는다.

표본추출을 뒷받침하는 수학을 일부 이해하기 위해, 우선은 빨간 공과 파란 공이 섞여 있는 커다란 상자 하나를 떠올려보자. 이 상자는 불투명하고 봉인되어 있으며, 맨 꼭대기에는 여러분이 손을 쑥 집어 넣어서 무작위로 공을 꺼낼 수 있는 구멍이 뚫려 있다. 여러분은 상자 안에 빨간 공과 파란 공이 어느 비율로 섞여 있는지 모른다. 빨간 공이 어느 정도 비율을 차지 하는지 확신하기 위해서 몇 차례나 손을 넣어 공을 꺼내야 하는가? 공 하나만으로는 분명 충분하지 않다. 더 많은 공을 꺼낼수록, 상자 안에 공이 섞여 있음을 확신하게 될 것이다. 하지만 수프를 먹는 것과 마찬가지로, 여러분이 도달한 응답이 옳다고 상당히 확신을 가지기 위해

제2장 정치여론조사는 어떻게 작동하는가

모든 공을 하나하나 꺼낼 필요는 없다.

수학자들은 '상당히 확신을 가지는 상태'에 숫자를 부여하는 방법을 만들어냈다. 수학이 어떻게 작용하는지를 보기 위해, 우선 수천 개의 빨간 공과 파란 공이 채워진 상자를 떠올리고, 거기서 공 백 개를 꺼내 표본을 만드는 일을 반복한다고 상상해보자. 매번 이 작업을 할 때마다 표본에 포함된 빨간 공의 비율은 미묘하게 달라질 수 있다. 상자 속에 빨간 공이 실제로 40퍼센트 들어있다고 할 때, 처음 뽑은 백 개의 공에서 38퍼센트가 빨간 공이고 그 다음에 뽑은 백 개의 공에서는 41퍼센트가 빨간 공일 수 있다. 아마도 어떤 사람은 정확히 40퍼센트를 맞출 수 있고, 어떤 사람은 운이 없어서 고작 35퍼센트의 빨간 공만 뽑을 수도 있다.

정치여론조사를 위해 표본을 추출하는 일은 공 표본을 한 번 뽑는 일과 같다. 여러분이 뽑은 빨간 공의 비율과 상자 안의 실제 비율이 서로 비슷하다는 것을 상당히 확신하기 위해서는 표본이 얼마나 커야 하는가? 역사적 이유에서 통계학자들은 '상당히 확신한다'는 의미가 95퍼센트 확신한다는 것이며 '근접하다'의 의미는 ±3퍼센트임에 합의했다. 이를 근거로 통계학자들은 1000명의 표본 크기와 ±3퍼센트의 오차한계를 계산해냈다. 통계 전문가들은 '오차한계'가 정확히 무엇을 의미하는지에 따라 혀를 끌끌 찰 수도 있다. 이 표현이 "이 결과는 실제 값의 3퍼센트 이내일 가능성이 95퍼센트다"라는 식으로 엉망진창으로 잘못 사용될 수도 있기 때문이다. 정확한 의미에 따르면 "내가 반복적으로 1000개의 표본을 추출한다면 그리고 매번 그 안에 빨간 공이 포함된 비율을 계산한다면, 그러면 상자 안의 실제 비율은 스무 번 중 열아홉 번 계산한 값의 3퍼센트 이내일 것이다."가 된다. 그러나 이 엉터리 설명은 틀린 와중에도 개략적인 개념을 적절히 제시해준다.

정치로 돌아와, 공을 사람으로 바꾸고 색깔을 정당으로 대체해 보자. 여론선거를 실시하는 일은 상자에서 공을 꺼내는 것과 같다. 여론조사로부터 얻은 투표의향 통계는 특정 색깔의 공의 비율과 같다. 따라서 1000명의 표본을 대상으로 한 여론조사에서 XX당이 40퍼센트라고 하면, 오차한계는 ±3퍼센트가 된다. 다시 말해서, 만약 스무 번의 다양한 여론조사를 실시하고 XX당이 40퍼센트가 나왔다면, 그 중 열아홉 번에서 전체 선거인단의 실제 XX당 지지율은 37퍼센트에서 43퍼센트 사이에 있을 것이다.

이 오차한계를 정확히 계산하기 위해 상대적으로 간단한 식을 이용할 수 있다. 우리가 ±m퍼센트의 오차한계를 구하려고, 이 오차한계가 우리 여론조사의 95퍼센트에서 정확한 수준의 정당 지지율을 포함한다면, 이 차이를 계산할 수 있는 공식은 다음과 같다.

$$m = 1.96 \times \frac{\sqrt{(p(1-p))}}{\sqrt{n}} \times 100\text{퍼센트}$$

이 공식에서 p는 십진법으로 표현한 정당 지지율의 퍼센티지이며, n은 표본 크기다. 예를 들어, XX당이 40퍼센트의 지지율을 얻고 있다면 우리는 p=0.4로 계산한다. 1.96의 값은 '정규분포'라고 알려진 좀 더 복잡한 수학에서 나온 숫자다. 우리가 90퍼센트 신뢰도로 살핀다면 1.96은 1.64로 바뀌며, 우리가 99퍼센트 신뢰도를 추구한다면 이 숫자는 2.58이 된다.

아래 표는 이 공식을 통해 지지율과 표본크기의 다양하고 일반적인 조합을 계산한 결과다. 일단 표본 크기가 1000명을 넘어서면 더 큰 표본을 취하기에는 그 이득은 제한적임을 염두에 두자. 표본 크기를 3000명으로 세 배 늘려도 오차한계는 고작 3퍼센트에서 2퍼센트로 떨어지는데, 표본 비용이 세 배로 늘어나는 것에 비하면 그 이득은 매우 미미하다.

		지지율							
		20	30	40	50	60	70	80	
표본 크기	100	7.8	9.0	9.6	9.8	9.6	9.0	7.8	오차 한계
	500	3.5	4.0	4.3	4.4	4.3	4.0	3.5	
	1,000	2.5	2.8	3.0	3.1	3.0	2.8	2.5	
	3,000	1.4	1.6	1.8	1.8	1.8	1.6	1.4	
	10,000	0.8	0.9	1.0	1.0	1.0	0.9	0.8	

주먹구구식으로 편하게 보자면, 한 정당의 지지율이 약 20퍼센트에서 80퍼센트 사이에 있을 때 위의 $\sqrt{(p(1-p))}$라는 계산이 사실 0.5에 꽤나 가깝다는 점을 알면 편리하다. 따라서 공식은 다음과 같이 표현하면 유용하게 근사치를 계산할 수 있다.

$$m = {}^1\!/\!\sqrt{n} \times 100퍼센트$$

이 식은 곤란할 정도로의 '간소화'처럼 보일 수 있지만 오차한계를 대충 표본 크기의 제곱근 분의 일로 단순화할 수 있다는 의미도 된다. 예를 들어, 1000명의 표본을 가지고 여론조사를 할 때, 여러분은 계산기에 1000을 넣고 여기에 제곱근을 씌운 뒤, 그 합을 1로 나눌 수 있다보통은 '1/X'를 사용한 뒤 100을 곱하면 된다. 그러면 우리는 오차한계가 대략 ±3 퍼센트임을 알 수 있다여담으로, 표본이 100명일 때 이 계산을 한다면 오차한계는 대략 10퍼센트가 된다. 나는 언제나 이 정도 오차라면 놀라울 정도로 적은 셈이라고 생각한다. 표준적인 여론조사에서 1000명의 표본이면 충분하다는 것을 이해하는 이들조차 그저 100명의 사람으로도 충분할 수 있다는 생각에 기겁하기 일쑤다. 그러나, 이를 테면 100명의 사람들을 설문조사하고 그 중 73퍼센트가 '마침표를 찍고 난 뒤에 띄어쓰기는 두 칸이 아니라 한 칸만 해야 한다'고 생각함을 알게 됐다고 할 때 오차한계가 그렇게나 크다는 것을 염두에 두더라도 여전히 그 결과를 꽤나 명확하게 판단할 수 있다.

표에 담긴 값을 다시 보면서, 지지율 수준에 따라 오차한계가 약간 달라진다는 점에도 주의하자. XX당의 지지율이 40퍼센트일 때 오차한계는 ±3퍼센트다. 그러나 XX당의 지지율이 겨우 15퍼센트라면, 40퍼센트의 자리에 15퍼센트를 넣고 위와 같은 계산을 한다면 오차한계는 ±2퍼센트가 된다. 왜 이렇게 되는지 이해하기 위해서, 상자 안에 파란 공이 없다는 극단적인 상황을 떠올려보자. 그러면 결국 표본에는 언제나 0퍼센트의 파란 공이 포함될 것이며 언제나 정답이 될 것이다. 파란 공이 오직 2퍼센트만 섞여 있다면, 2퍼센트와 0퍼센트 사이는 몹시 가깝기 때문에 여러분이 꺼내는 공은 낮은 수치에서 절대 크게 벗어나지 않는다. 여러분은 0퍼센트보다 더 낮은 비율로 파란 공을 꺼낼 수는 없기 때문이다. 마찬가지로, 진실이 98퍼센트라면 높은 수치 쪽으로는 그다지 크게 틀리지는 않는다.

다시 한 번, 실제 오차한계에 대한 영향이 그리 크지 않으므로 위에서 설명한 주먹구구가 여전히 통한다. 그러나 일부 응답이 한 자리수로 나오는 정치여론조사가 있음을 염두에 두는 것이 필요하다. 특히나 투표의향 질문에서 왜 소규모 정당들이 큰 정당들보다 변화가 크지 않은지를 설명하는 데에 도움이 된다. 소규모 정당들에는 무작위오차가 영향을 덜 미치기 때문이다.

이 오차한계는 모두 여론조사가 무작위 표본추출을 포함한다는 가정 하에 계산되지만, 지금껏 보았듯 실제로 여론조사가 어떻게 작동하는 지와는 상관없다. 따라서 여론조사가 실제로 작동하는 방식을 기반으로 삼고 있는 다른 종류의 계산에 따라 오차한계를 맡기는 것도 타당해보일 수 있다. 그러나 그런 계산은 기껏해야 아주 어렵거나 아예 불가능할 수도 있다. 저널리스트들을 위한 어느 가이드에서는 다음과 같이 설명하고 있다.

똑같이 나눠진 나라가 있다고 상상해보자. A라는 관점을 가진 모든 사람들은 나라의 북쪽에 살고, B라는 관점을 가진 모든 사람들은 나라의 남쪽에 산다고 가정하자. 이 경우 여론조사기관들이 각 여론조사의 절반을 북쪽에서 실시하고, 나머지 절반을 남쪽에서 실시하는 것을 확실히 한다면, 그 후에는 여론조사가 완전히 정확해야 한다. 이런 식으로 여론조사를 구성하는 것을 '층화'라고 한다. 층화를 제대로 실시한다면 여론조사의 정확성을 올리는 데에 도움이 될 수 있다. 이제 이 똑같이 나눠진 이 가상의 나라에 대해 다른 가정을 세워보자. A라는 관점을 가진 사람들은 B라는 관점을 가진 사람들보다 자신의 의견을 설문조사 연구자 같은 타인에게 표현할 가능성이 훨씬 더 높다고 가정하자. 여론조사기업이 이 편향을 인지하고 얼마나 의미 있는지를 알고 있지 않다면, 여론조사결과는 A 관점이 B 관점보다 훨씬 인기 있다고 보여질 수도 있다. '실제' 오차한계를 측정하기 위해 우리는 무작위 표본오류를 고려해야만 하며, 층화의 효과와 계통오차의 가능성도 생각해봐야 한다. 문제는,

층화와 계통오차의 진짜 영향을 확신하기가 쉽지 않고 거의 불가능하다는 데에 있다.

그러나 단순한 오차한계 계산도 분명 중요하기 때문에 모든 것이 헛수고는 아니다. 한편으로는 '오차한계' 내에 있는 여론조사에서 작은 움직임이 보인다고 해서 너무 흥분하지 말라고 일깨워주는, 대략적이지만 유용한 리마인더가 된다. 그 움직임은 현실에서 어떤 변화를 의미한다기보다는 잡음일 뿐이다. 오차한계의 숫자는 <이코노미스트>의 엘리엇 모리스가 표현했듯 '여론조사를 신의 말씀이 아닌 흐리멍텅한 추정으로 보도록 두뇌를 훈련하라'고 알려준다.

오차한계의 계산은 그 이론적인 불안정함에도 불구하고 훨씬 큰 가치를 가지는데, 그 가치는 오차를 보는 또 다른 방식에서 드러난다. 통계이론을 적용하지 않더라도 우리는 투표 전 마지막 여론조사를 살펴보고 그 결과를 실제 선거결과와 비교할 수 있고, 이를 통해 여론조사의 실제 오차한계를 어느 정도 파악할 수 있다. 이는 단순한 표본오차뿐 아니라 여론조사가 잘못될 수 있는 모든 경우를 고려해볼 수 있는 포괄적인 방법이다.

이것이 2018년에 영국 BPCBritish Polling Council, 여론조사업계의 자율규제기구가 택한 방식이며, 그러면서 BPC는 다음과 같이 오차한계에 대한 의견을 내놓았다.

모든 여론조사에는 널리 잠재적인 오차의 요인이 작용할 수 있다. 최근 총선에서 여론조사의 과거기록에 근거하여, 한 정당의 실제 지지율이 여론조사에서 제공한 추정치의 4퍼센트 안에 자리할 가능성은 열 번 중 아홉 번이며, 세 번 중 두 번은 2퍼센트 안에 자리하고 있다.

이 결과는 단순한 오차한계의 계산과 그리 다르지 않다. 전 세계적으로 영국과 비슷한 풍경이 펼쳐지며, 선거가 치러지기 며칠 전에 마지막으로 실시된 여론조사에서는 평균적으로 ±2.5퍼센트의 오차가 생긴다. 이런 이유로 여론조사를 논할 때 오차한계의 ^{잘못된} 계산이 계속 사용된다. 계산은 틀렸을 수 있지만 그로부터 끌어낸 결과는 틀리지 않기 때문이다.

표본에 포함된 사람들과 어떻게 연락할 지로 넘어가기 전에, 우리가 논의했던 두 가지 핵심개념인 표본 크기와 오차한계를 만들어내는 임의변동은 여론조사와는 전혀 상관없는 인생의 요소를 이해하는 데에도 널리 적용된다. 예를 들어, 학창시절부터 내 마음 깊숙한 곳에 박혀 있는 수업에서의 사건 가운데 하나는 내가 처음 통계적 유의성을 알게 된 날이다. 수학 선생님은 우리에게

<타임스>에 실린 스포츠 기사를 보여주었는데, 이 기사는 트라이 럭비에서의 득점 - 옮긴이를 더 많이 하기위해 만들어진 럭비 유니언한 팀이 15인으로 이뤄진 럭비 경기 - 옮긴이 규칙의 변경에 대해 논했다. 기사는 작년 같은 기간과 비교해 그 해에 얼마나 더 많은 트라이를 얻었는지를 짚어내면서, 규칙의 변경이 효과가 있었다고 결론 지었다. "이 기사가 말이 되니?" 우리 선생님은 반 전체에 물었다. 분명 말이 되는 것처럼 보였다. 다만, 두 해 동안 트라이의 숫자를 더하고 총합을 비교하는 그 간단한 수학을 이 수업시간에 다뤄야 하는 이유가 의문이었다. 우리는 몇 년 전에 그런 총합을 하는 법을 배웠으니까.

그 후 통계적으로 철저하게 따져보는 마법에 따라, 선생님은 우리가 어떻게 모두 틀렸는지를 알려주었다. 동전 하나를 열 번 던져서 앞면이 네 번 나오고, 그 뒤에 또 다시 동전 열 번을 던져서 앞면이 여섯 번 나온다는 것은 동전이 그 사이에 변했다는 의미가 아닌 것처럼, 두 번의 시즌 사이에서 트라이의 숫자가 달라진다는 것은 반드시 뭔가가 변했다는 의미가 아니다. 따박따박 숫자를 따져보면서 선생님은 트라이 수의 변화가 어째서 통계학적으로 의미가 없는지를 보여주었고, 따라서 규칙 변경이 효과를 발휘했다는 결론은 정당화될 수 없다고 말했다. 여론조사에서와 마찬가지로, 살면서 더 흔히 보는 일이지만 여러분이 수집한 응답의 편차는 그저 잡음이자, 우주가 단순히 몇 번이고 반복되지 않는다는 것 외에 아무 의미도 없는 임의적 요동일 뿐이다.

이 두 가지 통찰, 즉 표본의 크기에 관한 통찰아니, 항상 클수록 좋은 게 아니다과 결과들 간의 변화는 통계학적으로 무의미하다는 통찰은 좀 더 흔하게는 학문과 인생의 다양한 측면에 적용할 수 있다. 예를 들어, 제1차 세계대전에서 병사들의 일기장 같은 질적인 증거를 찾는다고 한다면, 모든 글로 남겨진 기록 중에 일부 일기장을 골라내는 데이터 선택을 통해 표본을 추출하게 된다. 데이터 선택은 왜곡될 수밖에 없는데, 전쟁통에 살아남아 접근이 가능했던 일기장들이기 때문이다. 따라서 여러분이 읽는 것에서 신중한 결론을 끌어내는 방법을 알기 위해서는, 고의든 아니든 간에 표본추출과 통계적 유의성을 이해하는 것이 필요하다. 그렇기 때문에 정치 여론조사에 관한 트윗과 트위터 여론조사를 분석할 때 이해도가 떨어지는 다른 학문의 교수들이 형성하는 그 하위장르는 너무나 비극이 된다. 이들은 저마다의 전문분야에서 벗어나서 끔찍하게 잘못된 지식을 얻고 있을 뿐 아니라우리 대부분이 그런 실패를 저지르는 경향이 있다 연구의 대부분 영역에서 적용할 수 있는 지식의 근본적인 도구를 잘못 이해하고 있다.

조사모드

여론조사를 실시하는 네 가지 기본적인 방식이 있다. 대면조사, 우편조사, 전화조사 그리고 온라인조사다. 여론조사에 어떤 방식이 사용됐는지를 가리켜 '조사모드'라고 한다.

처음에는 대면조사가 등장했다. 그 후, 우편제도가 보급되면서 그 편리함 덕에 우편조사가 인기를 얻게 됐다. 뭉텅이로 설문조사를 발송하는 일은 훈련된 조사원을 보내서 사람들 한 명 한 명과 대화하게 만드는 일보다 더 쉽다. 게다가 누구에게 설문조사를 보낼지 정확하게 겨냥할 수 있다.

그러나 우편조사는 속도가 느리다. 우편이 오고 가는 시간을 고려할 뿐 아니라 이 설문조사가 사람들의 거실에 그냥 놓여 있을 시간도 고려해야만 한다. 그 후 설문조사가 돌아왔을 때 그 형식을 처리하는 데에 추가적으로 드는 시간도 있다.

여론조사에 전화를 사용하는 것은 아마도 1923년 시카고에서 시작됐을 것이다. 예전 같으면 표본에 참여하지 않았을 도시의 부유한 지역에서 추가적인 데이터를 수집하는 데에 도움을 얻기 위해서다. 전화통화는 대면조사나 우편조사에 비해 더 빨랐고, 전화통화를 하는 대상이 얼마나 멀리 떨어진 곳에 있는 지는 중요치 않다는 추가적인 이점이 있었다. 같은 도시에 있는 사람이든 국가 반대편에 있는 사람이든 간에, 쉽게 도달할 수 있는 곳에 있든 가장 동떨어진 시골 한 구석에 있든, 다음 차례 응답자에게 전화하는 일이 더 오래 걸리지 않았다.

전화통화는 처음에는 전화번호부에서 임의적으로 이름을 골라냈기 때문에 일종의 무작위성을 시도해볼 수 있었다. 이 방법은 더 많은 사람들이 전화선을 설치하고 전화번호부가 좀 더 종합적으로 편집되면서 더욱 유용해졌다. 또 한 가지 대안은 잘 알려진 유효한 전화번호 형식을 이용해서_{임의전화걸기, Random Digit Dialing} 무작위로 전화할 전화번호를 생성해내는 것이었다. 이 유형의 여론조사는 적어도 전화기를 보유하는 사람들이 있는 한 그리고 전화번호의 범위와 여론조사를 실시해야 하는 지역을 연결 지을 수 있는 한 무작위다. 전화통화 방식은 전화번호만으로는 전화의 응답자가 적절한 지역에 사는 사람인지 분명히 알 수 없기 때문에, 보통 주나 선거구를 대상으로 하는 집중적인 설문조사보다는 전국을 대상으로 설문조사를 할 때 더 사용하기 쉽다. 전통적으로 전화번호의 첫 부분은 그 전화가 미국 내 어느 지역에 있는지에 따라 달라지므로, 전화기의 물리적 위치를 나타냈었다. 그러나 전화번호와 위치 간의 관계는 핸드폰 번호의 증가뿐 아니라 전화번호 이동성제도가 널리 확산되면서 사라지고 만다. 예를 들어 2016년 미국 성인 열 명 중 한 명은 예전에 살던 다른 주에서 만든 핸드폰 번호를 보유하고 있었다.

문제를 더욱 복잡하게 만드는 것은, 어떤 사람들은 다른 사람들보다 전화를 받고 질문에 응답할 가능성이 더 높다는 점이다. 영국에서 이는 종종 표본이 노동당 지지자들 쪽으로 왜곡된다는 의미였다. 그 결과, 초기 전화 여론조사는 논란의 대상이 됐고 가끔은 부정확했다. 예를 들어 영국에서 1980년대에 ASL_{Audience}

Selection Limited가 실시한 여론조사가 그랬다. ASL은 영국 최초의 시장조사기업으로 여론조사에 전적으로 전화를 사용했으며, 당시 자유당과 선거연합을 한 사회민주당을 위해 여론조사를 실시했다. 1983년 총선에 앞서 실시한 공개여론조사에서 ASL은 다른 여론조사기관들의 결과보다 더 이 연합에 호의적인 결과를 내놓으면서 논란을 부추겼다.

그 과정을 통틀어 전화 여론조사기관은 상황이 잘못될 수 있는 좀 더 미묘한 방식들에 대해 많은 것을 배울 수 있었다. 전화를 한 시간대와 요일은 중요하다. 2016년 영국의 유럽연합 회원국 국민투표에서 여론조사기관 서베이션은 "우리가 저녁 늦게 사람들과 대화할수록, 유럽연합에 남아 있어야 한다고 하는 응답들이 더 많았다"고 발견했다. 또 다른 사례로, 평일에만 실시되는 뉴질랜드 여론조사는 평일과 주말 모두에 실시되는 여론조사보다 우파에 가까운 정당을 지지하는 응답이 5퍼센트 높게 나왔다. 다만 1992년 영국 총선 후 실시된 여론조사에서는 주중 응답과 주말 응답 간의 눈에 띄는 차이를 발견하지 못했다.

시간요인은 전화조사가 아닌 여론조사에서도 영향을 미칠 수 있으며, 주말과 공휴일이 영향을 미칠 가능성 역시 정치여론조사가 크리스마스 같은 중요한 명절 근처에는 실시되지 않는 이유이기도 하다. 또한 한 해의 나머지 날 중에도 단 하루만 현장조사를 하는 경우가 거의 없는 이유이기도 하다. 보통 여론조사기관은 며칠에 걸쳐 표본을 수집한다. 가장 단기간에 모든 것을 쏟아 붓는 것은 왜곡의 위험성을 높일 수 있기 때문이다.

전화를 걸어오는 발신번호조차도 표본의 균형에 영향을 미칠 수 있다. 서베이션은 2014 스코틀랜드 독립 투표와 관련해 여론조사를 실시할 때, 여론조사기관이 사용하는 전화번호가 스코틀랜드일 경우 독립을 지지하는 응답이 많아지고, 영국에서 발신되는 전화번호일 경우 독립에 반대하는 응답이 많아짐을 발견했다.

이 문제들을 극복하기 위해 어떻게 응답에 가중치를 주고 보완할 것인지를 여론조사기관들이 더욱 잘 이해하게 될수록 또 다른 문제가 발생한다. 유선전화가 줄어들고 핸드폰이 증가한다는 점이다. 전화여론조사는 보통 이 문제를 잘 다루고 있는데, 부분적으로는 핸드폰과 유선전화 사용자들 간의 차이가 적어도 초기 전환단계에서는 걱정했던 것보다는 크지 않았다는 것이 드러났기 때문이다. 또한 부분적으로는 여론조사기관들 역시 핸드폰으로 전화를 걸기 시작했기 때문이다.

그 결과, 전화여론조사는 논란이 됐던 초창기로부터 상당히 명망 있는 여론조사 형태로 비춰지는 정도로 발전하게 됐다. 단, 중요한 예외가 하나 있었다. 기술발달은 전화여론조사의 또 다른 형태를 가져왔는데, 바로 인간 조사원이 아닌 음성인식 소프트웨어을 사용한 자동전화였다. 이는 가끔 IVRInteractive Voice Recording 여론조사라고 불리기도 한다. 미리 녹음을 하거나 컴퓨터로 만들어낸 목소리가 질문을 읽은 뒤 응답을 녹음하기 위해 잠시 멈추며, 이 과정에서 유일한 인간은 응답자뿐이다. 이 자동시스템은 인간이 수행하는 전화설문조사보다 훨씬 더 저렴하고, 대면조사보다도 저렴하다. 그러나 이 가격대비 성능은 논란을 불러일으키며, 이 서비스를 광고하는 집단의 밖에서는 적어도 정치여론조사에 있어서 낮은 신뢰도를 가졌다고 보는 관점이 일반적이다.

그러나 또 다른 유형의 기술이 정치여론조사의 선두에서 굳건히 자리 잡게 됐는데, 이 기술 역시 유사한 논란을 가지고 시작됐지만 그 후 의구심을 물리치는 기록을 세우게 됐다. 바로 온라인 혹은 인터넷 여론조사다. 온라인 여론조사는 전화여론조사와 비슷한 궤적을 따랐는데, 인터넷 사용이 확산되면서 이 기술은 사람들을 대표하는 표본에 도달할 수 있는 방식으로 점차 받아들여지게 됐다. 그러나 인터넷 접근성은 여전히 전화처럼 거의 보편적인 보급률에 도달하지 못했다. 게다가, 전화 여론조사의 경우 여론조사기관들이 임의적으로 전화를 건 사람들에게 응답을 '강요'할 수 있지만, 인터넷 여론조사에서 사람들은 온라인 설문조사 양식에 접속할 의지가 있어야만 한다. 인터넷 여론조사의 자기선택 특성은 그 표본이 진짜로 얼마나 대표성이 있는가에 대한 우려를 높인다.

일부 고급 사회과학 여론조사에서는 이러한 문제를 피하기 위해, 먼저 표본을 선정한 뒤 온라인 상태가 아닌 이 표본에게만 따로 인터넷 접속을 제공한다. 이 방식은 일반 정치여론조사에서 택하기에는 너무 비싸고 번거롭다. 대신, 인터넷 여론조사 기업은 설문조사에 참여하겠다고 동의한 사람들로 대규모 패널을 구성한다. 매 설문조사마다 여론조사기관은 패널리스트 집단을 선택한 뒤 보통은 이메일을 통해 이들에게 접촉하면서 조사에 참여하도록 초대한다.

선택할 수 있는 패널을 보유한 여론조사기관들은 누구나 접속할 수 있는 웹사이트에 질문들을 올려놓는 등 단순한 공개 여론조사를 운영해야만 하는 위험을 피할 수 있다. 공개 여론조사는 누구든 설문조사에 답을 쓸 수 있다는 의미로, 조직적인 선거운동이나 한 무리의 봇들 또는 특별히 의욕 넘치는 사람들로 넘치는 결과가 나올 위험성이 있다. 베테랑 여론조사원 로버트 워스터가 만들어낸 표현인 '부두Voodoo 여론조사'는 극도로 조심스레 다뤄야만 한다. 제대로 된 온라인 여론조사기관은 설문조사를 아무에게나 공개하지 않는다. 설문조사의 대상은 통제된 집단으로, 초대받은 사람만이 조사에 참여할 수 있다.

그래도 이 집단은 여전히 자기선택적인 측면이 우세하다. 설문조사를 하라는 요청을 받고선 기꺼이 등록하는 이들이기 때문이다. 또한 이 집단은 앞서 이야기한 패널 효과를 겪게 될 수도 있는데, 따라서 반복적으로 질문을 하다보면 결국에는 응답이 바뀌는 것이다. 그러나 특정한 개인이 동일한 주제에 관한 질문을 자주 받지 않도록 충분히 큰 규모의 패널을 구성한다면 그리고 정치 여론조사가 패널을 활용하는 전체 사례 중 일부일 뿐이라면, 또한 패널들이 전체 인구와 어느 정도 차이가 나는지 확인하기 위해 인구학적·행동적·태도적 질문들을 던진다면 그리고 필요한 경우 그 결과로서 패널에 가중치를 준다면 그때 좋은 품질의 결과를 얻을 수 있다.

인터넷 여론조사는 다른 유형의 여론조사보다 저렴할 뿐 아니라, 우편조사와 마찬가지로 온라인 서식을 채우는 비개인적인 특성은 사람에게 직접 묻거나 전화로 묻는 것보다 훨씬 더 솔직한 응답을 얻게 해준다. 솔직하게 응답하는 것이 얼마나 편하게 느껴지는가는 논쟁을 불러일으킬 수 있는 주제나 성 문제처럼 민감한 주제를 조사하는 사람들에게는 특히나 문제가 된다. 정치에서는 이런 문제는 훨씬 드물지만, 왜 출구조사를 할 때 투표함을 설치하고 조사대상자들에게 응답지를 안전하게 상자 안에 넣도록 요청하는지를 설명하는 데에는 도움이 된다. 사람들은 일단 자기가 등을 돌려도 상자를 열어 종이를 끄집어낼 것인지 확실히 알지 못하지만, '비밀선거'라는 설정과 출구조사에 참여하는 꾸준한 흐름이 보여주는 실질적 함의 덕에 안심하고 솔직해질 수 있다.

정직성의 요인 이외에도 인터넷 설문조사의 질을 유지하는 일은 인간 조사원을 통하는 것보다 훨씬 쉽다. 선구적인 선거학자 데이비드 버틀러는 1940년 잠시 갤럽에서 일했는데, 다음과 같이 고백했다. "부정행위를 하고 싶은 유혹, 응답을 지어내거나 응답자를 부추기고 싶은 유혹은 어마어마하게 크다. 특히나 선거가 길

고 지루하게 이어질 때는 더욱 그렇다_{나 역시 여론조사원으로 일할 때 결코 완}

고 지루하게 이어질 때는 더욱 그렇다나 역시 여론조사원으로 일할 때 결코 완벽하지 않았다." 전화이든 대면조사이든 간에, 이 직업은 경제적인 보수가 적고 반복적이다. 조지 갤럽이 연방규정을 무시하고 임금을 삭감하기 위해 불법적인 차등제도를 활용하던 당시까지 거슬러 올라갈 정도. 조사원의 작업의 질은 필수적으로 유지해야 한다. 온라인 설문조사는 이런 문제점들은 비켜가지만, 또 다른 골칫거리를 가지고 있다. 즉, 돈 때문에 조사에 참여한 사람들이 내놓는 가짜 응답의 문제다. 패널들은 보통 설문조사에 참여하는 사람들에게 약간의 돈을 지불하므로, 돈을 빨리 벌고 싶은 사람들이 초고속으로 엉터리 응답을 내놓도록 부추길 위험이 있다대가를 지불하지 않는 일은 더욱 문제다. 자신의 의견을 아무런 대가도 없이 들려주기 위해 자기 시간을 반복적으로 포기할 의사가 있는 사람은 더욱 이례적이기 때문이다. 고품질의 패널들은 응답시간을 측정하고, 분명한 패턴을 파악하며누군가가 모든 질문에 1번답을 클릭했는가? 그 사람의 과거 데이터를 토대로 응답의 일관성을 확인하는 등의 방법을 통해 이 문제들을 방지한다. 이 쟁점들에 주의를 기울이는 것은 필수적이다. 퓨 리서치 센터가 실시한 어느 연구에서 발견한 다음과 같은 이유에서다.

널리 사용되는 옵트인당사자가 개인정보수집에 동의한 경우에만 데이터 수집이 가능한 방식 - 옮긴이 소스를 가지고 실시하는 온라인 여론조사에는 적지만 측정 가능한 가짜 응답자들소스에 따라 약 4퍼센트에서 7퍼센트이 포함되

어 있다. 결정적으로, 이 가짜 응답자들은 임의적인 응답을 내놓을 뿐 아니라 긍정적인 답을 고르는 경향이 있다. 이는 대통령 지지율 등을 측정할 때 작지만 체계적인 편중을 만들어낼 수 있다.

또한 연구에 따르면 저품질의 온라인 응답을 감지하기 위해 가장 흔하게 사용하는 두 가지 방식, 즉 지나치게 빠르게 답하거나 주의력 확인 질문 혹은 '함정'질문에 잘못 응답하는 응답자를 찾아내는 방식은 그다지 효과적이지 않다.

그러나 보고서에 따르면 긍정적인 응답에 편향이 미치는 효과는 미미해서, 조사결과를 고작 2퍼센트에서 3퍼센트 가량 정도 높일 뿐이다. 예를 들어, 정책 또는 정치인 지지율이 현실에서 64퍼센트이지만 여론조사에서 67퍼센트로 나왔다면 이는 작은 오류다. 다만 오류가 '50퍼센트에 조금 못미치는 정도' 대 '50퍼센트를 조금 넘는 정도'의 수준이라든가 '경쟁자보다 조금 앞선' 대 '경쟁자보다 조금 못미친'의 수준이 된다면 심리적으로 중요한 오류가 될 수 있을 뿐이다.

보고서는 다음과 같이 언급하며 조금 더 안심을 시켜준다.

이 연구는 여론조사기관이 직접 데이터 품질을 확인하는 일이 거의 없는 온라인 여론조사들을 언급하고 있다. 보고서에서 언급된 것처럼 지나치게 빠른 응답을 걸러내고 함정문제를 활용하는 것 외에

도 공공여론조사기관이 정기적으로 데이터 품질조사를 정교하게 수행하는 한 이 연구결과는 지나치게 비관적이라고 볼 수 있다.

게다가 온라인 여론조사기관은 적어도 이론상으로 다른 모드를 사용하는 여론조사기관들이 마주하는 일부 어려움들을 더욱 능숙하게 처리할 수 있다. 시간이 흐름에 따라 온라인 여론조사기관들은 패널에 포함된 사람들에 대한 정보를 구축하게 된다. 반면에 전화나 대면조사를 실시하는 기관들은 일반적으로 조사대상자들에 대한 과거 데이터를 가지고 있지 않다. 이는 온라인 여론조사기관이 다양한 여론조사에서 나온 결과들과 연계해 좀 더 상세한 분석을 할 뿐 아니라, 사람들의 반응성이 바뀌는지 그리고 시간이 흘러도 내적으로 일관적인 응답을 하고 있는지를 확인할 수 있다는 의미다. 또한 예방조치를 하기에도 훨씬 쉬워서, 예를 들어 사람들이 얼마나 빨리 설문조사 초대에 응하는지를 추적하는 것은 한쪽 지지자들이 갑작스레 열정적으로 참여하는 것을 보상하는 데에 도움이 된다. 인터넷 패널이 신중하게 운영된다면 그렇다는 의미다.

온라인 여론조사가 고품질의 패널을 모집해서 잘 사용하는지 여부를 외부에서 판단하는 일은 까다롭다. 위에 언급한 보고서에서 강조하듯, 여론조사 패널들에게 사용되는 품질조사에 대해서는 정보가 거의 없다. 산업표준이 인상적일 정도로 투명한 영국 같은 국가에서조차 외부인들에게는 품질을 공개하지 않는다.

여론조사기업이 자체 패널을 사용하는지, 혹은 외부에서 운영하는 패널들에게 돈을 지불하고 사용하는지 또는 패널 구성원들이 어떻게 모집되었는지 등을 안다고 해서 패널 품질을 핵심까지 꿰뚫어볼 수 있는 것은 아니다. 그보다, 이 요인들을 안다는 것은 스포츠팀이 코치를 고용했는지, 정기적으로 훈련을 받는지 그리고 스텝 중에 영양사가 있는지 등을 아는 것과 같다. 이 요인들은 팀이 훌륭한지 아닌지를 판단하는 데에 그저 미약한 단서가 될 뿐이다. 패널의 품질과 패널을 활용하는 기술을 이해하기 위해서는 패널 운영방식의 세세한 부분까지 파고 들어야 한다. 그런 세부사항에는 시간의 흐름에 따라 패널리스트들이 어떤 조합의 질문들을 받는지를 포함한다. 예를 들어, 한 가지 주제에 대해 지나치게 많은 질문들을 묻는다면, 결국 그 주제에 관심 있는 사람들에게 편향된 패널이 구성되고 말 것이다. 패널 구성이 정확히 얼마나 다양한가는 패널의 품질에 영향을 미치는 또 다른 세부사항이다. 꽤나 큰 규모의 패널이라 할지라도 필수적인 세부집단으로 들어가면 그다지 많은 사람들이 포함되어 있지 않아서 고생할 수도있다. 예를 들어, 국가의 특정 지역에 살면서 뉴스를 적극적으로 보지 않는 젊은이 등이다. 퓨 리서치 센터가 제시하는 문제점들에 대비하기 위해 어떤 종류의 보호장치를 해야하는 지 역시 또 하나의 고려사항이 된다.

"패널의 품질은 거의 완전히 불투명하고, 설사 정보가 더 많다 해도 판단하기가 불가능에 가깝습니다." 유고브의 앤서니 웰스는 이렇게 설명했다. 엄청난 예산을 가진 잠재적인 기업고객이 온라인 여론조사기업에게 패널 품질을 알려달라고 요청한다 해도, 기관에서는 상당히 애매하고 입증되지 않은 주장 말고는 패널에 대해 제한적인 정보만을 제공할 수 있을 뿐이다.

따라서 실제로 온라인 여론조사기관를 판단할 수 있는 평가는 오직 실적뿐이다. 훌륭한 인터넷 여론조사기관은 가장 마지막으로 실시한 선거 전 여론조사의 결과를 실제 선거결과와 비교해보면 이제는 그 어떤 정치여론조사 방법만큼이나 좋은 성과를 내고 있다 온라인 여론조사기관은 미국보다 영국에서 먼저 최고라고 인정받았으나, 2020년 미국 대선 이후 영향력 있는 미국 여론조사사이트 파이브서티에이트(FiveThirtyEight)는 온라인 여론조사가 가장 우수할 수도 있음을 인정했다. 그러나 패널 품질이 공개되지 않는다는 특성으로 인해, 신규기업을 판단하는 일은 선거 관련 실적이 나오기 전까지는 신중해야만 한다.

온라인 여론조사의 그리고 정도는 덜하지만 전화 여론조사의 마지막 매력은 속도다. 특히나 극적인 사건이 있을 때 이로운 방식이다. 인터넷 여론조사는 몇 시간 내로 결과를 내놓을 수 있으며, 확실한 데이터를 내놓아서 매체는 평소의 편집논조에서 벗어나는 보도를 할 수밖에 없게 된다. 2010년 영국 총선에서 정당 대표들이 처음으로 TV 토론을 할 때, 자유민주당 대표인 닉 클레그는 첫 TV 토론에서 눈부신 활약을 선보였다. 어찌나 눈부신지 매체들은 이후에 여론조사와는 상관없이 호의적인 보도를 할 정도였다. 그러나 평소에는 자유민주당을 강하게 비판하는 논조를 지닌 신문들을 포함해서, 매체들이 단순히 클레그에게 호의적인 정도를 벗어나 전적으로 열광하게 된 데에는 첫 토론 후 온라인 여론조사들이 보여준 속도였다. 유고브가 최초로 수치를 발표했는데, 토론이 끝나고 고작 8분이 지난 후였다. 전화 여론조사와 문자메시지 여론조사가 그 뒤를 따랐고, 모두 비슷한 이야기를 쏟아냈다. 이 모든 일은 매체들이 저마다의 논조를 결정하기 전에 이뤄졌다. 사실의 신속한 등장은 매체가 각자 선호하는 편집관에 따라 뉴스를 전송할 수 있는 능력을 가로 막았다. 이는 여론조사의 승리이자 대중의 승리였다.

또한 인터넷 여론조사는 전화 여론조사의 하락이 가속화되면서 점점 더 매력적이 되었다. 최초의 자동응답전화기와 발신자 번호 표시 체계가 등장하고 지루한 전화 설문조사에 응하려는 사람들의 의지가 한풀 꺾이면서, 한 번의 설문조사를 완성하기 위해 전화통화를 시도해야만 하는 숫자는 눈에 띄게 커졌다. 훨씬 더 낮은 응답률과 함께 전화 여론조사의 허위 무작위성은 훨씬 더 허위성을 띠게 됐고, 전화를 받고 설문조사를 할 의지가 있는 사람들이 그 외 다른 사람들을 대표할 수 없는 위험성도 늘어났다.

좀 더 최근에는 새로운 온라인 여론조사가 개발됐다. 여전히 전화 여론조사와 대면 여론조사의 주요장점인 좁은 지역에서 대표성 있는 표본을 추출하는 방식을 활용한 것으로, 바로 여론조사원 매트 싱이 처음 개발한 '흐름식 표본추출^{River Sampling}'이다. 흐름식 표본추출법에서는 온라인 사용자들의 관심을 사로잡기 위해 설문조사를 웹사이트나 어플 내에서 다양한 위치에 심어둔다. 또한 이들에게 설문조사를 노출할지 여부를 결정하기 이전에, 사용될 공간_{예를 들어 어느 지역에 있는 카페의 웹사이트}를 조합하고 누군가의 인터넷 접속지역을 기반으로 하는 지역 타게팅^{Geo-targeting}을 활용해서 지역적으로 설문조사를 노출할 위치를 정할 수 있다.

설문조사에 참여하는 온라인 패널들을 사전에 모집하지는 않으나, 부두 여론조사와는 달리 여론조사기관은 여전히 누가 설문조사를 볼 것인지를 통제한다. 또한 정치에 가장 관심이 많은 사람들이 온라인에서 주로 머무는 위치로부터 멀리 떨어진 곳에 여론조사 질문들을 배치한다. 따라서, 정기적으로 정치질문을 받는 패널에 참여하려는 의지를 가진 사람들로 만들어진 표본보다는 _{희망컨대} 더 다채로운 표본에 도달할 수 있게 된다.

싱^{Singh}은 이렇게 말했다.

전국적인 여론조사도 다양한 이점을 지닌다. 그 이유가 무엇이든 설문조사를 정기적으로 받는 패널에 참여하지 않은 유형의 사람들에게 도달할 수 있기 때문이다.

그러면서도 영국 브레콘의_{2019년도} 보궐선거를 포함해서, 우리가 지역적으로 여론조사를 실시하는 것이 가능해진다. 예전에 영국에서는 온라인 여론조사를 실시하지 않았다. 지방에서 충분한 구성원을 모을 수 있을 만큼 큰 패널이 존재하지 않았기 때문이다.

표본추출은 보통 스마트폰 어플을 통해 이뤄지지만, 데스크탑 사용자를 조사하기 위해 인터넷의 다른 부분에 적용할 수도 있다. 패널조사와 비교했을 때 온라인 여론조사는 중복참여를 잡아내고 다른 표본품질의 쟁점들을 해결하기 위해서 추가적인 통계적·기술적 보호수단이 필요하다. 실제로, 여러 응답자들이 이런 이유에서 브레콘과 래드너셔에서 제외됐다.

실제로 싱의 여론조사는 패널에서 조사 대상자를 선정하고 여기에 흐름식 표본추출을 결합해서 두 접근법의 장점을 모두 확보하고 있다.

이 모든 조건들을 모두 갖춘, 정치여론조사를 위해 가장 훌륭한 유형이 있을까? 아니, 모든 방식에는 저마다의 강점과 약점이 있다. 여론조사기관들은 점점 더 방식들을 혼합해서 사용하고 있으며, 특정한 여론조사가 필요한 경우에 따라 방식을 다양화하거나 가끔은 멀티모드로 여론조사를 운영하기도 한다.

온라인 설문조사에는 대표성 있는 표본을 추출하기 위해 교정 작업이 필요하다. 환경을 바꾸거나 패널 품질에서 눈을 떼는 순간 과거에 잘 작동하던 방법론이 망가질 수 있다. 진짜 사람이 전화를 거는 전화 설문조사는 과거에 수상쩍은 최신식 문물이었고, 초기에 논쟁을 불러일으켰던 근본적인 문제들에 여전히 민감하게 남아 있다. 무작위로 선정한 전화번호에 전화를 거는 일은 결국 선거인단의 진정한 무작위 표본을 제공하지 않는다. 우편 설문조사는 비싸고 느리며, 응답자가 서류작업을 끝낼 의지가 없을 경우에 매우 취약하다. 가정방문 설문조사는 가끔 현재의 표준이라고 불린다. 그러나 어느 정당을 위해 방문선거운동을 하거나 누군가를 위해 방문영업을 해본 사람이라면 알겠지만, 현관문을 두드렸을 때 나온 사람이 누구인지에 따라서도 모든 종류의 편향이 작용한다.

가정방문 설문조사가 사실상 표준이 되는 이유는 방식 자체의 품질 때문이라기보다는, 오늘날 여론조사 기준에 따라 엄청난 예산을 갖추고 연구 품질에 대대적으로 초점을 맞춘 기업만이 이 방식을 사용하고 있기 때문이다. 이를 테면 번화가에서 마주친 사람들 대상이 아닌 가정방문 조사인 경우에 한해 대면 설문조사를 전화나 온라인 여론조사와 비교하는 것은 요컨대 예산이 많은 여론조사를 싸구려 여론조사와 비교하는 셈이다. 아마도 불공평한 비교이겠지만, 분명 대면여론조사가 최고의 정치여론조사 유형이라는 의미다.

투표의향 조사는
어떻게 이뤄지는가

여론조사기관마다 자세한 내용은 다르지만, 여론조사가 참여자로부터 투표의향의 답을 이끌어내기 위한 기본적인 순서가 있다. 실제 선거일에 조사가 마무리 될 때까지 '만약 내일 선거가 있다면'이라는 전제를 바탕으로 다음과 같이 진행된다.

---

1. 응답자가 투표할 가능성이 얼마나 되는지 알아본다.

2. 누구에게 투표할 예정인지 묻는다.

3. '결정하지 못함', '불확실함' 등의 응답에는 응답을 하도록 독려한다이 행위는 가끔 '쥐어짜기'로 불리기도 한다. 즉, 사람들이 선택하도록 밀어붙이는 것이다. 그리고/또는 이들이 과거에 어떻게 투표했는지를 알아본다.

4. 다른 정치적 질문을 한다. 예를 들어 정당 대표에 대한 평가, 정책 제안에 대한 관점 등을 묻는다.

5. 그리고 가중치를 주는 데에 도움이 될 다른 질문을 한다인구학적 정보, 교육수준 등.

'대표적 투표의향' 통계의 경우, 영국 같은 국가에서는 투표율 퍼센테이지를 계산해서 발표할 때 끝까지 저항하며 남은 절대적인 '잘 모르겠다' 수치를 제외하는 것이 일반적인 관행이다. 그렇기 때문에 투표통계를 합치면 100퍼센트가 된다. 그러나 미국 같

은 다른 국가에서는 '잘 모르겠다' 수치를 대표적 투표통계에서 제외하지 않는다.

대표 통계치로 포함되든 안 되든 간에 '잘 모르겠다'의 숫자는 계속 눈여겨볼 가치가 있다. 특히나 과거에 선거를 앞둔 기간 동안의 숫자와 유의미하게 다르다면 더욱 그렇다. '잘 모르겠다'는 성별에 따라 갈라진 결과를 살펴볼 때도 관심을 기울여야 한다. 일반적으로 남성들은 여성들보다 정치여론조사에서 '잘 모르겠다'고 응답하는 경우가 적기 때문이다. 한 항목에서 남성들 간의 지지율이 확실히 더 높다면, 이는 그저 평소에 '모른다'라고 응답할 가능성이 낮은 남성들 때문에 생겨난 그릇된 인상일 수 있다.

그 외에, 여론조사기관이 독려를 통해 투표의향 총계에서 제외해버린 '잘 모른다'라는 응답이 존재한다는 사실에 지나치게 흥분하지 말자. 여론조사기관들은 전체적으로 더 정확한 여론조사를 만들어내기 위해 응답을 독려한다. 그리고 실제 투표용지에 '모른다'라는 항목이 없다는 사실을 반영한 것이기도 하다. 현실에서는 투표용지의 형태가 사람들의 응답을 쥐어짠다. 여론조사는 그저 그 현실을 모사할 뿐이다.

여론조사가 잘못될 수 있는 여섯 가지 경우

정치 여론조사가 어떻게 잘못될 수 있는지를 보여주는 몇 가지 단서를 앞의 설명에서 찾아볼 수 있다. 표본추출과 질문의 표현법, 설문조사 설계와 분석을 바르게 행하기 위해 탄탄한 바탕으로 부지런히 노력하는 훌륭한 여론조사기관조차 그렇다. 그 가운데 하나는 시기다. 사람들의 관점은 여론조사가 실시된 후에 바뀔 수 있다. 보통은 여론조사에서 시기 자체가 문제가 되지 않는다. 그러나 여론조사를 예측으로 받아들인다면 달라진다. 예를 들어 선거나 국민투표가 실시되기 직전의 여론조사가 그렇다. 이 경우 표본추출을 지나치게 일찍 끝낸 경우 마지막 순간에 바뀐 민심을 놓칠 수 있다.

정치여론조사가 잘못될 수 있는 두 번째 경우는 드물지만 특정 여론조사가 대표성과는 아주 거리가 먼 표본을 대상으로 삼게 될 때다. 동전을 열 번 던졌을 때 연속으로 앞면이 열 번 나오는 것이 순전히 운에 달린 것처럼, 여론조사기관 역시 특정한 여론조사를 실시할 때 운 좋게도 사람들이 일반적으로 예상하는 대로 응답을 내놓을 만한 참여자들을 선발했을 수도 있다. 가중법을 적용한다 해도 운이 나쁘면 여론조사기관은 동떨어진 결과를 얻을 수 있다. 이를 종종 '불량 여론조사 Rogue Poll'이라고 부른다. 이런 이유로, 정치학 및 공공정책 교수인 윌 제닝스는 "여러분은 훌륭하고도 운이 좋은 여론조사기관이 되어야 한다."고 말한다.

현실에서 불량 여론조사는 진정한 무작위 표본추출의 세계에서 보다 훨씬 더 드물게 나타나는데, 그 사실은 양날의 검과 같다. 여론조사 기술을 통해 결국은 불량 여론조사의 위험성을 감소시킬 수 있다는 점에서 안심이 되지만, 여론조사기관이 행하는 모든 계산에 얼마나 의존하고 있는지 그리고 정치여론조사가 무작위성과는 얼마나 거리가 먼지를 일깨워주기 때문이다.

그럼에도 불량 여론조사는 여전히 발생하고, 누군가의 마음에 들지 않는 여론조사 결과가 드러났을 때 편리한 핑계가 되기도 한다. 그렇기 때문에 여론조사에서 예상치 못했거나 극적인 변화가 나타나면 현명한 여론조사 전문가들은 사람들에게 다음 차례 조사를 기다려보자고 말하면서 현명하지만 따분하게 대응한다. 트와이먼의 법칙에서 말하듯 "흥미롭거나 색달라 보이는 통계는 보통 틀렸다"는 것이다.

여론조사가 잘못될 수 있는 세 번째 경우는 표본이 어떤 의미에서, 즉 임의적 측면이 아니라 체계적인 측면에서 결함이 있을 때다. 앞서 논했듯, 여론조사기관은 이를 다루기 위해 가중법을 사용한다. 선거기간은 여론조사기관들마다 가중법이 제대로 작동하는지 여부를 확인할 기회가 되며, 여론조사와 현실 사이에 간극이 있다면 가중치를 조정한다. 그러나 그러고 나서 다음 선거가 되기 전에 정치적·사회적 변화가 일어나 여론조사를 탈락시켜버릴 수도 있다. 사소한 예시를 들어보자면, 여론조사기관들은 조사결과가 정확한 비율로 대머리 남성과 대머리가 아닌 남성 간의 비율을 확보했는지를 확인하기 위해 가중치를 적용하지 않는다. 지금까지는 정치여론조사에서 문제가 되던 부분이 아니기 때문이다.

그러나 예를 들어 새로운 정당인 '위풍당당 대머리 당'이 창설되었다면, 문제가 아니었던 것이 문제가 된다. 사회의 변화, 정당제도의 교체 또는 정치토론에서의 새로운 분열 모두 여론조사기관들을 불리하게 만들 수 있는 새로운 표본추출의 도전과제들을 감히 던져준다. 예를 들어, 앞서 언급했듯 유고브의 방법론이 처했던 상황에서의 가구원 수 등과 같은 문제다. 현실에서, 상황의 변화는 여론조사기관에 있어 가장 막대한 문제다. "상황은 매우 중요해요. 모든 선거는 각기 다르고, 여론조사와 완전히 어긋날 수도 있습니다." 윌 제닝스는 이렇게 설명했다.

여론조사가 잘못될 수 있는 네 번째 경우는 무응답 편향 때문이다. 무응답편향은 표본으로 인한 문제의 일부이지만, 그 자체로 고심해봐야 할 만큼 중요하다. 다양한 정당이나 후보의 지지자들이 여론조사에 참여하려는 의지는 저마다 그 정도가 다르다. 여론조사기관은 보통 이들의 선거 전 마지막 여론조사가 어떻게 실시됐는지를 살펴봄으로써 이 부분을 파악할 수 있고 미래에는 그 문제를 감안해야 함을 알 수 있다. 그러나 새로운 정당이나 새로운 후보가 등장한다거나, 상황의 변화로 과거에는 기꺼이 여론조사에 참여하던 사람이 달라질 수도 있다재임자가 자주 여론조사를 거부하는 목소리를 내면서 지지자들이 조사에 참여하지 않게 만드는 수도 있다. 그렇게 여론조사의 가치가 떨어질 수 있다. 게다가 지지하는 편이 잘하고 있는지 여부에 따라 여론조사에 참여하고 싶은 의지가 바뀔 수 있다는 사실은 여론조사 결과가 실제의 지지율 등락을 과장해서 보여주는 '유령 변동Phantom Swing'을 야기할 수도 있다. 한쪽 편의 지지율이 진짜로 증가하면 지지하는 사람들이 흥분해서 더 열렬히 여론조사에 참여하게 되고, 지지율이 진짜로 감소하면 사람들이 상심한 나머지 여론조사에 참여할 의지가 줄어들면서 지지율 감소 역시 과장되게 나타난다. 2012년 미국 대선에서 이 과장된 변동이 발생했다는 증거가 존재한다.

변형된 사례로는 사람들이 여론조사에 참여할 의지가 변했다기보다는, 한쪽 편의 지지자들이 여론조사의 투표의향 질문에서 '잘 모르겠다'라고 응답하거나 아예 응답을 거부하는 경우가 있다. 뒤에서 설명하겠지만, 이런 '샤이 보수'는 1990년대 영국 여론조사에서 주요한 쟁점이 됐다.

인터넷 패널은 무응답을 반드시 잘 처리할 수 있어야만 한다. 과거의 설문조사에서 얻은 데이터를 기준으로 삼아서 응답률의 변화를 감지할 수 있기 때문이다. 내가 '반드시'라고 표현했다는 것을 기억하자. 오랜 기간에 걸쳐 몇 번이고 반복해서 여론조사에 응할 의지가 있는 사람들은, 무응답편향으로부터 보호해야 할 데이터로, 정기적으로 설문조사에 응할 수 있는 바로 그 인내심을 가졌다는 점에서 일반적이지 않은 유권자일 가능성이 높다. 무응답 편향 내에서의 변화는 추적이 가능할 수도 있으나, 추적이 가능하다는 사실 자체가 이 지지자들의 행동이 다른 유권자들의 행동에서 갈라져 나왔다는 의미가 된다. 두더지잡기 게임과 같은 여론조사 방법론의 세계에서는 한 가지 위험을 다룰 수 있게 되면 또 다른 위험이 등장한다.

특히나 득표율 확인과 관련해서 정치여론조사가 잘못될 수 있는 다섯 번째 경우는 질문의 표현법이 잘못됐을 때다. 잘못된 표현은 기술적으로는 정확한 여론조사를 생성하지만 여전히 혼돈을 준다. 다음 장에서 전적으로 다루겠지만, 질문의 표현법에는 너무나 많은 쟁점들이 존재한다. 그러나 투표의향, 사안의 중요도 또는 지도자 평가 같은 핵심적인 개념은 훌륭하게 확립되었으며 문제를 일으키는 경우가 거의 없다.

마지막으로, 여론조사는 승자를 잘못 예측함으로써 틀림없이 잘못될 수 있다. 다만 선거 전 마지막 여론조사의 득표율 수치는 결과에 상당히 가까울 수 있다. 여론조사기관과 여론조사 전문가들은 승자를 가려내는 일이 여론조사기관을 판단할 수 있는 최고의 기준인지, 혹은 득표율을 가장 가깝게 예측하는 일이 가장 중요한지에 대해 의견이 분분하다. 여론조사에서 요크당이 51퍼센트, 랭커스터당이 49퍼센트의 지지를 얻는다는 결과가 나왔고 실제결과에서는 요크당 49퍼센트와 랭커스터당 51퍼센트라는 결과가 나왔다면 이는 훌륭한 여론조사결과인가? 두 당의 득표율은 실제결과와 2퍼센트 밖에 차이가 나지 않으니까 말이다. 또는 랭커스터당이 이기고 요크당은 졌기 때문에 잘못된 결과인가?

여기에 반전이 있다면, 투표제도에 따라 가끔은 더 적은 득표를 한 정당이 가장 많은 좌석을 차지하고, 그에 따라 선거에서 승리 하게 될 수도 있다는 점이다. 따라서 실제로는 그렇지 않다 하더 라도 여론조사가 틀린 것으로_{또는 성공한 것으로} 보일 수 있다. 선거일 저녁에 승자로서 축하파티를 하는 정치인이 득표가 더 적을 수도 있고, 따라서 그 정치인이 뒤쳐진 모습을 보여주던 여론조사들은 틀렸기보다는 옳았던 것이다.

여론조사가 득표율을 측정하며 그 득표율을 바탕으로 판단을 해야 한다는 이론적인 주장은 강력하다. 그러나 정말로 흥미로운 것은 득표율이 아니다. 우리가 정말로 알고 싶은 것은 누가 이길 것인가. 실제로, 승자를 바르게 예측하는 것이 여론조사의 역할 이 아니라고 주장하는 이들조차도 가끔은 여론조사의 정확성을 옹호하기 위해 승자를 정확히 예측한 사례를 든다. 승자를 지속적 으로 틀리게 예측한다면 여론조사의 신뢰성을 갉아먹게 된다. 호 주의 한 여론조사 전문가인 머레이 구트Murra Goot는 다음과 같이 말했다.

"선거 여론조사의 역할은 선거의 승자를 예측하는 일이다. 승자 를 예측하지 못하면 곤경에 처하게 될 것이다."

여론조사가 잘못 되지 않기 위한 한 가지 방법 : 따라하기(Herding)

2008년 1월 3일 저녁, 빈자리 없이 꽉 들어찬 학교 주차장으로 차 한 대가 들어왔다. 학교 주변에는 눈이 잔뜩 쌓여 있었고, 약 천 명에 달하는 사람들이 인도 위로 넘쳐났다. 더 멀리 떨어진 곳에 주차를 해야 하지만 얼음 때문에 미끄러지고 헛바퀴가 돌아서 학교 안에 차를 세울 수밖에 없던 사람들이었다. 학교 주차장으로 막 들어선 차 안에는 호기심 많은 여론조사원 한 명이 앉아 있었다.

아이오와주 대선 코커스가 열리는 밤이었다. 여론조사원 앤 셀저는 민주당 대회에서 버락 오바마가 대대적으로 승리할 것이라는 여론조사를 새해 전날 발표했다. 다른 여론조사기관들은 여기에 동의하지 않았다. 경쟁자인 힐러리 클린턴과 존 에드워즈 선거본부가 가장 확실하게 반박했다. 클린턴 선거본부에서 일하던 친구는 전화를 걸어 이렇게 말했다. "나는 언제나 자네 여론조사를 믿었었지. 어제까지는 말이야."

셀저의 여론조사는 예전에 코커스에 참여하지 않았던 사람들의 투표율이 현저히 치솟으면서 오바마가 확실한 선두를 차지하게 됐음을 보여주었다. 그녀는 새해 첫날 PBS에서 대부분의 시간을 보냈고, 자신이 내린 결론에 대해 무수히 많은 질문공세를 받았다. 카메라는 일반적으로 압박 속에서 비난에 직면한 누군가를 비출 때 같은 방식으로 그녀의 얼굴을 클로즈업했다. 셀저가 정말로 맞고 다른 여론조사는 틀릴 수도 있을까?

앤 셀저는 신출내기 여론조사원이 아니었다. 사실 5살 때부터 그녀는 조숙한 여론조사원이었고, 집마다 돌아다니면서 어머니들을 대상으로 '셀저'라는 성^姓이 자신에게 어울린다고 생각하는지 조사했다. 그 후 학교 주차장으로 들어서기 20년 전, <디모인 레지스터>에서 일하면서 당시 공화당 대선 코커스를 다루는 사내 여론조사팀의 조사결과에서 문제가 있음을 잡아냈고, 그 덕에 특별한 인물로 이름을 알렸다.

이들은 예전 여론조사에 참여했던 사람들에게 다시 연락함으로써 돈을 아껴보려는 기술을 마련했다. 그리고 나는 "그래 한 번 봅시다. 여기에는 새로운 전화번호도 있고, 재연락하는 번호도 있으니까요."라고 말했다. 우리 신문은 조지 H.W. 부시가 공화당 코커스에서 이길 것이라고 발표하고 있었고, 나는 편집자들에게 가서 "저는 이게 사실이라고 생각하지 않아요. 밥 돌이 이길 거 같아요."라고 했다. 편집자들은 "뭐라고요?"라고 말했고, 내가 그들에게 데이터를 보여주자 "이걸 고치려면 뭐가 필요하죠?"라고 물었다. 그리고 나는 대답했다. "돈이요." 그들은 "좋습니다."라고 했다. 따라서 나는 아주 이른 시기에 내 신뢰성을 증명할 기회를 얻었다. 코커스에서 밥 돌이 이겼기 때문이다.

그러나 셀저의 성적은 완벽하지 않았다. 2004년 대선에서 그녀

는 민주당 후보인 존 케리가 현직 대통령인 공화당의 조지 W 부시를 상대로 3퍼센트 차이로 주에서 승리할 것이라고 보았다. 승리는 부시의 것이었고_{단, 차이는 1퍼센트 미만이었다}, 엄청나게 큰 오차는 아니었으나 잘못된 표제가 나갔다. 게다가 그녀의 여론조사는 서베이USA와 함께 케리가 앞설 것이라 예측하면서 눈에 두드러졌다. 반면에 다른 여론조사들의 예측은 옳았다.

그렇다면 2008년에는 무슨 일이 벌어졌을까? 셀저가 다른 여론조사기관들과 다른 결과를 내놨다는 것은 또 다시 실수의 전주곡이었을까? 공식적인 결과에 앞서 확인할 수 있는 방법 한 가지는 앤 셀저가 했던 대로였다. 먼저 투표장으로 향했다. 그리고 자신의 여론조사가 예측했고 그 인습타파적인 발견에 기여했던 바대로 투표율이 상승했는지 살펴봤다.

차디찬 겨울날씨를 힘겹게 헤치며 셀저의 곁을 지나 학교로 들어가는 모든 사람들은 그녀가 옳다는 것을 보여주는 실질적인 증명이었다. 아이오와 주에서 민주주의에 기여하는 역할을 수행하기 위해 학교 안으로 들어가는 모든 추가적인 유권자들은 다른 여론조사기관들이 틀렸다는 상징이었다.

"그냥 솔직하게, 어찌 보면 제 마음을 약간은 누그러뜨렸어요. 왜냐하면 그게 바로 민주주의고, 그렇게 사람들이 왔으니까요." 그녀는 이렇게 설명했다. 그저 민주주의의 자리가 아니었다. 가장 뛰어난 여론조사원 가운데 하나로 셀저의 명성을 다시 강화시켜준 계기였다. 일반적으로, 대중들로부터 색다른 결과를 얻었고 그 결과가 옳은 것이 증명되면서 명성을 얻은 여론조사기관이나 여론조사기업들은 수명이 길지 않다. 이후 몇 번의 선거에서 형편없지는 않더라도 적어도 다른 동료들과 다를 바 없는 성과를 내게 되면서 그다지 특별해보이지 않게 되기 때문이다. 그러나 앤 셀저는 이례적일 정도로 기나긴 세월 동안 여론조사의 표준이라는 찬사를 받으며 명예를 누렸다. 2014년 아이오와 주에서 마지막으로 실시한 상원의원 선거 여론조사 역시 다른 결과들 사이에서 눈에 두드러졌고, 그 결과는 옳았다. 셀저는 2016년 마지막 대선 여론조사에서는 다른 여론조사기관들이 예측한 것보다 더 트럼프의 지지율이 높다고 보았고, 그녀가 옳았음이 증명됐다. 그러고 나서 2020년에 그녀는 다시 한 번 재주를 부렸다.

그러나 셀저처럼 아웃라이어로서 단련되고 뛰어난 성과로부터 위안을 얻을 수 있는 사람조차도, 무리들 가운데서 홀로 다른 이야기를 꺼내는 여론조사원이 되는 일은 결코 쉽지 않다.

나는 무차별폭격이 가해지는 울타리 안에서 시간을 보낸다고 표현하고 싶다. 모든 사람들이 조사결과가 끔찍하고, 셀저는 엉터리며, 이걸로 셀저는 끝이라고 말한다. 우리는 데이터를 볼 때 그런 반발이 나올 것임을 안다. 하지만 단 며칠뿐이다. 며칠 동안은 불편한 나날이 계속 될 거고, 나는 "좋아, 이제 무슨 일이 벌어질지 볼 거

야. 나는 업계 표준이 되던지 조롱거리가 될 거야. 표준이 되면 좋겠지만, 조롱거리가 되더라도 괜찮아. 나는 그래도 살아남을 수 있고, 어떻게 해서든 교훈을 얻고 전진할 테니까."라고 혼잣말을 할 것이다. 하지만 편치는 않다.

이 불편함 때문에 여론조사기관들은 의식적이든 아니든 간에 군집을 이루며 서로를 따라한다. 즉, 자기 이외의 다른 사람들이 이야기하는 대로 장단을 맞추기 위해 자신들의 통계를 수정하는 것이다. 이런 현상은 여론조사기관이 다른 기관의 결과와는 다르게 보일까봐 걱정하기 때문에 생겨난다. 오롯이 혼자 틀리는 것보다는 군중 속에 묻혀 틀리는 게 낫다는 의미다. 또한 결과가 다른 이들의 지지를 얻지 못할 때 여론조사기관은 자신의 방법론이 옳았는지 의문을 품을 가능성이 더 높다. 자신의 결과가 다른 기관의 결과와는 다르기 때문에 그 결과가 잘못된 것이 아님을 재확인하는 것이 현명하겠다고 생각하는 것과 그리고 단순히 다르다는 이유로 자신의 통계에서 잘못된 부분을 찾아야겠다고 판단하는 것은 종이 한 장 차이다.

매우 인간적인 반응이다. 그렇기 때문에 여론조사원 데미안 리온스 로우는 "따라하기Herding는 인간 자체의 문제이자 인간이 반응하는 방식이다"라고 말했다. 따라하기는 인간의 약점이면서도 잠재적으로는 유리한 명분이 되어주기도 한다. 실제 선거일이 가까워지고 유권자들이 마음을 굳힐수록, 확실하지 않다거나 잘 모르겠다고 응답한 사람들을 어떻게 처리할 것인지에 따라 생기는 차이를 중요하게 다뤄서는 안 된다. 예를 들어, 2010년부터 2015년까지의 의회 임기 동안 여론조사기관마다 자유민주당에 대한 평가가 차이가 났던 이유에는 한 가지 요인이 있다. 2010년 선거 직후 자유민주당 유권자들 가운데 대다수는 '잘 모르겠다'라는 식으로 태세를 전환했고, 따라서 여론조사기관들이 계산을 할 때 이런 사람들을 어떻게 처리하는지에 따라 표제에 등장하는 통계는 다양해졌다. 그러나 이 다양한 통계들은 시간이 흐르고 사람들이 마음을 정하면서 점차 사라졌다.

여론조사기관들이 따라하기를 행하는 이유는 매우 다양하지만, 여론조사가 틀리는 근본적인 원인이 따라하기라는 유력한 증거는 없다. 선거 이후의 분석에서는 종종 따라하기를 원인으로 지목되지만, 따라하기를 발견했더라도 이를 좀처럼 결정적인 오차의 원인으로는 보지 않는다. 따라하기에는 여론조사를 전체적 합의를 향해 끌고 가는 효과가 있기 때문이다. 전체적 합의가 맞았다면 여론조사는 더욱 멋지게 보이겠지만, 전체적 합의가 틀렸다 하더라도, 그래도 여전히 전체적 합의임에는 변화가 없다. 그리고 이 책에서 반복적으로 언급하지만, 완전히 다른 이야기를 하는 동떨어진 여론조사인 불량한 아웃라이어이상치에 주의하되 다수의 여론조사 전반에서 드러나는 패턴에 주의를 기울여야 한다는 것은 훌륭한 조언이 된다. 어쨌거나, 따라하기가 존재하지 않을 때조차 사람들은 대부분 전체적 합의에 주의를 기울이고 홀로 동떨어진 여론조사를 비난했을 것이다.

따라서 따라하기 때문에 더 많은 여론조사들이 틀린다면 여론조사의 실패가 좀 더 극적으로 보일 수도 있고 또는 여론조사기관에 지나친 자신감을 부추길 수 있다"이 다양한 여론조사들이 비슷비슷한 숫자들을 내놓은 걸 보라고!". 그러나 따라하기가 여론조사를 잘못되게 만드는 근본적인 문제는 아니다.

무엇을 측정해야 하는가?

정치여론조사와 관련해서 풀리지 않는 철학적 질문 하나를 던지며 이 장을 마치려 한다. 도대체 정치여론조사는 무엇을 측정하려 하는 것일까?

간단하게 답하자면, 정치여론조사는 그 조사가 행해지는 시기에 정치적 선택에 관한 여론의 진실을 파헤쳐보려 한다는 것이다. 이 답에 의거해서, 정치여론조사기관들은 종종 여론조사가 단편적인 장면일 뿐 예측이 아니라고 설명하길 좋아한다. 보수당 정치인이자 여론조사원인 마이클 애시크로프트 경은 "여론조사는 예측이 아닌 단편이다."라고 말하기도 했다. 여론조사기관들은 선거나 국민투표가 실시되기 전 최후의 여론조사에서 이 원칙에서 느슨해지기도 하고 자신들의 마지막 여론조사는 예측이라고 인정하기는 하나, 핵심은 여론조사가 미래를 예측하는 것이 아니라 대중의 현 관점을 측정하려고 시도한다는 것이다.

여기에서 간단한 문제가 하나 생긴다. '대중'이란 누구를 뜻하는가? 모두일까? 모든 시민일까? 성인만일까? 유권자 등록의 자격이 있는 사람일까? 그저 선거인 명부에 이름이 올라 있는 사람들일까? 다음 선거에서 투표할 가능성이 높은 사람일까? 그리고 '가능성'을 어떻게 정의할 것이며, 중요한 선거란 무엇일까? 여론조사기관들은 자신들의 조사가 예측이 아님을 반복적으로 강조하지만 실은 예측사업을 하는 것과 같다. 누구를 조사할지를 결정하기 위해서는 위험을 무릅쓰고 예측을 강행해야 하기 때문이다. 즉, 누가 투표를 할 것인지에 대한 예측 그리고 확신 없는 사람들이 어떻게 마음을 정할 것인지에 대한 예측이다. 이 장 초기에 논의됐던 모든 투표율의 모델화와 응답 쥐어짜기에 관한 모든 것이 여기에 관련한다. 여론조사기관들은 자신들이 예측을 하지 않는다고 말할 때도 예측을 한다.

그럼에도 왜 이 두 가지 예측만 이뤄지는가? 이론상 여러분은 사람들이 특정 정당을 얼마나 열렬히 지지하는가 또는 지지정당을 바꿀 가능성이 얼마나 되는가 등을 파보는, 더 많은 예측을 추가해볼 수도 있다. 여론조사기관들은 실용적인 이유에서 더 많은 종류의 예측을 하지 않는다. 이들이 확실히 '예측'이라고 부르는 선거 전 마지막 여론조사가 최종결과를 들춰볼 수 있는 훌륭한 시도라는 점을 보증하기에는 두 가지 예측만으로 충분하다. 여론조사가 빗나간다 하더라도, 추가적인 예측기준을 더하는 것으로는 해결이 될 것으로 보이지 않는다.

그러나 정말로 무엇을 측정해야 하는지 의문을 품게 하는 것은 투표의향 질문뿐이 아니다. 앞서 언급했듯, "이건 우리가 생각하기에 다음번 선거에서 투표를 할 거 같은 사람들이 하는 말이야." 와 "이건 성인들이 하는 말이야." 사이의 차이가 이민 같은 정책 문제에서는 중요할 수 있다. 법적인 문제에서든 자발적이든 간에 투표를 하지 않는 사람들은 유권자와 다른 관점을 가질 수 있다. 이는 투표 이외의 주제를 두고 정치여론조사 질문을 살펴볼 때 기억해야 할 중요한 차이다. 그러나 여론조사에서 신경써야 하는 복잡한 문제는 이 부분 하나만이 아니다. 다음 장에서 살펴보겠지만, 질문의 정확한 표현법은 더욱 중요하다.

제 3 장

여론조사 질문의
옳고 그름

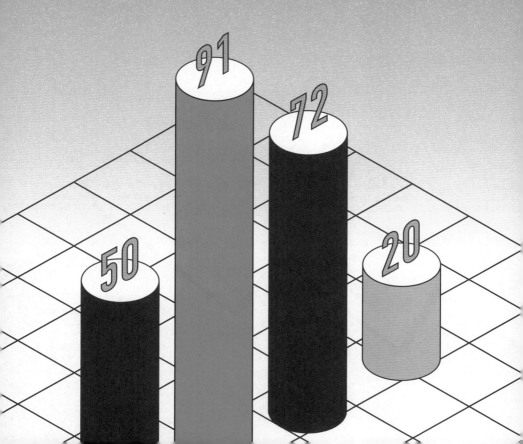

"공개 여론조사는 정원에서 씨앗이 잘 자라고 있는지 확인하기 위해 항상 모든 것을 다 파헤쳐보는 어린이 같다."

- J. B. 프리스틀리

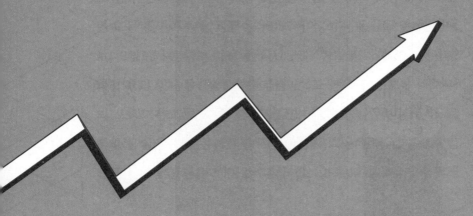

설문지 설계에 관한 고전적인 안내서인 《질문하기 Asking Questions》
에서는 질문 표현법의 중요성을 올바르게 전달하기 위해 다음과
같이 담배 이야기를 하나 들려준다.

도미니크회와 예수회의 사제 두 명이 담배를 피면서 동시에 기
도를 하는 것이 죄인지를 논하고 있었다. 결론을 내기에 실패한
둘은 각자의 위대한 신에게 상담을 받기 위해 헤어졌다. 다음주에
둘은 다시 만났다. 도미니크회 사제가 물었다. "그러니까, 당신네
하느님은 뭐라고 하십디까?"
예수회 사제가 대답했다. "그분께서는 다 괜찮다 하셨습니다."
"재미있군요. 우리 하느님은 죄라고 하셨습니다." 도미니크회 사
제가 대답했다.
예수회 사제가 물었다. "그분께 어떻게 여쭀습니까?"
도미니크회 사제가 답했다. "저는 하느님께 기도를 하면서 담배를
펴도 괜찮냐고 여쭀습니다."
"아." 예수회 사제가 답했다. "저는 하느님께 담배를 피면서 기도
를 해도 되냐고 여쭀습니다."

이는 단순히 다양한 질문에서 다양한 결과가 나온다는 이야기
가 아니다. 동일한 질문을 다르게 표현했을 때도 다른 결과를 얻
을 수 있다. 따라서 정치여론조사에서 무엇을 조심해야 할지 한
번 살펴보자.

표현법이 중요하다

선구적인 여론조사원 엘모 로퍼는 이렇게 농담을 하곤 했다. "당신이 원하는 대답을 얻을 수 있는 방식으로 질문을 할 수 있다." 이를 보여주는 훌륭한 사례가 1970년대 초기에 등장한다. 영국이 유럽연합EU의 전신인 유럽경제공동체EEC의 가입을 앞두고 있던 시기였다. 한 여론조사기관은 사람들이 의회가 이 결정을 내려야 한다고 생각하는지 또는 국민투표를 거쳐야 한다고 생각하는지를 물었다. 그러나 단순히 질문을 한 가지로 제시하지 않고 여론조사기관은 두 가지 표현법으로 된 질문을 만들어서 표본의 절반에게 각각 물었다.

프랑스, 독일, 이탈리아, 네덜란드, 벨기에 그리고 룩셈부르크는 의회의 투표를 거쳐 EEC 가입을 승인했다. 영국 역시 동일한 과정을 거쳐야 한다고 생각하는가?

아일랜드, 덴마크, 노르웨이는 EEC 가입여부를 결정하기 위해 국민투표를 실시했다. 영국 역시 동일한 과정을 거쳐야 한다고 생각하는가?

두 질문 모두 진실을 담고 있으며, 다른 국가들이 어떻게 했는지를 정확히 반영한 질문이었다. 또한 두 질문은 서로 정반대의 관점을 제시하고 있음에도 불구하고 응답자들로부터 '그렇다'라는 답을 압도적으로 얻어냈다. 이것이 선두질문의 힘이다.

동일한 주제를 두고 훨씬 더 최근에 실시된 영국의 여론조사 사례는 이런 것이 일회성이 아님을 보여준다. 2019년 10월 "하원의원은 브렉시트에 대해 충분히 오랫동안 논의했고 이제는 이 정책을 통과시킬 때인지" 묻는 질문에 대중은 56퍼센트가 동의하고 25퍼센트가 반대했다. 그러나 "브렉시트 법안은 복잡한 만큼 하원은 검토시간이 더 필요한지" 묻는 질문에 대중은 41퍼센트가 동의하고 33퍼센트가 반대했다.

이와 유사하게 2018년 초, 로드 애시크로프트는 영국의 EU 회원자격 유지에 대해 질문을 던질 때 어떻게 서로 다른 표현법이 서로 다른 결과를 가져오는지를 보여줬다. "유럽과 관련해 2차 국민투표를 원하는가?"라는 질문에서는 38퍼센트 대 51퍼센트 13퍼센트 차이로 찬성이 반대에 뒤쳐졌다. 이와는 대조적으로 "협상이 완료되고 브렉시트의 모든 세부사항이 알려진 상황에서, 브렉시트를 진행할 것인지 여부를 두고 국민투표를 실시하는 데에 찬성 혹은 반대하는가."라고 묻자 그 차이는 2퍼센트로 줄었다 40퍼센트 대 42퍼센트. 또 다른 표현법의 형태는 실제로 결과를 뒤집었고, 2차 국민투표에 찬성하는 응답자수가 반대를 앞질렀다. "브렉시트 협상이 마무리되었을 때 계약조건을 받아들이거나 협상 없이 탈퇴할지 여부를 결정하는 국민투표를 실시하는 것에 찬성 또는 반대하는가"라는 질문이 주어지자, 사람들은 39퍼센트가 찬성하고 31퍼센트가 반대하는 응답을 내놓았다.

이 모든 사례에서 표현법이 다양해진다는 것은 질문에 답하는 사람들이 다양한 상황에 직면하고 다양한 정보가 주어진다는 의미다. 예를 들어, 로드 애시크로프트가 제시한 첫 번째 질문은 국민투표가 무엇을 선택하기 위해 실시되는지 정확하게 설명하지 않았지만, 세 번째 질문에는 상당히 상세한 설명이 들어갔다. 이는 표현법의 선택이 얼마나 중요한지 그리고 최고의 표현법이 무엇인지를 판단하기가 얼마나 어려운지를 보여준다. 세 번째 질문에서 추가적인 세부사항은 질문을 명료하게 만들어주기 때문에 더 나은 선택이 되는가? 또는 애매한 세부사항이 질문을 더 이해하기 어렵게 만드는가? 게다가, 당연하게도 질문 안에 세부사항이 더 많이 포함될수록 그 세부사항이 정확하고 공정한지 여부를 논쟁하는 사람들이 더 늘어날 수 있다2차 국민투표는 합의냐 비합의냐 또는 합의냐 재협상이냐, 아니면 합의냐 비합의냐 또는 재협상이냐 하는 세 가지 선택에 관해서 실시되었어야 하는가?

결과는 표현법 간의 미묘한 차이에 의해서도 크게 바뀔 수 있다. 1940년대 실시되었고 1974년 다시 실시된 미국의 한 실험에서 이를 확인할 수 있다. 질문의 종류는 다음과 같았다.

질문은 거의 동일함에도 불구하고 응답은 매우 달랐다. 언론의 자유를 지지하는 사람들의 비율은 표현법의 변화 덕에 거의 두 배로 늘었다. 1940년에는 첫 번째 방식으로 질문을 받은 사람들은 오직 25퍼센트만 동의했고 두 번째 방식으로 질문을 받은 사람들은 46퍼센트가 반대했다. 1974년에도 비슷한 결과였는데, 첫 번째 방식으로 질문을 받은 사람들은 52퍼센트가 언론의 자유에 동의했지만 두 번째 방식으로 질문을 받은 사람들은 71퍼센트가 반대했다. 적어도 시간의 흐름에 따른 추이는 일관적이었다.

좀 더 최근의 사례로, 2015년 입소스 모리Ipsos Mori가 밝혀낸 바에 따르면, 영국에서 16세와 17세 국민에게 선거권을 부여하는 데에 찬성하는 사람들의 숫자는 "선거가능연령을 18세에서 16세로 낮춘다"고 표현했을 때보다 훨씬 높았다전자의 방식으로 질문했을 때 52퍼센트가 찬성하고 41퍼센트가 반대했다면, 후자의 방식으로 질문했을 때 37퍼센트가 찬성하고 56퍼센트가 반대하는 것으로 나타났다.

1999년 퓨 리서치 센터는 미국 대중들에게 강제선택의 질문에 대해 찬성 또는 반대를 묻는 실험을 했다. 두 가지 접근법은 충격적일 정도로 다른 결과를 만들어냈다. "평화를 보장하는 최고의 방법은 군사력이다"라는 주장에 찬성하거나 반대하는지를 묻자, 55퍼센트는 찬성하고 42퍼센트는 반대했다. 그러나 평화를 유지하는 방식으로 군사력을 명백하게 지지하는 비율은 앞의 문장과 "외교는 평화를 보장하는 최고의 방법이다."라는 문장 사이에서 선택하도록 묻자 사그라지고 말았다. 오직 33퍼센트만이 전자를 선택했고, 55퍼센트는 후자를 선택했다. 일부 차이는 사람들이 '평화를 보장하다'를 어떻게 해석하는지에 따라 달라졌을 가능성이 높다. 결국, 강력한 군사력을 갖추고 이를 외교력을 뒷받침할 위협으로 사용하는 국가는 외교를 통해 평화를 가까스로 유지하면서도 여전히 그 군사력으로부터 이득을 얻을 수도 있는 법이다.

개념의 다양한 해석이 어떻게 완전히 다른 결과를 만들어낼 수 있는지를 보여주는 또 하나의 사례로는 전략적 투표가 있는데, 2019년 영국 총선에서 준비기간부터 선거당일까지 이뤄진 여론조사에서 이를 볼 수 있다. ICM에 따르면 다음과 같은 질문을 받을 때 35퍼센트가 선거를 전략적으로 할 것이라고 응답했음을 보여준다.

'전략적 투표'란 어느 후보나 정당이 당신의 최우선 선택은 아니나 다른 후보나 정당이 승리하는 것을 막을 수 있는 더 나은 선택이기 때문에 투표하는 것을 의미한다. 당신은 다가오는 12월 12일 총선에서 전략적으로 투표할 가능성이 적어도 어느 정도 있는가?

그러나 BMG는 "나는 내가 싫어하는 다른 정당/후보를 몰아내기 위해 최선의 위치에 있는 정당/후보에게 표를 던질 것이다."라는 표현으로 질문했을 때 훨씬 더 낮은 숫자인 오직 24퍼센트만이 전략적으로 투표하려는 의도를 보인다는 결과를 얻었다. 입소스 모리의 결과도 "당신이 지지하는 정당은 이 선거구에서 승리할 가능성이 거의 없다. 따라서 당신은 다른 정당을 배척하기 위해 투표를 한다."라는 표현을 기반으로 삼았을 때 오직 14퍼센트만이 전략적 투표를 할 의향이 있다고 응답했다는 점에서 여전히 낮은 숫자였다. 심지어 이 14퍼센트는 가장 낮은 응답율도 아니었다. 델타폴이 "당신이 선택한 정당에 투표하는 주요한 이유에 가장 가까운 것은?"이라는 질문을 하자 오직 9퍼센트만이 "나는 정말로 다른 정당을 선호하지만 이 선거구에서 이길 가능성이 없다."라고 응답했다.

이 결과들의 총체적 난국을 보면, 여러분이 추이를 살필 때 비슷비슷한 표현법을 쓴 질문으로 비교하고 있는가를 확인하는 것이 중요함을 알 수 있다. 그렇게 했을 때 바람직한 뉴스를 얻어낼 수 있다. 일반적으로, 시간이 흐르고 나서 반복적으로 질문했을 때 여러 다양한 표현법은 동일한 추이를 만들어낸다. 따라서 다양한 표현법으로부터 다양한 응답을 얻는다는 것이 한 입장에 대한 대중적인 지지의 '진정한' 수준을 알 수 없다는 의미일 수도 있지만, 여론이 어떻게 변하고 있는지를 알려주는 추이들은 믿을 수 있다.

표현법이
왜 그리 중요할까?

여론이 사용되는 표현법의 미묘함에 따라 너무나 다르게 보도될 수 있다는 사실은 충격적으로 보일 수 있고, 여론조사의 개념을 약화시킬 수도 있다. 그러나 여기에서의 문제는 정치여론조사가 아니다. 그보다 우선은 여론의 취약한 상태가 문제가 된다.

그 취약성은 투표용지의 순서화 현상에서 드러난다. 투표용지에 쓰인 후보들 이름의 순서를 바꾸는 것만으로도 얼마나 많은 득표를 할 수 있는 지를 바꿀 수 있다. 투표용지에 오직 두 명의 이름만 쓰여 있을 때도, 즉 독재정권 이외에 가능한 가장 단순하고 짧은 경우에도 어떤 이름이 먼저 나오느냐가 차이를 만들어낼 수 있다.감사하게도 그 차이는 0.6퍼센트에 지나지 않지만, 그래도 여전히 0은 아닌 것이다. 이 문제는 아주 오랫동안 만연해왔으며, 호주에서는 원형 투표용지에 대해 일시적인 관심이 일고 의회질의가 이뤄지기도 했다. 아마도 한 면으로 이뤄져서 시작도 끝도 없는 뫼비우스의 띠 위에 투표용지를 인쇄하자고 제안한 교수는 농담을 한 것이었으리라.

그런 작은 문제들에 따라 투표를 어떻게 할지 동요되는 사람들에게, 여론조사 질문의 표현법역시 결과를 뒤흔들 수 있다는 사실은 놀랍지 않다. 특히나 정치여론조사기관들로부터 질문을 받거나 온라인 설문조사를 완료할 때, 사람들은 그리 오래 생각하지 않는다. 사람들은 재빨리 응답하고 다른 사람들과 쟁점을 토론하지도 않는다. 따라서 사람들의 관점은 다음과 같이 질문의 표현법에 따라 변할 수 있다는 의미가 된다.

---

1. 질문의 표현법이 간단하지 않고 복잡하다. 예를 들어 이중부정 또는 삼중부정이 쓰인다. "마크가 이 책을 쓰이지 않은 채로 남겨두는 것이 더 좋지 않았으리라는 데에 동의하지 않는가?"

2. 사람들이 익숙하지 않은 쟁점이다.

3. 사람들이 동의하게끔 만드는 질문이다. 사람들은 본능적으로 이견을 가지기보다는 동의를 하는 경향이 있다. 따라서 앞서 설명한 언론의 자유 사례에서 '그렇다'라는 응답이 의미하는 바를 바꿨을 때의 효과가 발생한다.

4. "전체 맥락에 따라 달라진다."가 응답이 되고, 질문은 맥락의 한 측면만 건드린다. 앞서 언급한 EEC의 사례가 그 예이며, 질문은

쟁점의 한쪽 측면에만 유리하게 핵심을 제시한다.

5. 질문에 힌트가 담겨져 있다. 예를 들어 특별히 인기가 높거나 인기가 없는 사람이나 정당과 한 선택권을 연계시킨다.

6. 한 질문이 다른 질문보다 사회적으로 더 받아들이기 용이하다. 예를 들어 사람들에게 선거에서 투표를 할 것인지 여부를 묻는 경우다. 또한 사람들은 술을 얼마나 마시는지를 묻는 질문에 실제보다 적은 양을 마신다고 응답한다는 것이 지속적으로 발견된다.

아마도 눈치 챘겠지만, 이 문제들은 투표의향에 관한 질문보다 정치적 쟁점에 대한 질문들이 주어졌을 때 더 많이 발생한다. 그렇기 때문에 정치여론조사에 관한 영국 의회의 정밀조사는 "우리가 여론조사에 관해 밝혀낸 핵심문제들, 특히나 선두질문의 활용과 결과의 잘못된 제공 등의 문제는 정책적 쟁점을 주제로 여론조사를 실시할 때 더욱 두드러졌다."라고 밝혀냈다.

이 주제를 다룬 영향력 있는 연구 가운데 하나는 "유권자의 대부분은 의미 있는 신념을 가지고 있지 않고, 심지어 상당한 세월 동안 엘리트층에서 강력한 정치적 논쟁을 불러일으켰던 쟁점들에 대해서도 마찬가지다."라고 결론 내렸다. 오히려, 어느 주제에 대한 질문을 마주쳤을 때 사람들은 그다지 많은 시간을 들여 생각하지 않았다. 또한 특별히 친숙하지 않는 개념이나 사람을 언급했을 때 사람들은 즉석에서 대답을 지어낼 가능성이 상당히 높았으며, 따라서 질문을 어떻게 이끌어 가느냐에 따라 많은 영향을 받았다.

그러나 좋은 소식은, 의도를 지닌 모든 선두질문이 성공을 거두지 못하며, 의도대로 이끌어간다 해도 그 범죄의 증거가 표현에 그대로 남아 있다는 점이다. 단, 우리가 확인을 해야겠다고 생각하는 한이다. 따라서 이제는 반복적으로 등장하는 표현법 문제의 유형을 일부 살펴보자.

동의-비동의 문장이 주는 공포

"동의하는가?"라는 표현은 여론조사 질문을 시작하는 데에 순수하고 합리적인 말처럼 들릴 수 있다. 그러나 그렇지 않다. 이 표현은 위장폭탄이나 다름없는데, 경험에 따르면 열 명 가운데 한 명 그리고 다섯 명 가운데 한 명10-20퍼센트은 질문에 담긴 제안에 동의할 것이며, 그 반대되는 제안이 대신 질문에 들어가 있다면 그 반대제안에도 동의할 것이다. 이는 '동조편향' 때문이다. 동조편향이란 사람들이 동의한다고 말하는 대상에 대한 편향이다.

동조편향은 앞서 등장한 평화에 관한 퓨의 질문에서도 발생한 문제다. 한 선택에서는 군사력의 대안을 거명했고, 다른 선택에서는 하지 않았다. 동조편향을 보여주는 더 확실한 사례로는, 2009

년 5월 컴레스는 영국의 국민들에게 "영국이 EU의 정회원으로 남아야만 한다."는 주장에 동의하거나 동의하지 않는지를 물었다. 조사대상자의 55퍼센트가 여기에 동의했다. 그러나 "영국은 EU에서 탈퇴해야 하지만 밀접한 무역관계는 유지해야만 한다."라는 문장에 동의하거나 동의하지 않는지를 묻자, 또 다시 55퍼센트가 동의했다. 다시 말해서, 어떤 사람들은 영국이 EU에 잔류해야 한다는 것과 영국이 EU를 탈퇴해야 한다는 것 모두에 동의했다. 이는 '슈뢰딩거의 고양이 여론조사', 즉 여론조사를 통해 여론이 그곳에 존재하면서 존재하지 않음을 보여주는 훌륭한 사례다.

결과적으로, 여론조사에 현명하게 응하는 자들은 동의-비동의 식의 문장에는 상당한 주의를 기울여 읽는다. 온라인 설문조사기업 서베이몽키는 자신의 고객들에게 간곡히 부탁하곤 한다. "동의-비동의 질문을 사용하지 않는 것에 동의해주세요"

"동의하는가, 동의하지 않는가?"라고 묻는 것은 "동의하는가?"라고만 묻는 질문보다는 낫지만 여전히 문제가 된다. 적어도 동의-비동의 응답에 주의를 기울일 것이라면, 그 결과는 일방으로 치우쳐져서 동조효과가 넘쳐났으며 그리고/또는 주제를 두고 양방식 모두를 사용하는 질문들을 통해 여론조사가 이뤄졌음을 확신할 수 있어야 한다. 예를 들어 표본의 절반에는 "적자를 줄이기 위해 세금을 높여야 한다는 데에 동의하는가, 동의하지 않는가?"라는 질문을 주고, 다른 절반에는 "세금을 낮게 유지하기 위해 적자가 커져도 내버려둬야 한다는 데에 동의하는가, 동의하지 않는가?"라는 주문을 주어야 한다. 또 다른 선택권으로, 한 주제의 양쪽 입장 모두를 표본 전체에 제시하고 응답자의 관점이 어디에 가장 가까운지를 묻는 것이다.

그런 질문을 개선할 수 있는 다른 방법으로는 더 넓은 범주의 질문을 제시하는 것이다. 정치여론조사에서 이는 보통 5점 척도인 "매우 동의한다, 동의한다, 동의하지도 반대하지도 않는다, 동의하지 않는다, 매우 동의하지 않는다"를 선택지로 준다는 의미다. 두 개의 동의 항목과 두 개의 비동의 항목은 가끔 이런 여론조사 질문을 보도할 때 하나로 합쳐진다. 그러나 전체 응답을 살펴보면 그 기저에 깔려 있는 역학을 알아볼 수 있다. 예를 들어, 어떤 개념에 반대하는 사람은 지지자들이 자신의 지지의견에 대해 느끼는 것보다 자신의 반대의견을 훨씬 더 강렬하게 느낀다.

그러나 이것만으로는 동의-비동의 질문이 사용하기에 좋은 유형의 질문임을 드러내기에는 충분치 않다. 이 유형의 질문은 일부 통찰력을 얻을 수 있는 간단하고, 빠르며, 싼 방식이기 때문에 여전히 인기가 높다. 단지, 이 질문의 결과에 지나치게 많은 식견을 담고 싶은 유혹에 넘어가지 말자.

가능성이
높거나 낮거나

2017년 공화당 로이 무어는 공화당 의석을 확보하기 위해서 미국 상원의원 보궐선거에 출마했다.

이미 그는 엄청난 논란의 중심에 있는 인물이었는데, 불법행위를 저지른 탓에 앨라배마주 대법원장에서 두 번이나 해임 당한 경력 때문이었다. 선거운동 기간 중에는 더 심각한 문제들이 계속 드러났다. 16세 청소년을 성폭행한 사건을 비롯해 여러 차례 성범죄를 저지른 혐의였다.

이런 혐의들이 무겁게 다뤄지고 다섯 번째 혐의가 드러나기 직전에, JMC 애널리틱스 앤드 폴링이 실시한 여론조사는 이렇게 물었다.

로이 무어가 네 명의 미성년자들을 대상으로 저지른 것으로 추정되는 성범죄에 대해 지금껏 밝혀진 혐의들을 고려했을 때, 여러분은 이 혐의들의 결과로 인해 그를 지지할 가능성이 더 높은가 혹은 더 낮은가?

지지할 가능성이 더 높다: 29퍼센트

지지할 가능성이 더 낮다: 38퍼센트

변화가 없다: 33퍼센트

유권자의 약 3분의 1[29]퍼센트은 정말로 그가 누군가를 대상으로 여러 차례 저지른 성범죄 혐의의 결과로 인해 그에게 투표할 가능성이 더 높다고 말하는 것이었을까? 정말 그렇다면 여러분은 암울한 마음으로 민주주의의 지혜를 의심하게 될 것이다.

그러나 그 여론조사에는 이 응답이 보이는 그대로가 아니라는 단서들이 포함되어 있다. 특별보궐선거는 과거에 공화당의 제프 세션스가 보유했던 의석이 공석이 되면서 실시됐다. 민주당 버락 오바마가 대통령으로 선출되던 2008년의 바로 그 날 세션스도 63퍼센트의 득표율로 당선됐다. 6년 후 민주당이 그와 맞서 경쟁할 후보를 아예 내놓지도 못하면서, 세션스의 득표율은 97.3퍼센트까지 치솟았다. 이 의석은 분명 바위처럼 공고하게 공화당의 것이었어야만 했다. 그러나 여론조사 결과, 무어는 민주당 도전자보다 4퍼센트 뒤떨어져 있는 심각한 어려움에 빠졌음이 드러났으며, 그의 지지율이 떨어지고 있음을 보여줬다. 아직 혐의가 제기되기 전인 10월에 동일한 여론조사기관이 실시한 여론조사에서는 8퍼센트 앞서 있었기 때문이다.

따라서 이 분명 침울한 "가능성이 더 높은가"의 질문들을 설명하자면, 사람들이 가끔 더 높은가/더 낮은가 질문을 자기네 편에 대한 지지를 표현하기 위해 사용한다. 사람들은 가끔 '가능성이 더 높다'라는 표현을 '나는 지지한다'라는 의미로 사용하고, '가능성이 더 낮다'라는 표현을 '나는 지지하지 않는다'라는 의미로 사용한다. 이들은 여론조사기관에게 자신들이 누구를 지지하는지를 이야기할 뿐, 어떻게 그 지지하는 정도가 변했는지는 말하지 않는다. 이는 여러분이 단순히 질문이 무엇을 묻는 지로부터가 아니라 응답으로부터 뭔가를 읽어낼 수 있다는 의미다. 이 여론조사에서 "이전에도 그에게 투표할 예정이었고 여전히 그렇다." 또는 "나는 혐의를 믿지 않는다." 같은 선택권이 없다. 두 경우 모두에서 "가능성이 더 높다."라는 선택권은 여전히 여러분의 후보를 지지하고 싶다는 관점을 가장 잘 표현한다. 실제로는 혐의를 받았기 때문에 그를 지지할 가능성이 더 높아질 리는 없다해도 마찬가지다. 이 논리는 매체에서 이 결과를 어떻게 보도할 것인지를 고민하더라도 여전히 강력하다. 여론조사에 대해 최고의 보고가 나갈 수 있는 가장 효과적인 방식은 무엇인가? 바로 여러분의 의견을 과장하는 한이 있더라도 가능한 한 가장 긍정적인 응답을 주는 것이다. 계산해본다면 이는 여론조사에 응답할 수 있는 완벽하게 합리적인 방식이다. 마찬가지로, 사람들은 상대편을 비난하기 위해서도 그저 적극적으로 똑같이 행동한다. 이 선거에서 증명됐듯, 이 모든 과정으로 인해 그런 질문들에서 나온 결과는 상당히 오도된다. 따라서 무어는 결국 선거에서 졌고, 안정적이었던 공화당 의석을 빼앗겼다.

여론조사원 앤서니 웰스는 그런 질문의 가치에 대해 비슷하게 회의를 표하며 영국의 사례를 들었다.

2013년 1월 <인디펜던트>에서 보도한 컴레스 여론조사에 따르면, 30퍼센트의 사람들은 데이비드 카메론 총리가 유럽에서 국민투표를 실시하겠다고 약속했기 때문에 보수당에 투표할 가능성이 높다고 동의했다. 카메론의 공약이 등장한 달에 여론조사 상의 보수당 지지율은 평균적으로 31퍼센트였다. 그 다음 달에도 여전히 평균 지지율은 31퍼센트였다. 여론조사를 실시해보았음에도 카메론의 공약은 아무런 변화를 이끌어내지 않았다.

무어의 여론조사에서 발견한 요인들에 더해, 웰스는 그런 질문들이 실패하는 또 다른 이유 두 가지를 덧붙였다. 하나는 질문을 묻는 행위가 인위적으로 주의를 끌고 그 주제에 집중하게 만든다는 것이다. 카메론의 공약은 그의 당을 지지하거나 지지하지 않을 여러 이유 가운데 하나일 뿐이었다. 그 가운데 오직 한 가지에 대해서만 묻는 것은 유권자들이 어떻게 마음을 정할 것인지는 포착하지 못하며, 따라서 다른 요인들을 자유로이 고려해보아야 한다. 또 다른 이유는 사람들이 어디에서 투표할 동기를 얻는지를 잘 판단하지 못한다는 점이다_{실은 투표뿐 아니라 인생에서 여러 상황에서도 그렇다.} "우리는 사실 우리의 의사결정과정을 이해하지 못한다. 우리는 상상하는 것보다 스스로의 편견과 편향 그리고 사소한 애착에 훨씬 더 의존해서 결정을 내린다."

그렇기 때문에 나는 어떤 일이 벌어졌거나 벌어질 것 같기 때문에 한 정당이나 정치인을 지지할 가능성이 더 높거나 낮는 지를 묻는 정치여론조사 질문을 보게 되면, 언제나 그 결과에 관심을 기울일 가능성이 더 낮다.

질문이 이야기의 한 측면만을 언급하는가?

심리학자이자 선구적인 여론조사원 해들리 캔트릴은 외계인 침공에 관심이 많은 것으로 잘 알려져 있다. 1938년 미국의 라디오 방송은 H.G. 웰스의 소설 《우주전쟁》을 영화감독 오손 웰스가 각색한 드라마를 방송했고, 널리 대중들을 공포에 질리게 만들었다. 캔트릴은 책을 집필하기 위해 이 현상을 연구했지만, 공포의 크기와 확고한 캔트릴의 분석은 더 많은 논의를 불러일으켰다.

제 2차 세계대전 중에 캔트릴은 아마도 특이하게도 육해공 상륙작전이 어떻게 실시되어야 하는지를 결정하는 데에 도움을 주기 위해 여론조사를 구성했다. 여론조사는 모로코의 비시 소속 공무원들을 대상으로 실시됐으며, 강한 반영反英 감정이 드러났다. 이 소식은 횃불작전1942년 미국과 영국의 연합군이 모로코와 알제리에 상륙해 프랑스를 상대로 승리를 거둔 군사작전 - 옮긴이이 실시되는 동안 어느 국적의 군대가 어디에 배치될 것인지에 관한 결정에 영향을 미쳤다훗날 캔트릴이 공동 설립한 여론조사기관이 실시한 여론조사는 쿠바에서 피델 카스트로에 대한 지지가 굳건하다는 것을 보여주었지만, 실패한 피그스만 침공을 계획하는 동안에는 무시됐다.

이 다재다능한 인물의 여러 관심사 가운데 하나는 여론조사 질문에 쓰는 다양한 표현법을 시험해보는 것이었다. 그는 응답들이 질문에 포함된 맥락에 매우 민감하다는 것을 발견했다. 예를 들어, 감세에 대한 질문을 던지되 세금을 지불할 돈이 어디에서 올 것인지를 언급하지 않는 것이다. 그 결과, 캔트릴은 '함축된 의미가 보이지 않는 질문'에서 나온 결과가 지닌 취약성에 대해 경고했다.

좀 더 최근의 사례로는 2019년 실시된 유고브의 실험이 있다. "브렉시트 이후 영국은 노동자의 권리와 규제를 유지해야 하며 기업들이 동일한 수준의 세금을 계속 지불하도록 보장해야만 한다"는 것에 동의하는지 묻자 68퍼센트 차이로 동의하는 응답자가 많았다동의 71퍼센트 대 비동의 3퍼센트. 그러나 "브렉시트 이후 영국은 유럽에서 가장 세금이 낮고 기업친화적인 국가로 입지를 정해야 한다"고 묻자, 23퍼센트 차이로 이 반대되는 명제에 동의하는 응답자가 많았다동의 39퍼센트 대 비동의 16퍼센트.

또한, 2020년 유고브 설문조사에서 드러나듯, 어떤 제안에 호의적인 논거만 제시하고 그에 대한 반론을 하지 않는 경우 응답을 왜곡할 수 있다. "영국이 출판의 자유를 가지고 있거나 가지고 있지 않다고 생각하는가?"라고 묻자 43퍼센트는 출판의 자유가 있다고 대답했다. 그러나 또 다른 표본은 동시에 "3개의 회사가 신문 독자수에 따르면 영국 전체 신문시장의 80퍼센트를 보유하고 있다. 당신은 영국이 출판의 자유를 가지고 있거나 가지고 있지 않다고 생각하는가?"라는 질문을 받자 오직 28퍼센트만이 출판의 자유가 있다고 응답했다. 출판의 자유가 없다고 대답한 비율은 34퍼센트에서 49퍼센트로 올라갔다.

따라서 더 좋은 질문은 논쟁의 양측을 모두 제시하거나 반대 의견들을 짝지어주고 사람들에게 무엇이 가장 자신의 의견을 잘 반영한 문장인지를 묻는 것이다. 여기에는 한 가지 예외가 있는데, 편향된 질문을 하는 것은 가능한 캠페인 메시지를 실험해 보는 데에 유용하다. 이 두 번째 유고브 사례는 환경운동단체인 Extinction Rebellion이 의뢰한 여론조사다. 그 결과, 영국 언론들의 자유를 두고 논쟁하는 캠페인 메시지가 얼마나 강력할 수 있는지를 어느 정도 감 잡을 수 있었다. 그러나 논쟁의 한 측면만 제시할 때 그 여론조사로는 사람들이 반대의견을 들었을 때 결국 여론이 어떻게 흘러갈지 알 수 없다.

그렇기 때문에 질문의 중립적인 표현은 간단한 만병통치약이 될 수 없다. 여론조사원 루이스 해리스는 "진짜 세계는 편향되어 있다."고 말하기도 했다. 정치적 쟁점은 보통 적어도 두 가지 측면에서 의견을 진술하며 가끔은 한 주제에 대해 아주 다른 사고방법을 제시하기도 한다. 대중들은 결국 서로 치고 받는 당파적인 의견들을 바탕으로 여론을 형성하게 된다. 이는 2017년 총선에서 보수당의 '치매세'가 직면하게 된 문제였다. 이 정책은 시장조사를 통해 검토 받았고 좋은 성적을 받았다. 그러나 선거운동의 열기 속에서 '치매세'라는 별명으로 인해 비난 받았다. 모든 논의는 누가 그 비용을 지불할 것인가에 집중됐고, 어떤 서비스가 제공될 것인지에 대한 논의는 이뤄지지 않았다. 그리고 누가 비용을 지불할 것인가에 대한 질문은 아주 부정적인 방향으로 색을 입었다. 따라서 이 정책은 초기 시장조사가 이뤄졌을 때와는 전혀 다른 모습을 갖추게 됐다. 결과적으로 정책은 완전히 실패했다. 중립적인 표현법은 대중들이 결국 어떻게 생각하는지를 이해하기에 충분치 않았다.

두 가지 의견을 하나의 질문에 담는 위험성

2019년 5월 유고브는 영국의 사람들에게 이렇게 물었다.

다음의 주장에 동의하는가, 아니면 동의하지 않는가?

"영국은 기꺼이 원칙을 깨뜨릴 수 있는 강력한 지도자가 필요하다."

이 질문에 대해 설문조사 응답자의 45퍼센트가 동의했고 28퍼센트는 동의하지 않았다. 그러나 동시에 유고브는 또 다른 설문 대상자들에게 이렇게 물었다.

다음의 주장에 동의하는가, 아니면 동의하지 않는가?

"영국은 원칙대로 하는 강력한 지도자가 필요하다."

이 질문에 65퍼센트는 동의하고 오직 14퍼센트만이 동의하지 않았다. 따라서 상당히 많은 사람들이 원칙을 깨트릴 수 있는 지도자를 원하는 동시에 원칙대로 하는 지도자를 원했다는 의미다. 아니 오히려, 이들은 강력한 지도자를 너무나 열렬히 바란 나머지 질문에 나오는 원칙 부분이 그다지 중요하지 않았을 수도 있다. 여기에서의 교훈은? 두 가지 질문을 하나로 합치지 말자. 그런 식으로는 혼란스러운 대답이 나올 수밖에 없다.

투표를 질문할 때는 누구에게 물을 것인가

여론조사기관은 누구에게 투표할 것인지 유권자들에게 물을 때 어떤 보기를 주어야 할까? 선거에 적은 수의 정당이나 후보가 출마할 때는 투표의향과 관련해 어떤 보기를 줄 지 결정하기가 어렵지 않다. 모든 후보나 정당을 유권자들에게 제시하면 된다.

인생은 언제나 그리 단순하지 않다. 정당의 수가 적다하더라도 모든 정당이 선거에서 모든 의석에 출마하지 않는 데에서 상황이 복잡해질 수 있다. 예를 들어, 1974년 영국 총선에서 여론조사기관들은 자유당의 지지율을 과대평가했다. 자유당은 의석의 83퍼센트에만 출마했지만, 여론조사기관들은 표본 상의 모든 사람들에게 자유당을 보기로 제시했다. 결과적으로, 선거일이 가까워짐에 따라 여론조사기관들은 흔히 각 사람이 조사에 참여하는 구체적인 위치에 따라 응답을 조정하며, 유권자들이 투표용지에서 보게 될 정확한 조합을 제시한다.

한편, 군소정당이나 군소후보가 존재할 때도 상황이 복잡해진다. 전화나 대면조사를 할 때 긴 명단을 읽어야 한다거나 온라인 설문조사에서 긴 목록이 스크린 상에 제시되는 일은 실용적인 어려움을 자아낸다. 따라서 투표의향질문은 '기타 후보/정당'이라는 항목이 들어간 짧은 보기를 주어서 군소주자를 포함하는 것이 일반적이다. 게다가 이는 일부 정당이나 후보가 주요주자로 비춰지면서 많은 주목을 얻게 되는 현실을 상당히 합리적으로 반영한다. 한 여론조사원은 다음과 같이 설명했다.

여론조사 질문에 소규모 정당들을 포함하는 일은 이들의 지지율을 과장하는 위험성을 지닌다. 소규모 정당들에게 있어 가장 큰 문제는 대중들이 이들에게 주목하도록 만들어서, 이들에게 투표하는 것이 사표가 아닌 더 큰 정당들과 동등한 수준으로 진지하고 합당한 선택으로 보이게 된다는 것이다. 여론조사기업이 이들을 질문에 포함할 경우, 이는 본질적으로 응답자들에게 이 정당이 중요하다는 메시지를 보내는 것이 된다. 그리고 우리의 임무는 여론을 측

정하는 것이지, 여론을 이끌어가는 것이 아니다.

따라서 정치여론조사는 여론조사기관이 한 정당이나 후보를 승격시키거나 강등시킬지 판단하는 나름의 승격과 좌천의 극을 가지고 있다. 그리고 제외된 정당이나 후보의 지지자들은 당연히 여론조사기관이 불공평하게 자기네 편을 헐뜯는다고 확신하는 경우가 잦다.

그러나 여론조사기관의 판단이 미치는 영향은 보통 크지 않다는 증거가 존재한다. 이는 2019년 영국에서 BMG가 실시한 실험에서 드러난다.

지난달 이후 BMG는 우리의 투표의향 질문 형식을 재검토했다. RCT Random Control Test, 무작위대조시험를 실행하면서 우리는 대표성 있는 표본의 절반에게 원래의 버전을 보여주고, 표본의 나머지 절반에게는 모든 정당들이 초기목록에 등장하는 버전을 보여줬다. 그 결과는 득표율의 관점에서 녹색당과 브렉시트당에 있어서 거의 차이가 없음을 보여줬다. 따라서, 이 두 정당을 '기타 정당'에 포함한다고 해서 이들에 대한 지지율이 억눌리지 않는 것으로 보인다.

주요한 효과는 여론조사의 결과가 아니라 흥분해서 날뛰는 정치 운동가들의 성질에 미친 것 같다.

뭔가로 인해
마음이 바뀔 것인지
유권자에게 묻지 말자

2010년 4월 28일 내가 정치여론조사에 관해 쓴 지금으로서는 가장 바보 같은 글을 출판했다. 총선 선거운동이 막바지를 향해 가고 있었고, 정당대표 간의 TV 토론이 처음으로 도입됐다. 자유민주당은 첫 번째 토론에서 당대표인 닉 클레그의 뛰어난 활약으로 유명해졌고 인기가 급상승했다. 나머지 선거운동은 지지율 거품이 선거일 전에 꺼지지 않게 유지하려고 고군분투하는 것이었다. 그 노력은 거의 실패했고, 정당의 득표율은 선거날 고작 1퍼센트 상승했으며, 자유민주당은 의석을 잃었다.

당시 나는 지금과 마찬가지로 자유민주당의 활동당원이었고, '자유민주당의 목소리'라는 블로그를 운영하는 편집팀의 일원이었다. 다음은 내 글의 도입부다.

'자유민주당의 목소리'를 위해 독점적으로 실시된 여론조사에 따르면, 자유민주당에 반대하는 <데일리 메일>과 <더 선> 그리고 <데일리 텔레그래프>의 의견은 실제로 사람들이 우리 당에게 표를 던질 가능성을 좀 더 높이고 있다.

닉 클레그가 총리가 되는 것에 반대하는 이 신문사들이 투표의향에 미치는 영향을 묻자, 15퍼센트는 그로 인해 자유민주당에 투표할 가능성이 더 높아졌다고 말했고, 오직 4퍼센트만이 자유민주당에 투표할 가능성이 더 낮아졌다고 했다. 그렇게 해서 자유민주당에 투표할 가능성이 더 높아졌다고 말하는 사람이 11퍼센트 더 많았다.

나머지 중에서, 그럼에도 불구하고 19퍼센트는 자유민주당에 표를 주고, 35퍼센트는 어쨌거나 자유민주당에 표를 주지 않을 것이며, 27퍼센트는 신문기사들로 인해 의견을 바꾸지는 않겠으나 아직도 누구에게 투표할지 확신이 없다고 대답했다.

이 글은 설문조사에 사용된 질문의 전체 표현법과 조사를 실시한 여론조사기관의 세부사항 그리고 조사가 이뤄진 날짜와 데이터에 어떻게 가중치를 주었는지에 대한 정보 등을 모두 다루고 있다. 데이터파일도 누구든 다운로드 받을 수 있도록 제공됐다. 여론조사기관은 존경 받는 기업이자 업계 자율규제기구인 BPC British Polling Council의 회원이었다.

다 좋지만 엄청나게 어리석기도 한 글이었다. 끔찍할 정도로 결함이 있는 질문이었기 때문이다.

이 국가의 신문들은 선거기간에 입장을 정하고 각기 다른 정당들을

지지하는 경향이 있다. <더 선>과 <데일리 메일> 그리고 <데일리 텔레그래프>는 닉 클레그가 총리가 되지 않기를 바란다고 시사했다. 이 신문들이 이런 입장을 취한다면, 그로 인해 당신이 자유민주당에 투표할 가능성은 더 높아지는가, 더 낮아지는가?

일부 문제는 앞서 논의했듯 '가능성이 더 높아지는가, 더 낮아지는가'라는 표현을 썼다는 데에 있다. 또 다른 문제는 이 사례에서의 질문이 그 자체로 합리적으로 평가할 수 있는 양 한 가지 쟁점을 구분하려 했다는 것이다. 그럴 수는 없다. 신문 기자들과 발행인이 한 정치인을 싫어한다면, 이들은 단 한 번만 조용히 그 사실을 언급하고 그만 두지 않는다. 이들은 반복적으로 부정적인 이야기들을 내놓으며, 이 이야기들은 SNS에서 증폭되고, TV 방송국을 평론하는 신문사는 또 이야기를 반복한다. 그런 식이다. 영향력은 내 질문이 담아내려 했던 정도보다 훨씬 더 크다.

그러나 별도로 한 가지 요인에 대해서만 묻는 것은 정치여론조사에서 일반적인 특성이다. 이런 여론조사는 가끔 특정 정책을 옹호하거나 반대하는 압력단체들의 의뢰에 따라 실시된다. 포테이토 소사이어티가 감자 생산자들을 위해 정부의 세금우대조치가 시행되기를 바라고 있다고 상상해보자. 포테이토 소사이어티는 감자가격이 낮아지면 사람들은 정부를 지지할 가능성이 더 높아지는지 낮아지는지를 묻는 여론조사를 의뢰했다. 여론조사에 따르면 그런 정책이 시행된다면 정부를 지지할 가능성이 더 높아질 것이라고 말하는 사람들이 두드러질 정도로 우세했다. 그리고 그 결과는 매체를 통해 보도됐다. 물론 현실에서는 그런 세금감면정책은 온갖 정치토론과 매체보도를 통해 낱낱이 파헤쳐질 것이다. 공공서비스가 감세로 인해 고통을 겪는 동안 더 높은 이윤을 실컷 누리게 해줄 빅 포테이토라는 기업의 공식발표는 다소 매력적이지 않게 들린다. 특히나 정부장관이 매주 무료 포테이토칩을 제공받는다는 사실이 밝혀지는 경우 더욱 그렇다. 또한 대부분의 유권자에게는 의료보험제도의 미래나 자신이 실직할 가능성이 있는지 여부보다 전혀 중요치 않기도 하다.

　내 질문의 선택에다 걱정거리를 더 안겨줄 또 다른 주요한 문제가 존재했다. 여론조사원 앤서니 웰스는 "사람들은 대개 우리가 가설의 사건에 어떻게 반응할 것인지를 예측하는 데에 상당히 서투르다. 그 사건들의 결과가 예측 불가능해질수록, 우리는 우리가 어떻게 반응할 것인지를 제대로 예측할 수 없게 된다."고 설명했다. 1996년 펜실베이니아 주에서 실시된 실험을 살펴보자.

첫 번째 설문조사는 두 가지 정치적 쟁점복지개혁과 환경과 두 명의 주요후보에 대한 응답자의 입장을 끌어내고, 또한 각 입장이 다음 두 달 동안 바뀔 가능성이 있는지를 추측해보도록 요청했다. 두 번째

설문조사는 선거 당일의 입장을 묻고 유권자에게 예전의 입장을 회
상해보도록 요청하는 것이었다. 예상과 회상을 통해 측정했을 때
응답자들은 자신의 입장이 시간의 흐름에 따라 변하게 될 정도 또
는 변하게 된 정도를 과소평가하는 경향이 있었다.

이 실험과 다른 실험들에서 보듯, 사람들은 자신의 정치적 관점
이 어떻게 변할 것인지를 묻는 질문에 답할 때 서투르다.

설상가상으로, 그런 질문들은 왜 우리가 특정한 정치적 관점을
취하는 지에 대해 충분히 이해하지 못하거나 적어도 인정하지 않
으려 할 때 더욱 어려움을 겪는다. 정치학 연구 중 더 매력적으로
보이는 후보들이 더 좋은 성적을 낸다는 사례가 이를 보여준다_{적어}
_{도 남자후보일 경우에는 대머리도 상관없긴 하다}. "연구들은 호주와 브라질, 캐나
다, 핀란드, 독일, 멕시코와 스위스에서 매력의 인지와 선거승리
간의 관계를 증명했다. 영국 선거도 예외는 아니다."

그러나 여론조사기관_{또는 자기 자신에게조차} 그런 요인들이 투표에 영
향을 미친다고 인정할 수 있는 유권자들을 만나려면 아주 힘겹게
찾아다녀야 할 것이다. 아마도 그 효과는 한 자리 숫자로 낮을 수
있지만, 그럼에도 접전을 이루는 선거에서는 결과를 바꿔놓기에
는 충분할 수 있다. 무의식적인 마음 그리고 '솔직히 말하기에는
너무 창피한' 마음이 문제가 된다. 그렇기 때문에 윈스턴 처칠의
민주주의는 최악의 정부형태라고들 한다. 이제까지 인류가 시도

해왔던 나머지 모든 정부들을 제외하고선 말이다. 라는 농담을 기억해야겠다^{다만 우리는 이 말이 비선출직인 영국 상원을 옹호하기 위해 나온 것임을 종종 쉽게 잊곤 한다}.

정치 여론조사라는 단조로운 문제에 있어서, 어떤 일로 인해 정당이나 후보를 지지할 가능성이 더 높아지거나 낮아질 수 있는지 물을 때 유권자가 내놓는 대답은 좀 더 짙은 의구심을 품고 다뤄야 한다는 것이 교훈이 되겠다.

돌려 묻는 질문이
불편한 진실을 밝힌다

매력적인 후보가 선거에서 좋은 성적을 내는 만큼 키가 큰 후보도 좋은 성적을 낸다. 유권자들은 미처 인식하지 못하거나 인정하려 들지 않겠으나, 이런 요인들이 선거결과를 바꿔놓을 수 있다. 그러나 공개적으로 표현되지 않은 채 표준적인 여론조사 질문들 사이를 우아하게 빠져나간다.

그렇기 때문에 작은 실험들을 진행하는 것이 직접적인 질문의 대안으로서 잘 이용되지는 않으나 유용할 수 있다. 가장 단순한 형태로, 후보에 대해 묘사한 두 가지 설명을 제시한다. 둘 다 진실이지만 단 한 가지 차이점이 있다. 예를 들어, 한 후보를 첫 번째 설명에서는 백만장자라고 부르고, 두 번째 설명에서는 성공적인 기업가라고 부르는 것이다. 표본의 절반에게는 첫 번째 설명이 주어지고, 나머지 절반에게는 두 번째 설명이 주어진다. 그 후 호감도 또는 투표의향에 관한 질문의 결과를 비교할 수 있다. 여론조사에 의한 각 응답자는 사람마다 다른 설명을 받았다는 것을 모르기 때문에, 죄를 지은 듯 자의식을 느낀다고 해서 가짜 대답을 통해 중요한 문제에 대한 쑥스러운 관점을 감출 수 없다. 날 것 그대로의 차이점이 좀 더 미묘하고 놀라운 요인에 있어서도 잘 드러날 수 있다.

이 실험들은 후보들에 대한 묘사에만 한정될 필요 없다. 정책을 제시하는 방식 역시 실험해볼 수 있으며, 정치인들이 연설하는 동영상과 다양한 정치광고들도 마찬가지다. 이 접근법은 정치학자들이 유권자들에게 동기를 부여하는 요인이 무엇인지에 관해 더욱 일반적인 결론을 도출하기 위해 가상후보들 사이의 차이를 실험하는 데에도 사용된다.

이런 실험들은 정치 여론조사 연구에서 잘 활용되지 않는 형태다. 반면에 정치에서 동일한 대상을 묘사하는 상충적인 방식들을 두고는 종종 경쟁이 생긴다. 그런 상충적인 방식 속에서 누가 승리할 것인지가 얼마나 중요한지를 이해하기 위해 여론조사를 이용하는 것은, 잇따른 한 쌍의 투표의향 여론조사 사이에서 잇따른 변화가 오차한계 내에서 생겼다고 신나하는 것보다는 훨씬 더 확실할 수 있다.

무지에서 나온
응답의 가치

어느 정도 놀랍게도 나는 얼마 전 작년 런던교통공사Transport for London, TFL가 펴낸 버스정류소와 정류장 낙서에 관한 모든 보고서의 28퍼센트에 내가 개인적으로 책임이 있음을 깨달았다. TFL의 운행지역이 수백만 명의 사람들을 포함하기 때문에, 나는 그 사실이 자랑스럽기도 하고, 창피하고 당황스럽기도 했다. 내 말은, 다른 런던사람들이 "그 해에 당신은 뭘 하고 있었죠?"라고 묻는다면, 당연히 나는 런던의 버스정류소와 정류장에 그려진 낙서를 지우기 위해 드는 예산에 대해 의견을 가지고 있다. 특히나 내 기적적인 해 이후로 낙서제거의 속도가 눈에 띄게 느려졌음을 고려한다면 더욱 그렇다저자인 마크 팩은 낙서제거를 포함해 지속적으로 길거리 미화운동을 하며 이를 '기적'이라고 표현했다 - 옮긴이. 그러나 또한 나는 현재의 지출수준이 어떤 지를 실제로 알지 못한다.

여러분이 버스정류장에 대해 비슷한 흥미를 가지고 있을 가능성을 별로 없겠지만, 치안과 구급차 서비스 또는 도로정비 같이 좀 더 주류에 가까운 문제로 대체해보자. 여러분은 지출이 더 많아지거나 줄어들어야 하는지에 대해서는 단호한 견해를 가지고 있으면서도, 동시에 현재 얼마가 쓰이고 있는지에 대해서는 단호하게 파악하지 못했을 가능성이 있다.

연구에 따르면, 우리의 사실파악은 다소 제한적임에도 불구하고, 우리의 견해는 분명 현실세계에서 사실들이 어떻게 변화하고 있는지와 보조를 맞춰 움직인다. 낙서가 지저분해질수록 사람들은 이 문제를 해결하기 위해 더 많은 돈을 쓰고 싶어 한다. TFL 낙서제거예산에 대한 내 응답은 실제 규모에 대한 나의 틀렸을 게 뻔한 추측에 기반 하지 않는다. 오히려 내가 얼마나 자주 낙서를 보았는지, 얼마나 심하게 지저분했는지 그리고 이를 신고했음에도 얼마나 오랫동안 남아 있었는지에 대한 내 판단을 바탕으로 할 것이다. 진실은 반反 낙서예산의 규모가 얼마가 되었든 간에 터무니없이 큰 숫자인 것으로 밝혀졌어도 나는 여전히 더 많은 예산을 원할 것이다. 이와 비슷하게, 실업률이 올라가면 사람들은 실업이 더 심각한 문제라고 생각한다. 현 수준을 정확히 읊어낼 수 없다는 사실에도 불구하고 그렇다.

결과적으로 사실에 대한 오차들은 반드시 사람들의 견해가 지닌 가치를 갉아먹는 것은 아니다. 스포츠 종목을 예로 생각해보자. 평범한 축구선수는 시합 동안 얼마나 많은 거리를 뛰는가? 여러분이 강성 축구팬이라 상세한 통계까지 샅샅이 탐독하는 것을 즐긴다면 아마도 정답을 알 수도 있다. 그렇다면 경기 중에 뛰어다녀야 하는 다른 팀 스포츠로 예시를 대체해보자. 여러분은 답이 무엇인지 알 수 없을 것이다. 그러나 그럼에도 불구하고 어느 두 팀이 공을 가장 적극적으로 쫓아다니는 지 그리고 어느 선수가 시합에 가장 자주 등장하고 언제나 뛰어다니는지에 대한 견해는 가지고 있을 것이다. 숫자를 이해하면 여러분의 지식은 늘어나고, 그동안 가졌던 인상이 틀렸음이 드러났을 때 그 우발적인 실수를 고쳐준다. 그러나 더 넓은 현상에 대해 합리적인 견해를 가지기 위해 숫자를 정확하게 파악할 필요는 없다. 정치적인 쟁점에 있어서도 마찬가지다. 그렇기 때문에 나는 여러분이 비록 그 숫자를 내놓기 위해 엉뚱한 예측을 했으리라는 사실에도 불구하고 국가의 의료보험제도가 지출하는 수준에 대한 의견을 가지고 있으리라고 자신 있게 예측할 수 있다.

또한 숫자를 안다는 것 또는 알지 못한다는 것은 숫자와 관련한 우리의 전반적인 능력이라는 맥락 속에서 이해되어야 한다. 인간은 큰 숫자에 약하다. 우리는 그 숫자를 추정하고 이해하기 위해서 고군분투해야 한다. 이런 노력으로 인해 발생한 오류는 통계지식을 대중화하려는 여러 책들의 주요산물이다. 특히 우리는 작은 숫자는 과대평가하고 큰 숫자는 과소평가하는 경향이 있다. 이제는 킹스 칼리지 런던 정책연구소의 소장이자 전직 여론조사원인 바비 더피는 맥락화된 데이터가 사람들의 명백한 무지를 드러내는 경우가 있다고 지적했다. 한 가지 원인은 우리 대다수는 천, 백만, 십억, 조가 숫자 상 비슷한 간격을 두고 증가한다고 믿는다는 데에 있다. 또 다른 원인은 우리에겐 중심을 향해 회귀하는 경향이 있기 때문이다. 사람들은 극단적인 답이 틀렸다고 경계하며, 따라서 기회가 있다면 좀 더 중도적인 답을 고르곤 한다.

따라서 정치적 사실에 대해 '충격적인' 수준의 무지를 드러내는 정치여론조사는 그저 얼마나 많은 사람들이 질문의 주제에 구체

날날이 파헤치는 여론조사의 모든것

적인 답을 주기보다는 일반적인 숫자를 가지고 애를 쓰는지를 우리에게 알려준다. 여론조사를 통해 사람들이 자기 나라의 무슬림 인구수를 과하게 추정한다는 것이 드러나면, 종교나 편향 또는 공포와 관련해 성급히 결론을 내서는 안 된다. 그 대신, 사람들이 숫자에 관해 어떻게 생각하는지를 보여주는 일반적인 특성임을 먼저 기억하자. 또한 무지에서 비롯된 모든 충격적인 결과에 있어서 그에 걸맞은 긍정적인 발견도 할 수 있음을 의미한다.

대중은 소수인종사회에서의 범죄자 비율을 무시무시하게 높게 추정할 수 있다. 그러나 또한 대중은 긍정적인 특성에 대해서도 높이 추정할 수 있다. 예를 들어, 더 많은 소수인종들이 엄청나게 관대한 기부자라고 생각하고 있을 수도 있다. 잘못된 것은 주제가 아닌 숫자다.

우리가 너그럽게 봐야할 부분은 숫자의 무지뿐이 아니다. 다음의 질문을 고민해보자. 여러분은 브룬디의 총리 루이 르와가소레가 살해된 일이 옳다고 생각하는가, 잘못됐다고 생각하는가? 대부분의 사람들은 '살해'라는 단어를 근거로 '잘못됐다'는 답을 고르고 만족스러워 할 것이다. 다만 그가 언제 살해됐는지 모르고, 부룬디가 어느 대륙에 붙어 있는지 떠올리느라 끙끙댔으며, 또한 사실은 르와가소레가 가상의 인물일 수도 있다고 속으로 의심했을 뿐이다. '잘못됐다'는 답을 고를 때 빈약한 지식이 기반이 될 수도 있지만, 동시에 강하고 훌륭한 윤리적 입장을 바탕으로 한다.

'살해'라는 단어를 사용한 것이 강력한 단서가 되었던 것처럼, 질문 안에 포함된 단서는 사람들이 어떻게 응답할 지를 설명하는 데에 도움이 된다. 그렇기 때문에 내가 '무지의 응답'이라고 부르는 것이 가치를 지닌다. 무지의 응답들은 여전히 우리에게 그 단서와 영향력에 관해 진술한다. 무지한 응답일 수 있지만, 논리적인 응답일 수도 있다. 그 무지가 심지어 합리적일 수도 있다. 어쨌든, 우리는 루이 르와가소레의 살해에 대해 견해를 가지기 전에 그에 대해 알기 위해 정말로 얼마나 많은 시간을 투자해야만 할까? 마찬가지로, 시간을 투자해서 다양한 정부부처의 총지출을 상세하게 알아내는 일은 정말로 어느 정도나 유용할까? 또한 일단 그 모든 숫자들을 전부 암기하고 나면, 지출이 많아져야 할지 삭감되어야 할지에 대한 여러분의 견해는 얼마나 크게 변할까? 정치학자 앤서니 다운스가 지적했듯, 유권자들은 합리적으로 무지할 수 있다.

결과적으로, 어떤 쟁점에 대한 대중의 견해가 여러분의 취향에 맞지 않을 때 그 쟁점에 대한 대중의 지식수준을 파헤쳐보고 여러분이 해야 할 일은 사람들이 더 잘 알게 되도록 교육하는 게 전부라고 생각한다면 핵심을 놓칠 수도 있다. 정부가 지출하는 대외원조의 예를 들어보자. 여러 차례 여론조사를 통해 사람들은 정부가 실제로 지출하는 것보다 더 큰 규모로 대외원조를 하고 있다고 생각하며 따라서 이를 삭감하고 싶어 한다는 것이 반복적으로 밝혀졌다. 그러나 자신들이 생각했던 것과 비교해서 정부가 얼마나 적은 돈을 지출하는지에 대한 진실을 깨닫게 된다면 어떨까? 그래도 이 사람들은 여전히 예산을 삭감해야 한다는 입장을 고수하는 경우가 많다. 미국과 영국에서 진행된 연구에서 밝혀졌듯, 사람들의 의견을 가장 쉽게 바꿔놓을 수 있는 버전의 진실은 전체 정부 지출에서 대외원조가 차지하는 비율을 제시하는 것이다. 양국 모두에서 대외원조 비율은 1퍼센트 미만이었다. 이런 종류의 지출 수준에 대해 아무런 정보도 제공하지 않은 채 질문을 받는다면 영국인들은 64퍼센트 대 8퍼센트로 지출이 지나치게 많다는 응답을 선택하며 미국인들의 경우는 63퍼센트 대 8퍼센트다. 대외원조예산이 얼마나 작은지에 대한 정보가 주어졌을 때, 이 비율은 영국에서 43퍼센트 대 12퍼센트로, 미국에서 50퍼센트 대 11퍼센트로 바뀐다. 눈에 띄게 변화했지만, 진실을 알고서도 두 국가 모두에서 선호하는 응답은 여전히 국제적인 원조를 줄여야 한다는 것임을 눈여겨보자.

이 설명은 다시 한 번 정치여론조사의 표현법이 중요하다는 것을 보여준다. 질문을 할 때 대외원조 지출의 수준에 관한 맥락과 세부사항을 제시하자 좀 더 호의적인 응답들을 얻어낼 수 있었다. 그러나 동시에 해외원조의 지지자들은 원조의 총 예산에 대해 대중의 잘못된 정보를 교정해주어야만 큰 이득을 얻을 수 있음을 보여준다.

무지에서 나온 응답은 그 쟁점이 점차 세간의 이목을 끌고 사람들이 더 자세히 알게 되면 분명 변화를 잘 받아들일 수도 있다. 또한 전반적인 상황에서 사람들의 의견이 변변치 못한 지식을 바탕으로 하고 있는지를 알 수 있는 유용한 부분이기도 하다. 이 때문에 사람들이 주제에 관해 아는 게 없을수록 '잘 모르겠다'라는 보기를 줌으로써 중도의 답을 피하는 것이 낫다. 그렇지 않다면 여론조사기관들은 정말로 '잘 모르는' 사람들 때문에 진짜 중도의 답이 오염되는 위험을 겪게 된다.

그러나 무지의 응답에는 그렇게 드러난 무지가 응답을 결정했다고 가정하는 실수가 따라올 수 있다. 또는 사실은 무지가 언제나 응답에 손상을 입힌다고 가정하는 실수를 저지를 수도 있다. 루이 르와가소레에 관해 아는 것이 없다고 해서 정말로 그의 사건에 있어서는 살해에 대한 혐오감이 그럭저럭 줄어든다는 의미가 되는가?

이와 같은 이유들로 나는 여론조사에 대한 설득력 없는 비판들을 발견한다. 조사 주제에 관해 무지한 사람들의 견해들을 포함한다는 점에서 헐뜯는 것이다. 예를 들어, 유권자들은 현재의 예산 상태를 알지 못함에도 불구하고 균형예산의 장점에 관해 의견을 밝히게 된다. 우리는 사건의 이상적인 상태가 무엇인지 의견을 가지기 위해 현 상태를 확실히 알 필요는 없다. 그럼에도 불구하고 무지의 응답은 사람들의 일반적인 세계관을 보여줄 수 있다.

게다가, 지식검사를 통과한 사람들에게서 나온 의견들만 인정

하는 것은 우월의식으로 통하는 지름길이다. 다른 경우에는 심사
위원단의 일원으로서 인생을 바꿀만한 결정을 내릴 수 있을 만큼
훌륭하게 취급당할 사람들을 여론조사에서 배제하게 되는 것이
다. 무지에 기반한 응답을 주의하되, 우월주의에 빠지지는 말자.

가상의 선택이
지닌 가치

1996년 봄과 여름, 독일 드레스
덴의 연구자들은 이례적인 방식
으로 대면조사와 전화조사를 실
시했다. 이들은 사람들에게 정치
인에 관한 견해를 물었는데, 단지 그 정치인이 가상의 정치인이었
다. 연구자들이 생각해낸 정치인들이었다.

사람들은 이 요구에 어떻게 반응했을까? 사람들은 질문에 답함
으로써 반응했다. 사실, 꽤나 많은 답이었다. 7퍼센트에서 15퍼센
트 사이의 응답자들은 자신이 당연히 아무 것도 알지 못하는 사람
에 관해 의견을 피력했다.

마찬가지로, 사람들은 가상의 쟁점이나 가상의 법안에 관한 질
문을 받을 때 자신의 의견을 표한다. 실제로 존재하지 않는 영국
의 공무법 이 법안의 이름은 1978년과 2013년 미국 연구에서도 동일하게 사용됐다에 관
해 의견을 묻는 유고브의 실험은 무슨 일이 벌어지고 있는 지에
대한 실마리를 제공했다.

2013년 4월 유고브는 대략 영국 국민 다섯 명 가운데 한 명이

제3장 여론조사 질문의 옳고 그름

167

존재하지 않는 법안에 관해 기꺼이 의견을 제시한다는 것을 발견
했다.

**일부 사람들은 1975년도 공무법을 폐지해야 한다고 말한다. 당신
은 여기에 동의하는가, 동의하지 않는가?**

동의한다: 9퍼센트

동의하지 않는다: 9퍼센트

어느 쪽도 아니다: 82퍼센트

정당의 이름이라는 신호가 질문에 더해지자 '어느 쪽도 아니다'
라는 안전한 응답을 했던 비율은 다소 떨어졌다.

**일부 보수당 정치인들은 1975년도 공무법을 폐지해야 한다고 말
한다. 당신은 여기에 동의하는가, 동의하지 않는가?**

동의한다: 9퍼센트

동의하지 않는다: 16퍼센트

어느 쪽도 아니다: 75퍼센트

**일부 노동당 정치인들은 1975년도 공무법을 폐지해야 한다고 말
한다. 당신은 여기에 동의하는가, 동의하지 않는가?**

동의한다: 9퍼센트

동의하지 않는다: 10퍼센트

어느 쪽도 아니다: 81퍼센트

이외에도, 이 상세한 분류에 따르면 정당의 이름을 언급한 각 사례에서 정당은 지지자들이 계획에 우호적인 방향으로, 반대자들은 반대하는 방향으로 움직이게 만들었다. 상대적으로 그 변화는 작았고 각 당에서 나온 응답의 표본도 작았다. 그러나 이 패턴은 일관적으로 나타났고, 따라서 신뢰할 수 있었다. 2013년 미국에서 행해진 연구에서도 이런 패턴이 일치했다. 마찬가지로 '오바마 대통령' 또는 '의회의 공화당원들'이라고 언급하자 사람들의 응답은 정당 선호도에 맞춰 바뀌었다.

가상의 선택이 우리에게 보여주는 것은 사람들이 답을 찾아내는 데에 도움이 될 단서로서 당파적인 신호를 질문 안에서 찾아내는 정도다. 여론조사에 참여할 기회가 드물고, 더군다나 속임수 질문을 하는 여론조사에 참여할 기회는 더욱 드물다보니, 사람들은 그 속임수의 특성을 깨닫지 못한다 하더라도 조롱거리가 되어서는 안 된다. 이들은 연구라는 미명 하에 윤리적이기는 하나 정교하게 꾸며진 사기를 당하는 입장이다. 여론조사기관은 의도적으로 오도하는 질문으로 응답자들을 속이려고 함에도 불구하고, 여전히 사람들은 논리적으로 일관적인 대답을 내놓기 위해 충분한 단서들을 찾아내려 안간힘을 쓴다.

우리의 결과는 가상의 쟁점에 대한 응답이 어떤 '정신적 동전 뒤집기'에 의해 임의적으로 만들어진 것이 아니라는 관점을 지지한다. 그 대신에 응답자들은 질문의 의미일 것이라고 여기는 것을 적극적으로 찾아내고, 비록 당파적인 충성도와 현재의 정치담론이라는 필터를 거칠망정 자신만의 관점에서 응답한다.

그렇다면 그 응답은 가치 없는 것이 아니다. 사람들이 사용하는 단서가 무엇인지 그리고 그 단서들이 얼마나 중요한지를 알려주기 때문이다. 어떤 질문예를 들어, 법안이 폐지되어야 하는가?에 대한 답이 사실은 다른 질문당신은 노동당을 좋아하거나, 싫어합니까?에 대한 답인 것이다. 따라서 다시 한 번 말하지만, 답을 이끌어낸 표면적인 질문과 질문에 담긴 진짜 질문이 다를 수 있음을 기억하는 한 그 응답은 유용하다.

여러 개의 논점을 담은 질문의 가치

지금껏 보았듯, 나와 결혼을 하겠냐는 질문을 제외하고는 단 하나의 질문만으로는 상황을 이해하기에 충분치 않다. 그러나 불행히도 정치적 쟁점에 관해 여론조사를 할 때면 그런 관행이 널리 퍼져 있다. 진지한 연구 프로젝트에서도 가끔 여러 개의 질문을 활용하기 때문에, 반드시 단 하나의 질문을 하는 방식으로 진행될 필요는 없다. 예를 들어, 영국 사회적 태도 조사British Social Attitudes Survey는 일반적으로 어떤 주제를 철저히 파고들 수 있는 약 40개의 질문들을 사용한다. 그러나 가장 큰 압력단체이자 최적의 자원을 갖춘 정치운동인 매체는 예산이 충분치 않다. 그래서 훨씬 더 작은 수의 질문에 의존하며, 여기에는 위험이 뒤따른다.

1940년 조지 갤럽과 그의 직원들 그리고 선구적인 동료 여론조사원이자 훗날 캐나다 외교관이 된 사울 포브스 래이는 《민주주의의 맥박The Pulse of Democracy: The Public-Opinion Poll and How It Works》을 출간했다. 부록 1에 안전하게 숨겨진 것은, 당시 유럽에서 진행 중이었으나 아직 미국은 참전하기 전이었던 전쟁에 관해 미국 대중들이 답한 여론조사 결과를 담았다. 한편에서는 사람들은 전쟁에서 아무 것도 하지 않기를 열망했다. "참전하지 말자"는 1939년 5월과 12월 "오늘날 미국인 앞에 놓인 가장 치명적인 쟁점"으로 꼽혔다. 게다가 1939년 11월 미국인의 59퍼센트는 "제1차 세계대전에 참전했던 것은 미국의 실수"라고 생각했다28퍼센트는 반대했다. 따라서, 어쩌면 놀랍지도 않지만 1939년 4월에는 오직 50퍼센트만이 "전시에 우리가 영국과 프랑스에 군수물자를 팔 수 있도록 법이 바뀌어야 한다"는 데에 동의했다37퍼센트는 반대했다.
1939년 9월 1일 독일이 폴란드를 침략했지만 미국 여론이 전쟁에 찬성하는 쪽으로 변화하는 중대한 움직임은 보이지 않았다. 그해 10월, 91퍼센트는 미국이 전쟁을 선포하고 독일과 싸우기 위해 육군과 해군을 파병해야 한다는 데에 동의하지 않았다. 오직 27퍼센트만이 "독일이 영국과 프랑스를 이길 것으로 보이면...미국은 독일을 상대로 전쟁을 선포하고 육군과 해군이 전투를 벌이도록 유럽에 파병해야 한다,"고 동의했다65퍼센트는 반대했다.

그러나 다른 질문들에서 여론이 어떻게 미국의 개입에 찬성하게 움직일 수도 있는 지를 보여주는 힌트를 찾아볼 수 있었다. 1939년 7월 43퍼센트는 영국을 가장 좋아하는 유럽국가로 뽑았고, 오직 3퍼센트만이 독일을 선택했다. 게다가 59퍼센트는 10월에 "미국은 영국과 프랑스가 전쟁에서 이기도록 돕기 위해 가능한 모든 일을 해야 한다. 단, 우리가 직접 전쟁에 나가는 것은 제외한다"라고 찬성했다36퍼센트는 반대했다. 연합군이 전쟁에서 이길 것이라는 상당한 자신감83퍼센트가 9월에 그렇게 생각했다에 더해, 미국국민들은 참전을 원치 않았지만 영국과 프랑스가 이기길 바랐으며, 두 국가에게 유리하게 상황이 흘러갈 것이라 기대했기 때문에 한 발 물러난 입장에서도 연합군이 이기길 바랄 수 있던 그림이 그려진다. 그 덕에 만약 전쟁이 불리하게 흘러가면 개입주의 정책을 지지하는 쪽으로 바뀔 수 있는 그럴 듯한 길이 열렸고, 1940년 프랑스가 함락되자 미국이 참전했다.

여러 응답으로부터 얻어낸 전반적인 그림은 당시 미국 여론을 묘사하기 위해 활용할 수 있는 단 한 가지 대답만 선별했을 때보다 훨씬 더 유용한 정보들을 전해줬다. 교훈은? 단 하나의 독립된 쟁점에 대해 묻는 질문에는 주의하자. 특히나 기득권을 가진 집단이나 조직 또는 대중의 눈을 사로잡을 표제를 원하는 언론사들이 내세우는 질문처럼 보일 때는 더욱 그렇다. 여러 개의 질문들을 기반으로 한 보고가 더 낫다.

목록 실험

가끔 여론조사 질문들에서 생기는 문제는 표현법이 아니라 솔직한 대답을 주려는 사람들의 의지다. 때로는 주제 때문일 수도 있고 은밀한 개인행동에 관한 질문 등, 아니면 환경 때문일 수도 있다 내 응답 때문에 정부가 뭔가를 할 수도 있다는 두려움 등. 이를 피해갈 수 있는 현명한 방법은 '목록검사'를 사용하는 것이다. 목록검사는 익명성의 정도를 유지하면서 사실을 확인할 수 있는 접근법으로, 인종차별이나 마약사용 등의 주제를 여론조사 할 때 특별히 사용된다. 표본의 절반에게 한 세트의 질문들이 주어지는데, 모두가 솔직하게 응답하는 데에 전혀 거리낌이 없을 질문들이다. 이 질문지는 여론조사원에게 각 질문의 답을 차례로 말하는 것이 아니라, 총 몇 개의 질문에 '그렇다'라고 대답했는지 알려줄 것을 요구한다. 나머지 표본의 절반에게도 동일한 질문들이 주어지지만, 여기에 문제가 되는 질문이 하나 추가된다. 이 표본에게도 역시 총 몇 개의 질문에 '그렇다'라고 대답했는지 요구한다. 두 집단 사이에서 총합의 차를 구했을 때 각 개인의 익명성은 지켜주면서도 얼마나 많은 사람들이 문제가 되는 질문에 '그렇다'라고 대답했는지가 드러난다.

이는 사회적으로 바람직한 응답을 포함한 주제들로 정치 여론조사를 실시할 때 자주 사용될 수 있는 깔끔한 기술이다. 예를 들어, 개인세금감면과 공공서비스 예산 확대 사이에서 투표에 대한 태도나 상대적인 선호를 알아볼 때 등이다.

질문의 순서

TV 코미디 시리즈 <예스, 프라임 미니스터>의 한 에피소드에서 고위공무원 험프리 애플비는 국가복무제National Service, 모든 십대 청소년이 의무 군복무를 하는 제도를 다시 도입하길 바라는 총리를 만난다. 총리는 대중들이 좋아하는 아이디어를 보여주는 여론조사를 봤다는 이야기를 애플비에게 한다. 그에 대응해 애플비는 그 반대의 여론을 보여줄 수 있는 또 다른 여론조사를 어떻게 의뢰할 수 있는지를 후배동료에게 설명했다. 애플비는 후배에게 다음의 질문에 순서대로 답하도록 했다.

당신은 직업이 없는 젊은 사람들의 수를 걱정합니까?

당신은 십대 청소년들 사이에서 범죄율이 증가하는 것을 걱정합니까?

당신은 공립 중고등학교에 규율이 없다고 생각합니까?

당신은 젊은이들이 살면서 어느 정도 권위와 리더십을 원한다고 생각합니까?

당신은 젊은이들이 도전에 응할 것이라 생각합니까?

당신은 국가복무제의 재도입을 호의적으로 받아들이시겠습니까?

마지막 질문이 나오자, 처음에는 국가복무제에 반대했던 애플비의 동료는 뜻밖에도 호의적인 답을 하게 됐다. 마지막 질문이 그 자체로 유도하고 있으며"...재도입을 호의적으로 받아들이시겠습니까?", 또한 결정적으로 여러분이 특정한 방향으로 생각하게 만들도록 설계된 순서에 따라 연속되는 질문이 나온다.

증거가 보여주듯이 이 일련의 질문들은 꾸며낸 것이지만 효과는 실질적이다. 한 가지 현실 사례가 1990년대에 실시된 영국의 정치여론조사에서 나온다. 몇 년 동안 갤럽은 다른 여론조사기관들보다 자유민주당에 더 높은 지지율을 보여주었다. 질문순서가 이를 가장 잘 설명해줄 수 있는데, 갤럽은 투표의향을 묻기 전에 우선 정당 대표에 대한 사람들의 의견에 관해 묻기 때문이었다. 반면에 다른 여론조사기관들은 투표의향을 먼저 물었다. 당시 자유민주당 대표이자 전직 스파이인 패디 애시다운의 인기 덕에, 정당 대표에 대해 먼저 생각해보게 만드는 질문은 응답자들이 총선에서 자유민주당을 위해 투표하겠다고 말할 가능성을 높여주었다. 이와 비슷하게, 여론조사기업 해리스는 지난 수십 년 동안 워밍업 질문들을 사용했다.

이 질문들은 응답자들을 미리 조정하기 위해 설계된 것이 아니며, 간단하고 짧다. 그러나 이 질문들이 가질 수 있는 한 가지 부분적인 효과는 예비질문 대부분이 두 개의 주요정당에 관련되다보니, 자유당은 동등한 고려에서 밀려나게 된다는 것이다.

또는 미국 정치에서 사례를 찾아보자면, 퓨 리서치 센터의 실험을 통해 질문순서가 사람들이 사회보장제도와 메디케어에 돈을 쓰는 것을 얼마나 예민하게 보는지에 영향을 준다는 것이 밝혀졌다.

우리는 1024명의 응답자에게 개별적인 그러나 비슷한 표현법을 쓴 질문 세 가지를 물었다. 재정적자를 줄이기 위해 조치를 취하는 것이 중요한지 또는 1 빈민층을 돕기 위한 프로그램에 지출하는 비용을 현 수준으로 유지하거나 2 군사비 지출을 현 수준으로 유지하거나 3 사회보장제도와 메디케어 혜택을 그대로 유지하거나 하는 것이 더 중요한지를 묻는 것이었다. 세 가지를 묻는 순서는 임의

적이었으며, 이는 응답자마다 달라진 순서에 따라 질문을 받는다는 의미였다.

군사지출과 구호 프로그램에 관한 질문에 앞서 사회보장제도와 메디케어 질문을 먼저 받은 응답자들 가운데서 63퍼센트는 혜택을 현재 상태로 유지하는 것이 더 중요하다고 답했으며 30퍼센트는 삭감에 상당한 우선권을 주었다.

후에 동일한 질문을 받은 이들 중에서는 더 높은 비율72퍼센트이 혜택을 유지하는 것이 더 중요하다고 말했다. 우리는 군사비지출과 구호 프로그램을 언급한 질문들에 있어서도 유사한 패턴을 관찰할 수 있었다.

투표의향 조사라는 더 단순한 상황에서도 '올바른' 질문순서가 무엇인지는 이론의 여지가 있다. 어쨌든 선거에서 정당 대표들은 고조된 언론의 관심을 받게 마련이다. 그러므로 어쩌면 대표의 존재를 상기시키는 것은, 선거 전에 무슨 일이 벌어지는 지를 어느 정도 모의실험해보며 답을 얻기에 더 나은 방식일 수 있을까? 그러나, 물론 선거에는 단순히 정당 대표에 더욱 집중되는 관심 이외에도 훨씬 더 많은 것들이 관여하게 된다. 따라서 그저 선거의 일부분만을 흉내 내고 나머지 모의실험을 피해가려고 시도하는 일을 피하는 게 나을까? 결정적으로 옳거나 그른 접근법은 없지만, 일반적으로 설문조사에서 가능한 한 빨리 투표의향을 얻는 것

이 최선으로 보인다. 우발적인 편향의 위험성을 최소한으로 줄여주기 때문이다.

우리가 앞서 투표용지에 나타나는 이름의 순서를 논의할 때 보았지만, 조사 대상자에게 제시되는 보기의 순서 역시 중요하다. 그러나 여론조사기관은 일반적으로 표본에서 각기 다른 사람들에게 제시하는 여러 보기의 순서를 바꿀 수 있다. 그 결과 보기의 순서가 쟁점이 되는 경우가 드물며, 보통은 경험이 없거나 미숙한 이들이 여론조사를 조직할 때 벌어진다.

질문의 순서는 특히나 여러 차례의 설문조사에서 장기간의 추이를 살펴볼 때 주의해야 한다. 질문이 동일하게 유지된다 하더라도, 순서와 주변 질문들을 바꾼다는 것은 응답을 전적으로 비교할 수 없다는 의미가 된다. 그런 변화는 심지어 현실에서는 여론이 바뀌지 않았음에도 데이터의 인위적인 전환점을 만들어내기도 한다.

모든 것을 물어서는 안 된다

우리는 의도적이든 우발적이든 간에 질문이 표현법과 순서를 통해 오도된 결과를 만들어낼 수 있음을 살펴보았다. 그렇기 때문에 최소한 정확한 질문을 던졌는지를 보고, 또 되도록이면 그보다 앞선 다른 질문들의 맥락을 살펴보는 것이 중요하다. 그런 투명성은 국가마다 확연히 달라진다. 가장 높은 투명성 기준을 갖춘 영국에서조차 질문의 전체 순서가 공개되지 않는 경우가 종종 있다. 그런 질문들은 흔히 '옴니버스' 설문조사의 일부이기 때문이다 옴니버스 설문조사는 다수의 고객이 설문조사에서 자체적인 질문들을 삽입할 공간을 구입한다. 따라서 누군가가 어떤 주제에 대해 여론조사 질문들을 의뢰하고 질문의 전체 표현을 공개했더라도, 그 질문들 전에 행해진 것들, 즉 다른 고객들이 의뢰했지만 그 결과를 공개하지 않은 다른 질문들은 사뭇 알 수 없는 상태로 남아 있다. 우리 나머지는 그저 여론조사기관이 설문지를 오판하지 않았음을 믿을 수 있기만을 바라야 한다. 이는 한 쟁점에 대해 실시된 어느 한 가지 설문조사를 온전히 신뢰해서는 안 될 또 다른 이유가 된다. 우리에게 필요한 것은 다양한 각도와 다양한 순서로 쟁점을 다루는, 다수의 질문과 다수의 여론조사다.

그러나 마지막으로 한 가지 문제가 있다. 얼마나 노련하게 생성했든지 간에 일부 질문들은 묻지 않은 채 남겨지는 것이 가장 좋다. 잘 알려진 사례로, 빌 클린턴 대통령은 자신의 여론조사 고문인 딕 모리스가 유권자들과 함께 하는 것이 가장 좋겠다고 조언함에 따라 가족휴가 장소를 선택했다. 특별히 의뢰한 여론조사 결과에 따라 클린턴 대통령은 먼저 선택했던 고급스러운 마사스 빈야드Martha's Vineyard 섬이 아니라 좀 더 대중적으로 알려진 로키산으로 휴가지를 변경했고 재선에 성공한 이후에는 다시 마사스 빈야드로 휴가계획을 바꿨다. 아마도 로키산을 방문한 것이 재선에 도움이 되었을 것이다. 그렇든 아니든 간에, 그런 조사를 실시하지 않았다면 정치인들이나 정치에 더 나았으리라. 여론조사는 그저 바람직하지 않은 질문에 정확한 대답을 주는 것을 도왔을 뿐이니까.

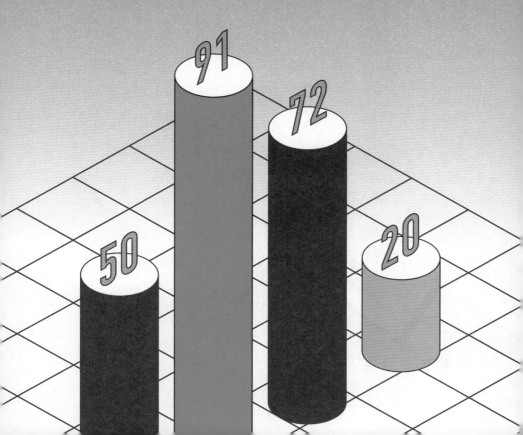

제 4 장

문제는
투표의향?

"가장 중요한 쟁점에 관한 여론을 권위 있는 방식으로 추정하는 것...
이는 매일 최종득표수를 어림짐작하는 것보다 훨씬 더 중요했다."

- 총리 해럴드 윌슨

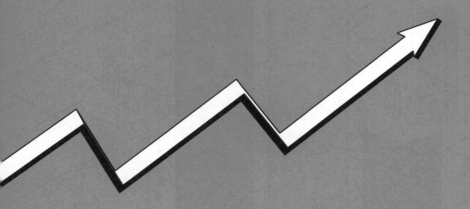

민주주의에서 정치는 투표로 귀결된다. 가장 인기 있는 정당 대표가 된다고 해서 선거에서 이긴다는 의미가 아니다. 그날의 가장 핫한 쟁점에서 가장 인기 있는 입장을 취한다고 해서 선거에서 이긴다는 의미가 아니다. 중요한 것은 투표이고, 최종적으로 권력을 안겨주는 것은 투표에서 비롯된 의석_{또는 미국 대선에서의 선거인단 투표}이다. 이런 관점에서 여론조사가 투표의향 이외의 것을 다루는 것은 옆길로 새는 일이다. 옆길로 새면서 맥락을 짚을 수도 있지만, 그래도 옆길은 옆길이다. 본경기는 투표의향에 대한 질문이다.

그러나 혹자는 '경기'라는 말에 울컥할 수도 있다. 한낱 경기보다는 정치가 중요한 것 아닌가? 인기투표에서 누가 지금 올라가고 누가 내려간 지보다 통치가 더 중요하지 않은가? 매체가 누가 앞서고 누가 뒤쳐졌는지 같은 정치의 경마 경기적인 측면에 집중했고 여론조사가 이를 촉진하고 부추겼다는 점이 여론조사의 역사에서 논란을 일으킨 원인이 되어왔다는 점은 놀랍지 않다.

조지 갤럽 자신도 여론조사를 옹호하기 위해 스포츠를 은유로 들었다. "축구경기에서 관객들이 전반전에 누가 앞섰는지 알 수 없다면 이 스포츠가 얼마나 의미도 없고 재미도 없을지 상상해보자." 그러나 축구에서는 전반전에서 여러분이 기록한 골_{또는 미식축구에서는 터치다운}은 시합 마지막에 총 득점수로 합산된다. 임기의 처음 절반 동안 여론조사에서 앞서있다고 해서 선거일에 전혀 보탬이 되지 않는다.

더 비교하기 좋은 대상으로는 주가가 있다. 정치여론조사와 마찬가지로, 주가를 책임진 사람들이 어떻게 성과를 보이는지 보여주기 위한 경영성적표를 제공한다. 여론조사와 마찬가지로 현 성적에 쏠리는 관심의 정도는 장기적으로 본질을 바로 잡는 것에 초점을 맞추는 것보다 단기적인 즐거움을 우선시한다는 점에서 비판 받는다. 그러나 주가와 마찬가지로, 현재의 성적에 관심을 가지는 것에는 장점이 있다. 개략적이고 완벽하지 않은 방식으로 권력을 가진 자들에게 책임을 추궁한다는 것이다. 형편없는 여론조사 평가와 형편없는 주가 성과는 책임자에게 수준을 끌어올리라는 압박을 가한다.

그러나 현재의 점수를 매기기 위해서는 투표의향이 뒤따라야만 하는가? 일부 전문가들은 의회제도에서 여론조사를 살펴볼 때 당의 투표의향 통계보다 정당 대표 평가가 더 중요하다는 생각에 끌리고 있다. 유명한 폴리티컬 베팅Political Betting 웹사이트를 만든 마이크 스미스선은 정치평론가로는 드물게, 정치 베팅을 통해 자신이 한 말을 문자 그대로 그리고 성공적으로 행동으로 보여준다. 그는 2020년 트위터를 통해 "투표의향 여론조사에 대한 영국의 우스꽝스러운 도착증"을 언급하며 "특히나 투표의향이 정당 대표 지지율과는 다른 모습을 드러낼 때 더욱 심해진다"라고 했다. 마이크 스미스선의 초점은 선거일이 가까워질수록 투표의향질문으로 바뀌지만, 선거일보다 훨씬 앞선 시기에는 정당 대표 평가의 가치가 다가올 다음 선거에서 무슨 일이 일어날지를 예측한다고 강조한다. 2020년 영국 총선이 치러지고 6개월 후그리고 이론 상으로 다음 선거보다 4년 전에 그는 다음과 같이 썼다.

총선이 실시되기 전 이 단계에서 나는 투표의향 여론조사보다 리더
십 점수에 더 많은 관심을 기울인다. 과거에 표본으로 추출되었던
이들에게 간단히 의견을 묻는 것이다. 반면에 투표에 관한 질문을
한다는 것은 이들이 심지어 참여하지 않을 수도 있는 3년 또는 4년
안에 무엇을 할지 또는 안 할 지를 예측하려는 셈이다. 1992년과
2015년 등 실제 선거에서 실험해봤을 때, 투표에 관한 조사가 틀린
반면에 정당 대표 평가가 올바른 결과를 내놓았다.

왜 정치인들의 지지율이 투표의향보다 더 나은 기준이 되는지
를 알려주는 두 가지 다른 이유가 있다. 하나는 이 지표가 더 정확
할 수 있다는 점이며, 다른 하나는 미래의 변화를 훨씬 잘 예측할
수 있다는 점이다.

지지율 질문은 보통 투표의향 질문들과 동일한 설문조사를 통
해 조사한다. 별도의 설문조사로 물을 때조차 지지율은 동일한 표
본과 가중법을 통해 측정된다. 따라서, 여론조사 방법론에 문제가
있다면, 어느 한쪽만 살펴보는 것은 도움이 되지 않는다. 단, 한 가
지 예외가 있으니, 투표의향 질문들은 사람들이 무엇을 할지 묻
는 것이라면 지지율 질문은 그저 사람들이 무엇을 생각하는지 묻
는다는 점이다. 따라서 전자는 사람들의 질문을 후자와 마찬가지

로 액면가 그대로 받아들이지 않는다. 투표의향 질문에서 여론조사기관들은 "잘 모르겠다", "확실하지 않다" 또는 "결정하지 못했다" 같은 유형의 응답들을 있는 그대로 남겨두는 경우가 거의 없다. 사람들이 "잘 모르겠다"라고 응답했을 때, 여론조사 방법론에 따라 이들을 좀 더 촉구하게 되며, 아마도 지난 선거에서 어떻게 투표했는지를 고려하기도 한다. 예를 들어 지난 선거에서 국민당에 표를 던진 '잘 모르겠다'의 응답자는 총계를 낼 때 절반의 국민당으로 계산하기도 한다. 그러나 정치인 평가 질문에서는 보통 이런 식으로 후속적인 압박을 가하지 않는다. "잘 모르겠다"는 "잘 모르겠다"로 남는다. 따라서 정치인 평가 통계_{지지한다/지지하지 않는다,} _{좋아한다/좋아하지 않는다, 잘한다/잘 못한다}는 일반적으로 합계가 100퍼센트가 되지 않거나 심지어는 그렇게 가까운 숫자가 나오지 않기도 한다. "잘 모르겠다"와 "확실하지 않다"는 제외된다. 투표율에 대해서도 마찬가지로, 투표의향 질문은 보통 사람들이 투표할 가능성이 얼마나 되는지에 따라 보정된다. 반면에 정치인 지지율은 종종 이런 보정 없이 계산된다.

응답을 도출하기 위해 압박한다거나 정치인 지지율을 보정해서 투표율을 산정하지 않았다는 것은 그로 인해 잘못될 부분이 더 적다는 의미다. 그러나 이를 대조해서 확인해볼 진실이 존재하지 않는다. 투표의향의 경우에는 방법론을 대조해서 확인해볼 수 있는 투표결과가 있다. 지지율의 경우, 대조해볼 사실이 없다. 따라서 방법론은 더 단순할 수 있지만 잘못될 경우에도 알아차리기가 더

날닐이 퍼레지는 여론조사의 모든 것

어려울 수 있다.

　그렇다면, 미래를 예측하기에는 투표의향 수치보다 정치인 평가가 더 좋은 방법이라는 주장은 무엇일까? 어쩌면 유권자들은 처음에 정당 대표가 싫어지기 시작하고, 그 다음 투표할 대상을 바꿔버리는 추가적인 행동을 하게 되는 걸까? 학문적인 연구증거는 한정적이다. 부분적으로는, 정당 대표 평가의 효과를 다루는 연구는 미묘하게 다른 곳에 초점을 맞추고 있기 때문이다. 보통은 정당 대표의 인기가 당의 인기에 큰 영향을 미치는가 여부가 중심이 된다. 2001년 한 논문에서는 "유권자들이 정말 그 정도로 정당 대표의 이미지에 신경을 쓰는가? 분명 이 문제에 대해서는 합의된 바가 없다."라고 언급했다. 그러나, 정당 대표 평가가 득표율을 끌어가는 추진요인이 아니라 할지라도, 여전히 추후에 득표율이 변화하는 것을 보여주는 주요지표가 된다. 이 부분에 있어서 또 다른 연구는 "정당 대표 지지율은 일반적인 선거 득표율보다 훨씬 변덕스럽다. 그리고 오직 정당 대표 지지율에만 초점을 맞추는 것은 거대정당들, 그 중에서도 특히 노동당에게 과할 정도로 비관적인 예측을 안겨준다."라고 결론 내렸다. 이 연구와 그 외의 연구들에서 증거는 한정되어 있고 분명치 않다.
　게다가, '정당 대표 평가'를 규정할 수 있는 다양한 방식들이 많이 있다. 예를 들어, 정당 대표 딘 키튼의 경우 응답자의 45퍼센트가 지지하고 30퍼센트가 반감을 가지고 있어서, 지지율이 15퍼센트 더 높다고 하자. 이를 경쟁당의 대표인 데이브 쿠잔과 비교해보자. 쿠잔의 경우 40퍼센트가 지지하고 25퍼센트가 반감을 가지고 있어서, 역시나 지지율이 15퍼센트 더 높다. 이제 국가의 차기 지도자 자리를 두고 선호도에서 대접전이 벌어진다고 상상해보자. 키튼이 51퍼센트 대 49퍼센트로 2퍼센트 격차로 앞서나가고 있다. 우리는 위에 나오는 모든 숫자 가운데서 어디에 관심을 기울여야 할까? 키튼의 45퍼센트? 아니면 순전한 15퍼센트? 또는 2퍼센트의 격차? 어쩌면 0퍼센트_{두 대표 모두 지지율이 15퍼센트 더 높다}? 그리고 보여주어야 할 측정기준은 무엇일까? 지금으로서는 투표의향보다 더 나은 지표일까? 또는 미래의 투표의향 변화를 보여주는 대표적인 지표일까? 그렇다면, 그 미래는 얼마나 멀리 떨어져있는가?

이 모든 방안들을 한데 모아보자. 그러면 항상 매번 다른 방안을 골라서 조합한 뒤에 "봐봐, 이렇게 하는 게 투표의향보다 더 유용했네!"라고 말할 수 있을 것이다. 그러나 조합의 방법을 계속 바꿔야만 한다면, 다음번에는 어떤 방안을 고를지 알 수 없기 때문에 예측을 위해서는 쓸모가 없어진다. 그렇다면 여론조사원 매트 싱이 다음 선거에서 예상 득표율을 계산하기 위해 투표의향보다는 정당 대표 평가를 살펴보는 것의 가치에 회의적인 것도 당연하다. "이 아이디어에는 너무 많은 버전이 존재합니다. 저는 제가 뭘 평가하려고 하는지도 정말 모르겠어요."

더욱 상황을 복잡하게 만드는 것은 정당이 대표를 바꿀 수 있다는 사실이다. 정당 대표의 평가가 악화될수록 정당이 선거 전에 대표를 바꿀 가능성은 더 높아지는, 예상을 거스르는 티핑포인트가 있을 수 있다. 그렇게 되면 다음 선거에서는 정당 지지율이 더 높아질 수 있다.

게다가, 정당 대표 평가의 의미는 시간이 흐름에 따라 바뀔 수 있다. 팬데믹이나 전쟁처럼 새로운 사건은 대중이 지도자들로부터 바라는 속성을 바꿔놓거나, 팀과 비교했을 때 지도자의 중요성이 바뀔 수도 있다. 그러나 무엇이 중요한지에 대한 평가가 바뀌면, 투표와 정치 그리고 인생 전반에 영향을 미치게 된다. 따라서 일부 여론조사 비평가들이 말하는 바와는 대조적으로, 이 변화는 이롭다. 수프의 은유법을 다시 써보자면, 여러분에게 어느 주방 도구가 가장 유용한지 묻는 여론조사와도 같다. 수프를 앞에 두었다면 숟가락이라 답할 것이다. 수프를 스테이크로 바꾸면, 여론조사에서 여러분은 칼이라고 대답할 것이다. 환경이 바뀌면 견해도 바뀐다. 그리고 여론조사는 이를 반영하는 것이 낫다.

복잡한 문제들과 단서조항들 그리고 어쩌면 이 모든 것은 지지율 때문에 투표의향을 폐기처분하지 말아야 할 이유가 된다. 그러나 지지율은 안전망으로서 그리고 혹은 투표의향이 쉽고 유연하게 바뀔 수 있을지 여부를 보여주는 지표로서 주목할 만한 가치가 있다. 특히나 그렇게 함으로써 여러분이 선거운동을 벌이는 사람들이 하는 행동을 충실히 비춘다는 점에서 가치 있다. 즉, 선거운동을 운영하는 이들이 지지율을 어떻게 관찰하고 있는지에 대한 더 나은 통찰을 안겨준다는 의미다. 버락 오바마의 전략 및 커뮤니케이션 수석고문인 댄 파이퍼는 이렇게 말했다.

기자들과 정치쓰레기들이 경마식 성적에 집착하는 동안, 정치 전문가들은 종종 여론조사의 다른 측면에 초점을 맞춘다. 선거운동 여론조사기관은 유권자가 일련의 성격적 특성과 쟁점들을 바탕으로 후보들을 어떻게 평가하는지 추적한다. 데이터 분석을 이용해서 선거운동은 이 평가들 가운데 무엇이 최종적인 지지율과 가장 밀접하게 상관관계를 가질 것인지 깨닫는다. 예를 들어, 2012년 오바마 선거운동에서 우리는 "어느 후보가 당신 같은 이들을 위해 싸워줄 것인가"라는 질문에 집착했다. 우리는 우리가 그 토론에서 이기면 선거에서 승리할 것이라 믿었다.

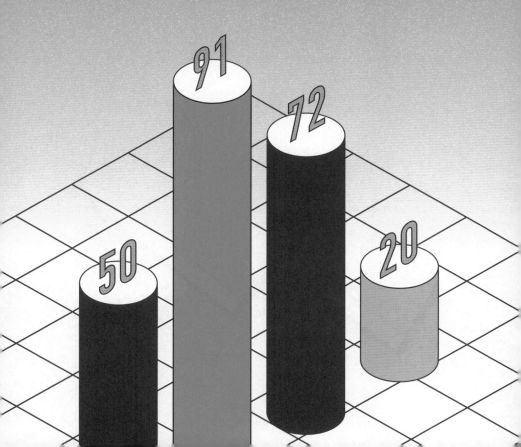

제 5 장

다른 유형의
여론조사들

"여론조사담당자가 없는 대통령행정부는 마치 국가안전보좌관이 없는
대통령행정부만큼이나 잘 될 리 없다."

– 정치학자 시드니 버바

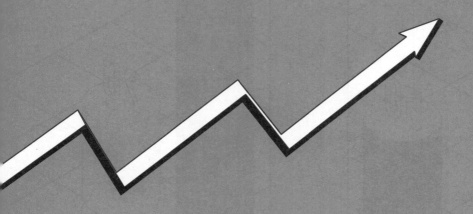

지금까지 이 책은 투표의향, 정치인 평가 또는 정책과 쟁점에 대한 관점을 다루는 공개적이고 전국적인 정치여론조사에 집중해왔다. 그러나 밀접한 관계를 가진 다른 종류의 여론조사 일족이 존재하는데, 여러 가지로 보충적이라거나 또는 더 우월한 것으로 보기도 한다. 이 일족을 만나보자.

사적이고 내부적인 여론조사

앞서 보았듯, 갤럽과 다른 여론조사원들의 성공적인 여론조사는 1936년 대중의 이목을 끌었고 여론조사와 정치의 역사에서 공고한 위치를 차지하게 됐다. 그러나 사실 1932년에야 현대적인 정치 여론조사의 탄생을 목도할 수 있었다. 갤럽 자체로부터는 인정받았으나 대부분의 사람들에게는 잊히고 만 에밀 허자의 작업 덕분이었다.

허자의 역할은 1932년 루스벨트 대통령 선거운동에 조언을 하는 것으로, 지금은 우리가 선거운동 여론조사가라고 부르는 자리였다. 그리고 그는 최초로 선거운동 여론조사를 담당한 인물이었다. 그는 우연히 우리에게 '여론조사원Pollster'이라는 단어를 선사했고이 책의 서문을 참고하자, 자신의 선구적인 기술 덕에 '워싱턴의 마법사'라는 별명을 얻게 됐다. 핀란드계 이민가정의 열두 자녀 중 둘째로 태어난 자로서는 인상적인 신분상승을 거쳐 정치적 영향력과 명성을 얻게 된 셈이었다. 일자리를 찾기 위해 나라를 돌아다니면서, 그는 정유업계에서 일을 하거나 여러 신문사를 소유하기도 하는 등 다양한 직업을 시도했다.

그는 정치를 이해하기 위해 통계적 데이터를 사용하는 데에 관심이 많았는데, 아마도 시애틀 워싱턴대학교의 프레드릭 잭슨 터너 교수 밑에서 공부하던 시절로부터 비롯됐을 것으로 보인다. 영향력 있는 논문 <미국역사에서 개척자의 의미 The Significance of the Frontier in American History>으로 가장 유명한 터너는 과거를 이해하기 위해서는 경제적·통계적 증거가 중요하다는 주장으로 허자와 다른 이들에게 깊은 인상을 안겨주었다. "통계학자의 방법은...절대적으로 본질적이다." 여기에 허자가 생산업으로부터 배운 것들이 추가됐다. 허자는 훗날 이렇게 설명했다.

여러분은 광석에 하는 것 같은 동일한 실험을 여론에도 할 수 있다. 채굴을 할 때는 광석의 표면에서 몇 가지 표본을 떼어내어, 이를 가루로 만들고, 톤 당 함유량이 어느 정도 되는지 찾아낸다. 정치에서는 유권자 구획을 떼어내어, 지난 성과에 저항하는 새로운 추이가 다양한 유권자 계층 사이에서 지지율 변화를 만들어내는지 확인하고, 현장의 유능한 관찰자들로부터 정보를 보충한다. 그렇게 선거

결과를 정확하게 예측할 수 있다.

___

허자는 당시 알래스카에서 비선출직 의원인 찰스 슐저의 비서
관으로 일하면서 정계에 진출했다. 그러나 통계와 정치, 역사에
대한 열정을 녹여내어 현재의 정치에 이바지하려던 초기의 시도
는 민주당에 의해 묵살 당했다. 그는 이런 문제들에 있어 괴짜로
비쳐졌다.

허자는 1932년 초에 민주당의 거부를 극복했고, 루스벨트 선거
운동을 위해 <리터러리 다이제스트>의 여론조사 같은 다른 기관
의 결함 있는 여론조사를 사용하도록 하는 계획을 세웠다. 그리고 여
론조사를 공식적으로 발표하기에 앞서 다량의 데이터를 얻기 위
해 인맥을 활용하겠다고 약속했다. 허자는 또한 그런 데이터가 역
사적인 선거 데이터 혹은 현장에 있는 민주당 선거운동원들이 제
공한 데이터와 결합해서 개선되는 모습을 지켜봤다. 그는 추가적
인 데이터를 얻고 싶은 욕구에 따라 심지어 대중들로부터 받은 편
지의 패턴을 분석하거나 언론사들이 실시한 사적인 가정방문조
사의 데이터도 활용했다. 나중에는 수천 종의 미국 신문사에서 매
체보도량을 추적했다.

현대적인 관점에서 보았을 때 그의 체계는 여론조사 수집가이
자 선거운동 데이터의 분석가 그리고 탐욕스러운 데이터 과학자

가 혼재하는 것과 같았다. 허자는 손에 넣을 수 있는 모든 것들을 흡수해서 루스벨트가 각 주에서 어떻게 하고 있는지를 보여주는 하나의 모델로 만들어냈다.

허자는 좋은 표본추출과 적절한 가중법의 힘을 자신에게 데이터를 제공한 그 누구보다도 잘 이해했다. 그는 왜곡된 데이터를 좀 더 정확하게 만들기 위해 결합하고 재가중치를 주었다. <리터러리 다이제스트>가 기록을 누락한 민주당의 성과를 잡아내고 통계를 바로잡기도 했다. 또한 추이의 힘도 잘 이해하고 있었다. 예를 들어, 실제 숫자가 왜곡되었을 경우에도 캠페인 메시지가 효과를 발휘하는 지를 보기 위해 대략적인 정치적 지지의 추이를 아는 것이 유용했다.

메이시스 백화점의 사장 제스 I. 스트라우스의 독립적인 노력 덕에 사람들이 정치정보에 대한 이런 식의 접근법에 관심을 가지게 되면서, 허자는 더욱 수월하게 활동할 수 있었다. 스트라우스는 민주당 전당대회 대의원들을 대상으로 대통령후보로 누구를 선호하는지 조사했고, 조사결과를 통해 루스벨트가 어느 정도 지지를 받고 있는지 밝혀지면서 선택의 방향을 바꾸는 데에 일조했다. 결과적으로, 여론조사가 유용하며 선거에 영향을 미칠 수 있다는 개념이 핵심적인 민주당 통계와 함께 유행하게 됐다. 다만 여기에서 결여되어 있던 것은 허자가 연구를 위해 쏟은 노고에 대한 존경이었다. 즉, 허자가 '위지Weege'라는 두 번째 별명을 얻게 되는 계기가 된 존경이 결여되어 있었다. 위지는 신비로운 위자보

드Ouija board, 서양에서 귀신과 소통하기 위해 사용하는 판으로, 귀신에게 질문을 하면 귀신이

위자보드 위의 포인터를 글자 위로 움직여서 대답한다 - 옮긴이에서 따온 별명이었다.

또한 루스벨트가 다양한 정보원을 통해 여론과 계속 접촉하고 평

가하는 것에 관심을 가지는 후보이자 대통령이라는 사실도 그에

게 도움이 됐다.

허자의 분석은 선거운동 활동을 배분하는 데에 사용됐고, 이 선

거운동은 심지어 그의 작업을 공개적으로 뽐내는 데에 이르렀다.

홍보자료는 얼마나 많은 데이터가 사용됐는지를 강조하며 분석

의 신뢰성을 모색했다. '신문과 잡지, 라디오 봉사자, 열차, 배, 비

행기에서 실시된 387가지의 다양한 여론조사'를 언급하기도 했

다. 선거 전 마지막 주말, 어느 보도 자료는 민주당이 "남북전쟁

이래 양당구도에서 경험했던 최악의 상태로 침몰할 것"이라고 떠

벌렸다. 이 자체는 허자가 최고라고 생각했던 정치캠페인 전략에 대해 흥미로운 이야기를 들려

준다. 선거운동가들은 보통 승리가 코앞에 있다고 주장하지 않으려고 한 발 뺀다. 지지자들이 투표

장에 나타나지 않을까 두려워하기 때문이다. 루스벨트가 압도적인 승리를 거둘

것이라는 허자와 그의 데이터는 옳았다. 일반투표에서 루스벨트

가 앞설 것이라는 그의 예측은 고작 30만 표만 빗나갔을 뿐이었

다.750만 표를 예측했으나 현실에서는 720만 표를 득표했다.

루스벨트의 승리에 이어 허자는 행정부에서 근무하게 됐고, 데

이터와 분석기술에 대한 사랑은 루스벨트 지지자들에게 관직을

주는 데에 적용됐다. 그는 자신이 받는 탄원편지들을 처리하기 위

해 암호화 체계를 개발했고, 색깔을 사용해 누군가가 관직을 받아

야 한다고 바라는 정도를 나타냈다. 예를 들어, 단순히 추천만 하는 경우에는 누런색을, 공석이 있다면 그 사람을 임명하길 바란다면 흰색을 그리고 최우선으로 누군가에게 자리를 찾아줘야 한다면 파란색이었다. 그는 공직을 당파적으로 배분한 데에 부끄러워하지 않았다. "후원은 정부를 배신으로부터 지켜준다. 친구를 공직에 앉히면 정부는 혜택을 받는다. 이들은 충성을 다해 일하고, 그저 틀에 박힌 일만 하지 않는다." 결과적으로, 일자리를 찾는 사람이라면 주요 경합지역에서 의회의 충실한 의원으로부터 보증받는 것이 최선이었다. 선거에서 인기가 필요하다면 충성스러운 친구에게 보상을 하라는 것이 허자의 초점이었다.

허자는 여러 정치 전문가의 예상과는 반대로 1934년 중간선거에서 민주당이 승리할 것이라는 예측을 계속했고, 또 승리하도록 도왔다. 다시 한 번 옳았음이 드러나자 그의 명성은 계속 치솟았다. 1936년 3월 2일에는 여론조사원으로는 최초로 <타임>지 표지를 장식했다. 이것이 어느 정도의 영예인가 하면, 그 전 주의 표지에는 히로히토 일본 왕과 소비에트 연방의 지도자 스탈린, 중국 지도자 장제스 그리고 중국의 마지막 황제 푸이가 등장했었다. 그 다음 주의 표지에는 레옹 블룸이 실렸고 블룸은 두 달 후 프랑스 총리가 됐다. 같은 해 후반기에는 히틀러, 무솔리니, 셜리 템플과 클락 게이블 등이 표지모델이었다.

허자는 최고의 정치 캠페인이 어떻게 여론조사 데이터를 사용하는지에 대한 틀을 마련했다. 즉, 캠페인의 의사결정을 인도하기 위해 신중하게 모델화하고 추이를 지켜보는 등 여론조사와 다른 정보원을 결합하는 것이다. 한 세기가 지난 후에도 그의 접근법은 여전히 세련돼 보인다.

그러나 허자는 1937년 민주당 정부를 떠났다. 부분적으로는 핀란드 대사가 되고 싶다던 그의 소망이 결코 이뤄지지 않았기 때문이었다. 또한 루스벨트의 정치적 방향성에 점차 환멸을 느꼈는데, 예를 들어 점차 떠들썩하게 기업에 공격을 가한다거나 자신이 선호하는 판결을 공고히 하기 위해 추가적으로 법관을 임명해 대법원을 채우는 등이었다. 허자는 심지어 나중에는 정식 공화당원으로 전환하기까지 했고, 공화당 의회 예비선거에서 두 번이나 실패하기도 했다. 그는 더 이상 <타임>지 표지를 장식할 만한 인물이 되지 못했다.

허자는 1940년 선거에서 예측에 실패함으로써 더욱 빠르게 여론조사와 정치캠페인의 역사에서 사라져버렸다. 루스벨트가 세 번째 연임에 승리했음에도 허자는 공화당 도전자인 웬델 윌키가 승리할 것이라고 예측했었다. 게다가, 1940년 선거는 그다지 접전도 아니었다. 허자는 더 이상 숫자의 마법사가 아니었다. 그는 1944년에도 듀이가 루스벨트를 이길 것이라고 다시 한 번 잘못된 예측을 했고, 1948년에는 듀이가 트루먼을 이길 것이라는 '틀림없는' 근거를 가지고 또 다시 틀렸다. 이후의 여러 정치여론조사 기관과 컨설턴트들에서와 마찬가지로, 인습타파적인 성공에는 당혹스러운 실패가 뒤따랐다. 그럼에도 그는 1952년 드와이트 D 아이젠하워가 압도적인 승리를 거둘 것이라는 자신 있는 예측으로 표제들을 사로잡으면서 이를 벌충했다. 반면에 다른 여론조사기관들은 1948년 대실패에 이어 좀 더 자제하는 입장이었다. 허자는 비록 아이젠하워의 선거인단투표 승리 규모는 과소평가했지만, 아이젠하워가 승리할 것이라는 점과 압도적이리라는 점에서는 옳았다.

그럼에도 불구하고 그 이후 허자가 점차 잊혀 졌다는 점이 흥미롭다. 그의 개인적인 정치논문이 엉망진창으로 흩어졌다거나, 민주당 전국위원회Democratic National Committee의 위원장 제임스 A. 팔리가 아마도 하급자에게로 쏠린 관심과 신뢰를 질투한 나머지 허자를 자신의 비망록에서 거의 지워버렸다는 식의 설명은 그 시대에 허자가 장안의 화제였음을 고려하면 충분치가 않다. 허자가 명성을 지속적으로 유지하기 위해서는 한 시절의 상사가 책 속에 이름을 넣어주는 것에 의존해서는 안 됐다.

오히려 허자가 역사 속으로 사라져버린 것은 그 혁신성 때문이었다. 그는 다른 이들이 제대로 인정받기 위해 벌이던 활동보다 지나치게 앞서 있었다. 전근대 여론조사의 약점을 알지 못한다면 허자가 이 약점을 보완하기 위해 발휘했던 기술들을 이해할 수 없을 것이다. 게다가 케네디 선거운동과 사이멀매틱스 코퍼레이션에 대한 전조라도 되듯 루스벨트는 허자의 조사를 비밀에 부쳐서 자신이 여론을 이용하는 것처럼 보이지 않길 바랐다. 그리고 1936년 특히나 능수능란한 홍보전문가 갤럽을 포함해 다른 여론조사원들이 등장해 그의 명성을 앗아갔다.

그럼에도 불구하고, 커리어의 절정에서 민주당 선거운동을 위한 허자의 내부 데이터는 외부 데이터로는 알 수 없는 상황을 밝혀냈다. 허자가 보유한 정보원의 범위 그리고 저질의 데이터를 양질의 데이터로 바꿔놓는 기술은 그가 제시하는 정보에 특별한 아우라를 선사했고, 충분히 그럴만했다. 내부 여론조사에서 풍겨져 나오는 아우라는 공개데이터의 범위와 품질이 극적으로 상승해도 여전히 남아 있다. 오늘날까지 매체들은 가끔 내부 여론조사가 신비하고 독창적인 통찰력을 가졌다고 보도함으로써, 내부여론조사가 흥미진진하고 특히나 계시적으로 보이게 만든다. 그러나 그렇지 않다.

내부적인 정치조사는 마법과도 같은 뛰어난 정보의 보고가 아니다. 내부 정치여론조사는 일반적으로 공개 여론조사와 같거나 비슷한 질문을 던진다. 게다가, 정당이나 후보가 그런 여론조사에 할당하는 예산은 소박한 경우가 많다. 적어도 미국 바깥에서는 적은 예산으로 실시되고 미국 내에서도 여러 단계의 선거에서 그렇다. 그러나 내부 정치여론조사가 해결하려고 노력하는 문제와 위험성은 대중적인 여론조사와 동일하며, 사실상 어떤 면에서는 더욱 심각하기도 하다. 특정 고객을 위해 사적으로 여론조사를 실시한다는 것은, 의도적이든 우연이든 간에 고객의 입맛에 맞게 조사결과를 왜곡할 수 있기 때문에 투명성이 결여되는 위험이 있다.

마찬가지로, 비공개 여론조사에 관한 보고서라면, 여론조사결과 가 정말로 말해주는 바를 슬그머니 넘겨버리기가 훨씬 더 쉬워진 다. 그런 보고서는 저널리스트에게 간략하거나 부분적으로만 노 출되고, 가끔은 여론조사 전문가보다는 일반적인 정치 저널리스 트가 살필 가능성이 높기 때문이다_{내부적인 정치정보를 은근히 빼내기 위해 필}

요한 저널리즘적인 기술은 여론조사 데이터가 담긴 PDF를 이해하는 데에 필요한 기술과는 다르다.

전자는 매력적인 사람이 되는 것이 관건이고, 후자는 데이터를 분석하는 것이 관건이다

가정방문 유세의 결과 혹은 정치 캠페인을 통해 수집한 데이터 와는 대조적으로, 일부 데이터가 전적으로 여론조사에서 나온 것 인지 여부를 보는 가장 간단한 수준에서도, 언론보도가 이를 명확 하게 구별하는 데에 실패하는 모습을 보는 경우가 결코 드물지 않 다. 또한 지나치게 냉소적이 되어서 가끔은 통계가 조작되었는지, 아니면 적어도 넉넉하게 가중치를 주고 반올림했는지 궁금해 할 필요도 없다. 내부 여론조사의 보도를 들었을 때 흥분하기보다는 약간은 미심쩍어하는 것이 더 현명하다.

그렇기는 하더라도 내부 여론조사는 진실하게 실시된다면, 조 사를 실시하는 정당과 캠페인이 알아야 하는 추가적인 정보를 캐 내기에 유용할 수 있다. 이를 테면, 국가나 사회의 특정 지역에서 투표의향을 추적하거나, 전국적인 여론조사가 제공할 수 있는 것 보다 더 자세한 세부사항을 더해주거나, 아니면 다양한 정책 아이 디어를 선택하고 홍보하기에 앞서 시험해볼 수 있다. 그러나 공개 여론조사와 확연히 다른 이야기를 내놓았다면, 이는 거의 백프로

내부조사가 틀렸기 때문이다.

2005년 총선에 앞서 보수당 내부에서 실시된 여론조사를 살펴보자. 이 내용은 <파이낸셜 타임스>에 다음과 같이 보도됐다.

이번 주에 사치 경은 과반수를 차지하고 있는 노동당의 160석을 뒤집기 위해서는 노동당이 근소한 표차로 차지한 103석의 의석을 보수당이 이겨야만 한다는 비공개 여론조사의 세부내용을 공개했다. 이 연구는 그 가운데 103개 의석이 토리당^{보수당}에게 넘어갈 것으로 보인다고 주장했다.

총선 결과라는 형태로 현실이 밝혀졌을 때, 보수당은 노동당으로부터 103석이 아닌, 고작 31석을 획득했다. 이는 내부적으로 보수당의 지지가 무너졌기 때문이 아니었다. 그보다, '비공개 여론조사'가 보도되던 때조차 공개 여론조사가 이야기하는 바와는 상당히 어긋나있었다. 그러므로 <파이낸셜 타임스>는 '주장했다'는 표현을 통해 경고한 뒤에 "사치 경의 대담한 주장을 뒷받침할 몇 가지 근거가 있다'는 조심스러운 문장을 덧붙였고, 여기에 '사치 경의 긍정적인 발견은 사람들을 놀라게 했다'는 말로 마무리 지었다.

이 일화가 등장하기 직전 여론조사기관 ICM이 보수당을 위해 수행하던 작업이 중단되는 모습을 지켜봐야 했음을 고려하면, 이 여론조사에 대해 일부 가혹한 의견이 존재했음을 예상할 수 있다. 그럼에도 기사에서 인용된 닉 스패로우 ICM 회장의 말에 지혜가 숨겨져 있다. "비공개 여론조사를 실시한 조직이 사람들에게 그 조사의 타당성을 판단할 수 있도록 정보를 제공할 준비가 되어 있지 않다면, 당신은 그 상황을 주의 깊게 다뤄야 한다." 그는 보수당 내부의 여론조사에 의심을 품은 유일한 여론조사원이 아니었다. 또 다른 여론조사기업이 지적했듯, 자체적인 데이터를 가진 내부 여론조사를 뒷받침할 근거를 확인하는 데에 실패하면서 "모리의 투표의향 분석에 따르면 근소한 득표차로 차지한 불안정한 선거구에서 보수당이 약진할 수 있으리라는 증거가 거의 없었다"고 한다.

그렇다고 해서 보수당 데이터가 완전히 날조라는 의미는 아니다. 그러나 이 상황이 나타내는 바에 따르면, 방법론과 세부사항이 비밀에 부쳐진 이 내부 여론조사는 분명 보수당의 승리 가능성을 끌어올리기 위한 접근법을 사용했다. 그렇다고 해서 "당신이 죽기 전에 보수당에 절대로 투표를 안 하지는 않을 거라고 한번쯤은 마음먹을 가능성이 혹시나 있나요?"라고 묻는 것은 아니었을 것이다. 그러나 아마도 그런 방향으로 몇 단계 흘러갔을 것이다. 이는 꽤나 합리적인 일일 수도 있었다. 어쨌든 이 숫자들을 공개하자 보수당에 긍정적인 방향으로 매체보도가 이뤄졌고 지지자들의 사기를 북돋아주었으니 말이다. 회의적인 <파이낸셜 타임스>의 보도조차 적어도 보수당이 기회를 날려 보내는 것이 아니

날날이 파헤치는 여론조사의 모든 것

라 승리를 거둘 수 있을지 여부를 고려했다. 로드 애시크로프트가 내부 여론조사를 비판하는 나름의 증거를 적절히 제시한 뒤에 썼듯, 이 조사는 "본머스에서 열린 정당대회에서 충실한 토리당 의원들에게 어떤 희망을" 안겨주었다토리당의 어느 연장자는 "나는 사치 경이 말하는 모든 걸 믿는다네. 내 기운을 북돋아주거든'이라고 언급하기도 했다.

기운이 솟아나는 이유는 내부 여론조사를 의심할 또 다른 이유가 된다. 내부 여론조사가 제대로 실시됐을 때조차 나쁜 통계보다는 좋은 통계가 공개될 가능성이 더 높다. 좋은 통계는 언론에 배포할 수 있는 이유가 된다. 빈약한 통계는 묻힐 가능성이 더 높다특별히 정당 안에서 내분이 격심하게 벌어지지 않는 한 그렇다. 여론조사 전문가인 해리 엔텐은 이렇게 말했다. "이유는 간단하다. 열혈당원들은 자기편에 불리한 여론조사는 공개하고 싶지 않기 때문이다."

그러나 내부 여론조사의 은밀한 특성은 이 모든 한계들에 매력적인 광채를 입힌다.

따라서 주요 정당들의 위계질서 안에서는 그런 활동의 결과로 극도로 가치 있는 뭔가가 반드시 도출되어야만 하고, 또한 소규모의 당 관계자 모임 바깥으로 유출되지 않도록 숨겨야 한다는 느낌이 드는 것은 당연하다. 이런 태도를 유지하는 일은 당내에서 내부 여론조사와 관련한 지출을 정당화하기 위해 필수적이다.

비밀이라고 하는 것은 정말이든 아니든 간에 뭔가 중요한 존재처럼 들린다. '내부적' 여론조사에 대한 터무니없는 숭배를 보여주는 최상의 사례가 2020년 미국 대선 한 달 전에 등장했다. <선데이 타임스>가 이를 영국에서 보도했다.

장관들은 도널드 트럼프의 재선 가능성이 '박살'난 뒤 유력한 백악관 후보 조 바이든과의 관계를 돈독히 하라는 이야기를 들었다. 전 부통령이 대통령으로 당선될 경우 영국만 따돌림 당할 수도 있다는 공포로부터 나온 이야기였다.

보리스 존슨은 대통령직과 상원, 하원의 통제력을 장악함으로써 역사적인 '삼중고'에 맞설 준비가 된 민주당 경쟁자에 대해 트럼프가 압도적으로 패배할 것이 분명하다는 경고를 받았다.

지난 달 영국 총리실에 제시된 비공개 여론조사와 컴퓨터 모델에서는 바이든이 승리할 가능성이 70퍼센트 이상이었다.

당시 미국 대선은 수백 가지의 공표된 여론조사와 여러 차례 공개된 집계와 추정 등 몹시도 지독하게 조사로 점철됐다. 그리고 여론조사와 모형에서 비롯된 최신소식은 전 세계 국가에서 정기적으로 뉴스 기사가 되었다. 그런 맥락에서 '비공개 여론조사'는 여러분이 위키피디아의 미국 여론조사 페이지를 읽어서 얻어낼 수 있는 것들에 추가할 것이 아무 것도 없다. 그러나 "여기 몇

가지 독점적인 비공개 여론조사가 있습니다, 총리님"이라는 말은 분명 '여기 위키피디아에서 뽑은 내용이 있습니다, 총리님"이라는 말보다 더 인상적이다.

가끔 혁신적이고 새로운 방법론이 공개적인 정치여론조사에서 대세가 되기 전에 내부 여론조사에서 튀어나오는데, 보통은 상업 부문에서 도입된다. 또한 가끔은 내부 분석에 똑똑하고 경험 많은 사람들이 개입해서 다수의 정보원으로부터 데이터를 수집하고 공개 여론조사 데이터를 상세한 부분까지 파고 들었다. 둘 모두 여론조사의 매체 보도로는 아주 부족할 수 있다. 영국 정치학자 필립 카울리는 여러 정치인과 선임기자들을 인터뷰했고, "데이터에 적용된 정교화 수준에 감명 받았다. 이들 모두_{내부 분석가}는 꽤나 세련된 여론조사 판독가들이다"라고 결론 내렸다.

그럼에도, 내부 여론조사 보고서를 보게 되고 특히나 그 보고서가 믿기 어려운 결과를 내놓았을 때는 좀 더 냉정한 시선으로 세부사항을 들여다보자. 비밀이 가진 은밀함에 속지 말자. 내부 여론조사는 상사가 듣길 원하는 결과를 내놓아야 한다는 노골적이거나 암묵적인 압박으로 인해 고통 받는다는 사실을 잊지 말자. 내부 여론조사에는 공개적인 여론조사에 수반되는, 품질을 유지해야 한다는 압박이 없으며, 누군가가 데이터의 일부를 유출해서 이득을 얻을 수 있는 의제를 가지고 있기 때문에 공개되는 것일 뿐이다. 따라서 내부 여론조사가 공개된 동기와 그 데이터에 계속 의심을 품을 수 있어야 한다.

추이조사

선거 직전 몇 주 동안 정치인과 매체 모두 선거운동이 어떻게 흘러가고 있는지 매일 업데이트 받길 원하면서도 매일 완전히 새로운 조사를 실시할 형편이 되지 못해서 고민일 수 있다. 이럴 땐 추이조사가 답이다. 추이조사는 1976년 뉴햄프셔주 공화당 예비선거에서 처음 사용되었으며, 상업부문에서 광고캠페인을 추적하는 데에 사용된 기술을 빌려왔다. 즉, 매일 소규모 표본을 대상으로 조사를 하고, 며칠 동안의 결과들이 집계되어 탄탄한 결과를 만들어낸다. 이 매일의 기간이동 과정Rolling Process에서 가장 오래된 날짜는 표본에서 빠지고 새로운 날이 더해진다_{주말에는 표본추출의 문제로 인해 일간주기가 잠시 쉬어갈 수도 있다}. 추이조사는 여론조사 자금을 더 절약하며 사용한 탓에 가끔 뜻밖의 표본오차가 생기는 불량일이 발생할 가능성이 있다는 위험성이 있다. 또한 그런 불량일은 조사대상에서 제외되기 전까지 며칠 동안 결과를 오염시킬 수 있다.

설상가상으로, 선거운동의 압박적인 특성 때문에 사람들은 가장 마지막 날의 표본만 살펴보고 싶은 유혹에 빠지곤 한다. 가장 늦은 날의 표본은 가장 새롭고 가장 흥미진진한 데이터를 제공하기 때문이다. 그러나 이는 추이조사의 전체적인 핵심을 손상시킬 수 있다. 추이조사의 설계 자체는 어떤 상황이 펼쳐지고 있는지 알기에는 부족한 어느 한 일자의 표본을 기반으로 예측하는 것이기 때문이다. 그렇기 때문에 나는 추이조사를 그다지 좋아하지 않는다. 이 추가적인 유혹에 빠지지 않고도 여론조사가 산으로 갈 수 있는 방법은 충분히 많다.

패널조사

보통 각 여론조사의 표본으로 추출된 사람들은 새로이 선택되는 사람들이다. 전화조사는 매번 또 다른 세트의 임의 전화번호를 사용하고, 인터넷 여론조사는 매번 패널에서 또 다른 부분을 선택하는 식이다. 물론, 동일한 사람이 또 다시 등장할 가능성이 가끔 있으며, 인터넷 패널의 경우 일정 시간이 흐른 뒤 동일한 사람이 또 다시 포함될 수도 있지만, 기본적으로 각 여론조사는 신선한 표본을 대상으로 한다.

여기에는 몇 가지 예외가 있다. 가끔 동일한 사람들에게 의도적으로 연락할 수도 있다. 견해가 바뀌었거나 또는 나중에 행동하겠다고 대답하고 그대로 행동했는지 확인하기 위해서다. 예를 들어, 총선 후 동일한 사람들에게 다시 연락을 하는 이유는, 무슨 일이 벌어져서 선거전 여론조사의 결과가 잘못된 것인지 통찰력을 얻기 위해서다.

또 다른 예외는 패널 설문조사다. 패널 설문조사에서 한 집단의 사람들은 확장된 기간 동안 반복적으로 선발되어 동일한 질문을 받게 된다. 이 접근법의 매력은 집단 사이의 패턴을 상세하게 추적해볼 수 있다는 점이다. 예를 들어, 선거운동 초반에 국가 지도자를 좋아했던 남부 남성들에게는 무슨 일이 벌어졌던 것일까? 각기 다른 표준 여론조사들을 비교해본다면, 일반적인 표본추출의 변형은 전체 그림의 논점을 흐리는 통계적 잡음을 만들어낸다. 정확히 똑같은 사람들에게 반복적으로 묻는다면 어떤 변화가 일어나고 있는지를 좀 더 명확하게 확대해볼 수 있다.

그러나 우리가 이미 보았듯, 패널들은 '패널효과'로 인해 고통받는다. 사람들에게 반복적으로 질문을 던지는 행위 자체가 이들의 견해를 바꿔놓을 수도 있다. 게다가, 운 나쁘게도 여론조사기관이 패널을 구성하는 데에 왜곡된 표본을 얻었다면, 차후에 반복적으로 그 패널을 조사하는 내내 그 왜곡된 표본과 함께 해야만 한다. 매번 새로운 표본을 가지고 정기적으로 여론조사 할 때, 하나의 불량표본이 다른 여론조사를 오염시킬 수 없다. 잘못된 패널을 가지고 조사를 하게 되면, 여러분의 모든 결과는 결국 엉터리가 된다.

패널 효과의 위험성은 인터넷 여론조사기관이 어떤 여론조사에나 참여하도록 초청할 수 있는 사람들로 매우 큰 집단을 구성하는 이유가 된다. 이런 식으로 인터넷 여론조사기관들은 동일한 개인을 너무 자주 조사에 포함시키는 일을 피할 수 있고, 따라서 패널효과를 피할 수 있게 된다 혼란스럽게도, 유명한 인터넷 여론조사기관들이 패널효과를 피할 수 있는 방식으로 조사를 진행함에도 불구하고, 이들의 여론조사들은 가끔 '온라인 패널 설문조사' 또는 '한 온라인 패널을 대상으로 한 조사' 등으로 불린다. 그러나 이런 호칭은 '진정한' 패널 설문조사와는 다르다. 패널 설문조사는 흥미롭지만, 추이조사와 마찬가지로 주의깊게 다뤄져야 한다.

선거구 여론조사

지리적 구역이 작아질수록 정확히 여론조사를 실시하는 것이 더 어려워진다. 미국 내 주들은 여론조사를 해도 괜찮을 만큼 불편함 없이 크다. 그러나 영국의 의회 선거구는 좀 더 까다롭고, 개별적인 지방정부 선거구에서는 거의 불가능하다.

그 이유는 대부분의 표본추출 방식에서는 지역 안에서 충분히 큰 응답자를 찾아내기가 어렵기 때문이다. 대면조사의 경우 작은 지역에서 집과 집 사이를 다니는 것이 가능하다. 그러나 느린 속도와 비용 때문에 대부분의 경우 대면조사는 제외된다. 전화 여론조사기관의 경우, 이들이 접촉할 수 있는 전화번호가 감소하고 있으며 기꺼이 통화하려는 사람들의 수도 줄어들고 있기 때문에 설문조사를 할 때 제대로 된 표본크기에 도달하기가 매우 어려울 수 있다. 온라인 패널은 비슷한 문제를 겪고 있는데, 상당히 큰 규모의 패널도 650개의 선거구로 나누다보면 꽤나 작은 숫자로 쪼개진다. 앞서 논의한 혁신적인 흐름식 표본추출로도 표본을 만들어내는 일은 쉽지 않다.

결과적으로 선거구 여론조사는 가끔 더 작은 표본규모로 후려치게 되고, 보통은 전국적인 표본을 만드는데 전형적인 1000명이 아닌 500명 남짓한 규모가 되어버린다. 우리가 오차한계를 논의하며 살펴보았지만, 그 자체로는 그다지 큰 문제가 아니다.

더욱 까다로운 것은 투표의향을 질문할 땐 무엇을 반드시 물어야하는가의 수수께끼다. 전국적으로 실시하는 조사에는 정당의 이름_{또는 대통령후보의 이름이나 비슷한 내용}을 포함해야만 한다는 것은 상당히 당연하다. 그러나 선거구 여론조사는 선거구 선거가 있을 때 선거구에 따라 특정한 후보 이름을 명기해서 실시한다. 이 후보들은 전국적인 정당에 소속되어 있지만 투표용지에는 이름도 함께 명기하고 있기 때문이다. 게다가 일부 유권자는 X정당을 지지하면서도 다른 정당의 B후보에게 투표하기로 결심할 수도 있다. 특별히 B를 좋아하거나, X의 후보를 싫어하기 때문일 수도, 아니면 전략적 투표를 하기 위해서일 수도 있다. 그 이유가 무엇이든, 단순히 전국정당에 관해서만 묻는 것은 잘못된 결과로 이어질 수도 있다.

따라서 선거구 여론조사를 할 때는 세 가지 방안이 존재한다. 하나는 전국적인 투표의향 질문을 고수하는 것이다. 또 하나의 방안은 여론조사가 사람들에게 특정 선거구에서 어떻게 투표할 것인지 콕 짚어서 물어보는 지를 확인하는 것이다. 또는 세 번째 방안은 후보의 이름을 명기하는 것이다. 후보의 이름이 투표용지에 등장할 때는 특히나 세 번째 방안을 고르는 것이 당연해보일 수 있다. 그러나 후보들은 저마다 다른 시기에 지명되며, 보통 지역에서 세력이 약한 정당에서 출마하는 일부 후보는 선거 직전까지 결정되지 않을 수도 있다. 결과적으로 모든 후보들이 정해지기 전에 선거구 여론조사가 실시되는 경우도 있다.

　정치여론조사기관 그리고 선거구 여론조사의 결과에 따라 정치 캠페인을 결정하거나 내기를 걸고 싶은 사람들이 더욱 난감한 것은, 어느 표현법이 가장 효과적인지를 보여주는 근거가 명확하게 혼재되어 있다는 점이다. 2015년 영국 총선이 충격적인 사례를 보여준다. 2010년 이후 보수당과 연합한 자유민주당은 선거에 출마해서 위험할 정도로 저조한 전국적인 득표율 평가에 직면하게 됐다. 2010년 조사에서 24퍼센트를 기록한 뒤로 정당의 지지율이 한 자리수로 내려앉은 것이다. 2015년 1월 1일부터 2015년 총선 투표일 전까지 229차례! 실시된 투표의향조사와 현장조사에서 정당은 평균적으로 고작 8퍼센트를 기록했다. 그 가운데 고작 23개 조사에서만 자유민주당은 겨우 두 자리 수를 달성했고, 가장 높았던 수치가 12퍼센트였으며, 그나마 딱 한 번 등장했다.
　그러나 정당은 통계가 제시하는 것보다 하원 의석을 확보하는 데에 훨씬 더 잘하고 있다는 선거구 여론조사 결과를 홍보했다. 단순히 대중에게만 허세를 부리는 것이 아니었다. 총선 선거운동 본부장이자 옛 당 대표인 패디 애시다운 역시 그 결과를 믿었다.

어느 정도로 믿었는가 하면, 총선날 밤에 출구조사가 발표되고 자유민주당이 참패를 당할 것임을 보여주자, 그는 그 결과가 옳다고 믿기를 거부하면서 전국적인 생방송에 등장해 그런 일이 벌어지면 손에 장을 지지겠다고 장담했다. 그런데 그가 틀렸다. 일종의 장을 지져야할 판이었다. 그러나 외롭지는 않았다. 선거 당일에 정당의 콜센터는 시간을 들여 메이드스톤과 윌드 지방의 유권자들에게 전화를 걸었다. 이 지역 의석은 자유민주당의 것이 아니었고 또 10,709표라는 엄청난 차이로 잃게 될 곳이었다. 선거구 조사로 인해 그 의석을 차지할 것이라 했던 정당의 예측은 완전히 빗겨나고 말았다.

왜 정당의 선거구 여론조사가 틀렸을까? 누군가는 그 여파로 급히 여론조사의 표현법을 비난했다. 여론조사에서 후보의 이름을 언급했던지 또는 투표의향을 묻기에 앞서 다른 질문을 하면서 분명 편향되고, 치우쳐졌으며, 잘못되고, 어리석고, 아니면 이 네가지가 다 해당되는 표현법을 썼다는 식이었다. 따라서 인기 있는 현직 자유민주당 하원의원에게 유리하게 여론조사를 왜곡했으며, '적절한' 여론조사가 반대 결과를 내놓는 와중에 승리할 것이라는 가능성을 보여줬다고 논쟁이 흘러갔다.

그러나 후보의 이름을 언급하지 말았어야 했다는 주장은 여론조사 자체만큼이나 흠결이 있었다. 대규모의 선거구 여론조사가 로드 애시크로프트를 대표해 실시됐고, 이 조사에서는 후보들의 이름을 언급하지 않았다. 여기에서도 자유민주당에게 지나치게 낙천적인 결과가 나왔다. 게다가, 보수당의 내부 선거구 조사는 상당히 정확한 것으로 드러났는데, 보수당은 투표와 관련한 질문에서 후보들의 이름을 명시했다. 실제로, 선거가 끝난 후 보수당과 함께 활동한 여론조사기관은 선거구 여론조사에서 후보의 이름을 제시하는 것이 얼마나 가치 있는지 칭송했다.

보도된 여론조사들에 따르면 우리는 우리의 여론조사에서 잃지 않을 것이라고 보았던 의석들을 잃고 말았다. 그동안 지역 의원의 지명도를 높이기 위해 어마어마한 시간과 노력과 돈을 써놓고선 지역 후보의 이름을 사용해 현직자 요인을 측정하지 않는다면, 그건 정말 큰 실수를 저지른 것이다.

투표의향 질문을 하기 전에 다른 질문을 했다는 비난은, 그로 인해 여론조사에 응한 사람들이 투표_{사람들이 완전히 냉정해질 수 없는 행동}를 할 때 생각했을 방식으로 더 깊이 생각하게 됐다는 것일까 또는 사람들이 생각하고 있는 방식을 왜곡시켜서 결과를 왜곡시켰다는 것일까? 이번에도 그 증거는 뒤섞여 있다. 자유민주당 여론조사는 실패한 반면에, 노동당의 내부 여론조사들 역시 투표의향에 앞서 다른 질문들을 물었고, 그 결과는 상당히 정확했다. 이 모든 것의 결론은? 선거구 여론조사는 가끔 정보의 현저한 간극을

메워주는 것처럼 느껴진다. 그러나 심각하게 엉터리 결과를 내놓을 수도 있는데, 미리 알아차리거나 나중에 진단하기에는 어렵다. 그러니 각별히 주의하자.

불안정 의석 여론조사

근소한 표차로 차지한 불안정 의석을 두고서는 좀 더 신중한 여론조사를 수행해보자. 선거구 여론조사와 전국 여론조사 사이에 자리한 불안정 의석 여론조사의 논리는 합리적으로 들린다. 그리고 나는 이 장을 집필하기에 앞서 가끔은 이런 식의 여론조사에 세심한 관심을 기울여왔다. 선거가 불안정 의석^{또는 주}에서 결정될 것이라면, 국가 전체가 아니라 그 접전지역에서만 여론조사를 하라는 주장은 타당하게 들린다. 의석마다 개별적인 여론조사를 실시하는 것보다 저렴하고, 또 안정적인 의석과 관련해 벌어지는 상황 때문에 결과가 모호해질 수 있는 전국여론조사보다 좀 더 초점이 확실하기 때문이다.

적어도 홍보에 따르면 그렇다. 그러나 현실은 다르다. 현실에서 불안정 의석 여론조사는 종종 혼동을 준다. 그렇기 때문에 1987년, 즉 영국에서 여러 개의 불안정한 의석에 대한 여론조사가 시작되던 그 선거에서의 여론조사가 나중에 드러난 현실보다 당시에는 노동당에게 더 유망해 보였던 것이다. 1992년 불안정 의석

에 대해서만 표본추출을 한 것 역시 당시 총선에서 출구조사가 어
정쩡한 성과를 낸 이유였다 신뢰도가 매우 높은 현대의 출구조사는 이제 의석 전체를
다루는 전국적인 의식으로 실시된다. 앞으로 자세히 다룰 예정이다.

　문제는 모든 불안정 의석들이 다 동일하지 않으며, 불안정 의석
에 대한 명확한 정의도 존재하지 않는다는 것이다. 불안정 의석은
단순히 지난 선거에 득표차가 특정범위 내에 있는 의석을 의미하
는가? '그렇다'라고 대답하기 쉬워 보일 수도 있지만, 따라서 선거
에 영향을 미친다고 알려진 다른 요인들이 작동한 경우에는 그 자
리를 '불안정 의석'에서 제외해야 한다는 의미이기도 하다. 예를
들어, 지난 선거에서의 득표차가 불안정 의석의 기준치보다는 컸
지만, 현재 재임 중인 인기 있는 의원이 이번 선거에는 입후보하
지 않는 경우 등이다. 이럴 경우 어느 지역에서 불안정 의석 여론
조사를 위한 표본을 추출할 것인지 고르는 일은 그저 전국적으로
대표성 있는 표본을 추출하는 것보다 훨씬 더 위험해진다. 여러분
이 기꺼이 불안정 의석이라고 정의 내린 지역이 전체적인 국내의
분위기와는 완전히 다르게 움직이는 게 아닌 한, 불안정 의석 조
사를 실시하는 것은 무슨 일이 벌어지고 있는지에 대한 추가적인
통찰력은 얻지도 못한 채 위험만 가중시키는 것이다.

　게다가, 전국 여론조사가 난관에 봉착했을 때, 불안정 의석 여
론조사 혹은 선거구 또는 주 여론조사가 더 낫다는 확실한 패턴도 없다.
2016년과 2020년 미국 대선에서처럼 가끔은 불안정 의석 조사
가 전국 여론조사보다 더 빗나가기도 한다. 선거후 여론조사의 사

후검증을 통해 불안정 의석 여론조사에도 적용되지 않을 오류의 원인을 찾아내는 일은 거의 일어나지 않는다. 따라서 불안정 의석 여론조사는 매력적으로 보일망정, 상황을 이해하는 데에 도움이 되기보다는 방해가 될 가능성이 더 높다.

보궐선거 여론조사

의회 보궐선거 _{미국에서는 '특별선거'라고도 한다}를 위한 여론조사는 영국에서 인상적으로 시작됐고, 심지어 이때는 갤럽이 1945년 총선에서 승리를 거두기도 전이었다. 영국에서 첫 시작은 1938년 풀햄 웨스트 의회의 보궐선거에서였다. 이 선거에서는 이디스 서머스킬 덕에 노동당이 승리했다. 보수당이 자리를 지킬 것이라는 전문가들의 광범위한 예측과는 정반대로, 노동당이 52퍼센트 대 48퍼센트로 보수당으로부터 의석을 가져갔던 것이다. 앞서 언급했듯 갤럽은 여론조사를 실시하고 서머스킬이 승리할 것이라고 장담했으며, 그녀와 보수당 후보의 예상득표율은 1퍼센트의 오차 내로 적중했다. 그러나 그 초창기의 성공은 오해를 불러일으켰다. 보궐선거에 앞서 실시된 선거구 여론조사는 올바른 결과를 내기가 험난하기 때문이다.

한 가지 복잡한 문제는 투표율이었다. 총선과 비교했을 때 보통 보궐선거의 투표율은 확연히 떨어진다. 따라서 앞서 논의한 투표율에 대한 보정작업을 조금 더 결정적으로 만들어주지만, 이 보정작업 역시 바르게 하기가 쉽지 않다. 또 다른 문제는 대중의 지지가 선거일 직전에 어느 정도까지 극적으로 바뀔 수 있는 지다. 내가 자유민주당의 보궐선거팀에서 그 성과를 면밀하게 추적하기 위해 다수의 자료원을 사용하곤 했을 때, 종종 정당의 지지율이 단 며칠 안에 10퍼센트에서 그 이상까지 바뀌는 것을 볼 수 있었다. 기나긴 주말을 지내는 동안 분명 곤혹스러운 일에 부딪힌 후 여론조사를 했을 때 나타나는 그런 변화다. 따라서 현장조사가 이뤄진 정확한 날짜가 특히나 보궐선거에서 중요하다. 선거일 훨씬 전에 실시된 여론조사에는 충분히 주의를 기울여야 하기 때문이다.

TU 토론 여론조사

정당 대표 또는 대선 후보 간의 토론은 이제 선거운동의 일반적인 모습이 되었다. 승자를 판별하기 위해 그런 토론 이후에 서둘러 실시되는 스냅 여론조사 역시 흔하다. 그러나 그런 여론조사가 언제나 제대로 진행되는 것은 아니다. 1980년 미국에서 현직 대통령 지미 카터와 공화당 도전자 로날드 레이건 간의 TV 토론은 보통 레이건이 모멸 차게 쏘아붙인 말들로 잘 알려져 있는데, 레이건은 "또 시작이시군요."라는 말과 함께 카터에 대한 공격을 이어갔다. 감사하게도, 토론에서 누가 이겼는지를 알아내기 위해 ABC 뉴스가 실시한 여론조사는 사람들이 잘 기억하지 못한다. 시청자들은 두 개의 특별 전화번호 가운데 하나로 50센트를 내고 전화하라는 요청을 받았고, 그 후 ABC는 그 결과를 대대적으로 보도했다. 70만 통 이상의 전화가 걸려왔고, 방송국으로서는 훌륭한 돈벌이가 됐다. 그러나 자기선택적인 여론조사는 적절한 정치 여론조사가 될 수 없으며, 말이 났으니 말이지 제대로 된 방송국이 할 만한 행동도 아니다. 그러나 감사하게도 이제는 적절한 토론 후에 여론조사를 하는 관례가 널리 보급되었다.

토론후 여론조사는 보기보다 간단하지 않다. 유고브의 공동창업자인 스테판 셰익스피어는 한 선거에서 이렇게 언급했다. "선거 토론에만 아니라 누가 '이기고' '지는지'를 조사하는 데에도 엄청난 관심이 존재해왔다. 처음에는 여론조사기관들이 어떻게 이를 평가하는지가 명백해 보일 수 있다. 그러나 더 면밀히 관찰하다보면 전혀 명백하지가 않다."

TV 토론 여론조사는 누구의 의견을 측정하려고 하는 걸까? 일반적인 투표의향여론조사에는 표준화된 답이 있다. 이 조사는 투표를 할 사람들의 견해를 측정하려 하는 것이다. 그러나 모든 사람이 TV 토론을 보는 것은 아니다. 여러분은 토론을 시청한 사람만을 대상으로 조사해야 하는가? 토론은 봤지만 투표는 하러 가지 않을 사람은 어떤가? 아니면 토론은 보지 않았지만 그 토론이 어떻게 진행됐는지에 따라 영향을 받을 투표예정자는 어떤가? 아니면 이런 집단은 정확하게 정의내리기가 너무 힘드니, 단순하게 전체 성인들로 되돌아가는 게 나을까?

그런 여론조사가 누구를 대상으로 측정해야 하는지에 대한 옳고 그른 답은 없다. 설상가상으로, 토론을 시청한 사람들이 어떻게 구성되어 있는지를 아는 것은 아주 어렵고, 따라서 토론을 본 사람들을 대표하게 만들기 위해 여론조사기관이 표본에 가중치를 부여하는 일은 거의 불가능하다. 따라서 여론조사기관들이 여론조사에서 누구를 대상으로 평가하는 실제행위는 크게 달라질 수 있다. 이는 가끔은 다른 접근법을 취하고 부동층을 대상으로 조사하는 이유가 되기도 한다다시 한 번 강조하지만, 이 개념에는 다양한 개념이 있을 수 있다. 또는 일반적인 여론조사는 포기하고, 여론조사기관의 요청에 따라 토론을 시청한 포커스그룹을 대신 활용할 수도 있다.

그렇다면 여론조사를 얼마나 신속히 실시해야 하는지의 물음도 생겨난다. 속도를 냈을 때 얻을 수 있는 이득이 분명 존재한다. 결과가 빠르게 드러날수록 토론보도에 빠르게 정보를 제공하고 영향을 미칠 수 있다. 즉각적인 반응은 종종 많은 것을 알려주지만, 언제나 동일한 응답이 유지되는 것은 아니다. 여러 마케팅 책들이 1980년대 뉴코크의 대실패를 언급하는 이유가 여기에 있다. 코카콜라는 새로운 조제법으로 만들어낸 맛에 대한 사람들의 즉각적인 반응이 매우 긍정적으로 나왔다는 조사에 대담해져서, 그 유명한 음료의 맛을 바꿔버렸다. 그러나 장기적인 평판은 그렇지 못했고, 결국 막대한 비용을 들여 새로운 조제법은 폐기됐다. TV 토론에 대한 즉각적인 반응이 신중하게 생각한 반응과 어떻게 다른지를 보여주는 비슷한 사례가 정치에도 있다. 1976년 초기 미국 대선토론에서 도전자 카터는 현직 대통령인 제럴드 포드에게 덤벼들었다. 포드는 동유럽이 어떻게 공산당의 지배를 받지 않았는지에 대해 언급하면서, 정치토론 역사상 최악의 사고로 자주 등장하는 그 실수를 저질렀다. 그러나 적어도 여론조사에 미치는 즉각적인 효과는 매우 미미했다. 시간이 흐른 뒤에야 유명한 실수로 알려지게 됐을 뿐이다 모순적이게도, 1976년 카터의 선거운동 여론조사 책임자인 패트릭 카델은 그 이후 코카콜라에서 뉴코크 참사로 이어진 그 잘못된 시장조사를 맡았다.

따라서 토론 여론조사를 할 때 여론조사기관이 해야 할 몇 가지 중요한 선택들이 있다. 이 선택들은 그다지 많은 주목을 끌지 않는 경향이 있으며, 여러분이 설사 신문기사 끄트머리에 작은 글자까지 다 읽고 여론조사기관 웹사이트에 있는 데이터표를 찾아나서는 사람이라 하지라도, 토론 후 여론조사에 어떤 선택을 집어넣어야 하는지 알아내기가 어려울 수도 있다.

누군가가 토론의 압도적인 승자일 때 다양한 방법론에 따라 도출된 다양한 결론은 여론조사가 여전히 동일한 인물을 승자로 꼽는 이상 그다지 문제가 되지 않는다. 그러나 그 성과가 엇비슷하고 여론조사기관마다 다른 승자를 내세울 때 다양성은 혼란을 가져올 수 있다. 그러나 실제로, 다른 여론조사는 다른 것들을 측정한다. 따라서 이 엉망진창인 상태는 걱정보다는 안심을 자아낼 수도 있다.

정서적 강도

최근 몇 년 간 개발되기 시작한 여론조사 형태는 사람들이 무슨 말을 하는지가 아니라 얼마나 빠르게 그 말을 하느냐에 초점을 맞춘다. 이론에 따르면 응답속도는 그 응답에 담긴 정서적 강도 같은 요인에 대한 통찰을 준다. 심리학 실험에 기반을 둔 이 기술은 온라인으로 진행되는 여론조사에 가장 쉽게 적용될 수 있다. 물론 전화 설문조사에서도 사용할 수 있다. 응답의 속도는 전문용어로 '반응 잠재시간Response Lantency'라고 한다.

이는 정치 여론조사에서 가장 미지의 영역으로 남아 있다. 응답속도와 사람들의 정치태도를 이해하는 것 사이에 유용한 연관성이 있음을 주장하는 조사가 있음에도 불구하고, 비교나 동향 추적, 선거결과와의 상관관계를 보기 위해 벤치마크할 공개적인 데이터가 거의 존재하지 않는다. 응답속도 여론조사 분석에 따라 사람들이 총리를 좋아한다고 말할 때보다 야당의 대표를 좋아한다고 말할 때 훨씬 더 빠르다는 것을 알게 된다면, 이는 투표 영향력의 관점에서 무슨 의미일까? 투표효과에 관련해 흥미진진하게 그리고 아마도 두렵게 들리는 이 연구결과로부터 추론할 수 있는 공개적인 데이터는 거의 없다. 따라서 우연찮게 이런 결과들을 손에 넣게 된다면, 응답속도의 확연한 차이가 주목할 만한 정치적 결론을 의미한다고 생각하지 않도록 조심하자. 입증할 책임은 연구결과를 떠들썩하게 알린 이들에게 있으니까.

MRP

최근의 어느 영국 총선에서 새롭고 몹시 세련된 여론조사 방법론 하나가 최초로 공개됐다. 고급 통계기술을 사용해서, 개별의석을 예측하기에는 크기가 불충분하다고 여겨지던 전국적인 여론조사 표본으로부터 개별 선거구 결과를 만들어내는 방법이었다. 새로운 방법론으로서는 다행이게도, 그 결과는 전통적인 전국 여론조사와 일치했다 그 후 선거일 밤 10시가 됐고, 여론조사가 끝났다. 출구조사가 공개됐고, 전국 여론조사는 틀린 것처럼 보였다. 안정적으로 보수당이 선거에 승리할 것이라고 예언했던 것과는 달리 형 의회 Hung Parliament, 절대다수당이 없는 의회 - 옮긴이가 구성되는 것으로 판명 났다. 그리고 그 근사한 새 방법론은 어떻게 되었는가? 전혀 근사하지 못했고, 나머지 모든 조사들과 마찬가지로 틀렸을 뿐이다.

이것은 거의 MRP 여론조사의 사생아였다. 2017년 총선에 앞서 최신유행식 MRP 여론조사 두 종류가 있었다. 하나는 로드 애시크로프트를 위해 진행된 조사로, 보수당이 162석에서 180석 사이로 대대적으로 과반수를 차지할 것이라는 잘못된 예측을 내놨다. 다른 하나는 <더 타임스>를 위해 유고브가 진행한 것으로, 충격적인 선거결과와 형 의회 출범을 올바르게 예측하면서 1면 보도로 데뷔했다. 옳은 예측을 한 조사가 관심을 받게 되었고 잘못된 예측을 한 조사가 대부분 무시당했다는 점은 MRP 실무자로서는 행운이었다.

주목 받은 이 여론조사는 옳은 예측을 했을 뿐 아니라, <리터러리 다이제스트>에 대한 조지 갤럽의 승리과 마찬가지로 인상적으로 1면 표제를 장식할 만한 조사였다. 갤럽과의 비교를 계속 해보자면, 심지어 이 조사는 그 결과를 제시한 표제들보다 덜 정확하기까지 했다. 갤럽은 승자를 옳게 예측했기 때문에 득표율 예상은 그다지 정확하지 않았음에도 칭송 받았다. 마찬가지로 유고브의 MRP 모델은 무리 중에서 가장 뛰어났으며 절대 과반수가 없는 의회를 예측했다는 점에서 칭찬을 받았다. 스테판 셰익스피어는 총선 전에 다음과 같이 썼다 여론조사의 수치는 원래의 <타임스> 1면에서보다 조금 바뀌었다.

전통적인 방법론과는 달리 이 모델은 모든 선거구에서 예측을 하고, 우리가 이를 모두 합산한 결과에 따르면 보수당은 과반수를 얻지 못한다. 그러나 우리는 결코 '형 의회'를 예측하지 않았다. 모델에 따르면 보수당이 과반수326석를 차지한다고 선언하기에는 너무

나 접전이지만, 그렇다고 반드시 326석에 미치지 못할 것이라는 의미는 아니었다. 보수당 과반수는 오차한계 내에 있고, 좌우간 이 조사는 투표의향을 추정하는 것이지 선거결과를 예측하려는 것이 아니다.

이런 경고는 그다지 눈길을 받지 못했으며, 관심을 독차지한 것은 원래의 <타임스> 대서특필이었다. 당시 다른 여론조사 관련 기사가 보도하는 바와는 완전히 다르다는 점에서 주목 받았고, 그 후에는 다른 기사들보다 훨씬 정확하다는 점에서 주목 받았다. 옳은 예측을 한 용감한 인습타파주의자가 그 주인공이었다.

<더 타임스>조차 독창적인 MRP 기사를 1면에 올릴 만큼 편집적인 자신감이 넘쳤음에도, 이를 '논란의 여지가 있다'고 설명하며 오차한계를 경고했다.

충격적인 여론조사, 토리당의 패배를 예측하다

논란의 여지가 있는 유고브 예측이 5월에 20석이 줄어든 헝 의회가 출범할 것을 시사하고 있다...

모델의 핵심예측에 따르면, 큰 오차한계를 감안했을 때 테레사 메이에게 비극적인 결과를 안겨줄 것으로 보인다.

<가디언즈> 같은 다른 매체들이 그 뒤를 따랐다.

이 여론조사기업은 총선이 실시되기 고작 열흘 전에 새로운 '논란의' 방법론을 활용하고 있다…<예스, 프라임 미니스터>의 험프리 애플비 경의 말마따나, 유명 여론조사기관들은 6월 8일 헝 의회를 점치고 있는 유고브의 '충격적인 여론조사'가 '용감'하다고 표현했으며, 이를 1면에 올리기로 한 <더 타임스>의 결정은 '더더욱 용감'하다고 말했다.

또 다른 기업의 여론조사원이자 과거에 관습을 무시하는 방법론을 사용해 옳은 예측을 해서 업계의 찬사를 받았던 경험자인 마틴 분은 트위터에 이렇게 썼다. "이를 1면에 게재한 것은 @Yougov가 애초에 했던 것보다 훨씬 더 용감한 짓이다." 입소스 모리의 벤 페이지는 짤막하게 답글을 달았다 "내 생각도 똑같음." 또한 학구적인 여론조사 전문가들의 반응을 보자면, 윌 제닝스는 이렇게 썼다. "아주 용감해!" 그리고 SNS를 통해 잘못된 예측을 하는 것을 후회하는 사람이라면 누구든 위안을 얻을 수 있는 트윗으로는 보도 다음날 "@YouGove가 내놓은 또 다른 엉터리 여론조사 때문에 하루종일 웃었네."라고 쓴 짐 메시나가 있다. 메시나는 버락 오바마를 미국 대통령으로 당선시킨 역할을 한 이후 보수당에 합류했다. 적어도 그는 <데일리 익스프레스>처럼 막 나

가지는 않았다. <데일리 익스프레스>는 "여론조사의 허점이 드러나다: 유고브 패널이 예측한 토리당의 패배를 왜 믿어서는 안 되는가"라고 주장하는 표제를 보도했다.

MRP가 무명의 방법론에서 존경 받는 신입으로 변신하기에는 완벽한 상황이었다. 그러나 MRP란 무엇인가? 이는 'Multi-level Regression and Post-stratification^{다단계 회귀 및 사후 계층화}'의 약자다. 여러분이 전국적인 표본을 사용해서 더 작은 지리적 구역 내에서 정당이나 후보에 대한 정확한 지지율을 예측해내는 모델화의 일종이다. 이 모델의 핵심은 우리가 어떻게 투표하는지에 영향을 미치는 다양한 요인들_{우리의 성별, 나이, 과거의 투표이력, 직업, 우리가 불안정 선거구에 사는지 여부 등}의 특정한 조합은 여러 사람들과 공유되지 않지만, 개별적인 요인 하나하나는 여러 사람이 공유한다는 것을 이해하는 것에 있다.

예를 들어, 과거에는 노동당에 표를 던졌고, 공공분야에서 일하며, 대대로 보수당이 우세했던 교외지역에 살아가는 40대 남성이 있다고 하자. 이 남성이 어떻게 투표할 것인지 직접 알아낼 수 있게 해줄 만큼 커다란 표본을 가지고 여론조사를 하는 것은 이 모든 기준을 충족할 수 있는 충분한 사람들에게 도달하는 엄청나게 큰 샘플이 필요할 수 있다. 따라서 MRP는 약간 다르게 접근한다. MRP는 남성들이 무엇을 하는지, 40대 사람들이 무엇을 하는지, 과거에 노동당에 투표했던 사람들이 무엇을 하는지 등을 살펴본다. 각 기준 자체로는, 그 기준 내에서 충분한 결과를 얻기 위해 총 표본만큼 큰 표본이 필요 없다. MRP 모델은 각기 다른 기준에서 얻은 응답들을 조합해서, 과거에는 노동자에 표를 던졌고, 공공분야에서 일하며, 교외의 보수당 우세지역에서 사는 40대 남성이라는 이 특정한 결합으로 이뤄진 유권자의 견해를 계산해낸다.

내가 선택한 이 인물의 예시는 계획적으로 인물남성, 40대 등과 이 인물이 사는 장소교외, 보수당 우세지역의 특성을 조합한 것이다. MRP는 모델화 과정에서 인물과 장소 모두의 특성을 공급하기 때문이다. 예를 들어, 유고브의 2019년도 MRP 모델은 지역적인 정치적 맥락뿐 아니라 선거구 내에 인도음식 배달전문점과 피시 앤 칩스 전문점이 몇 개나 있는지 같은 변수도 포함했으며, 이 변수를 선거구의 각기 다른 유형을 포착하는 방식으로 사용했다. 이 경우 장소는 넙치를 의미했다장소 place와 피시 앤 칩스의 재료인 넙치 plaice의 발음이 같은 것을 의미한다 - 옮긴이.

다음 단계는 각 선거구를 차례로 취해서, 선거구의 모든 유권자를 모델화하고, 그 결과를 종합해서 선거구에 결론을 제시하는 것이다. MRP가 계산하는 것은 확률이다. 예를 들어, 과거에는 노동자에 표를 던졌고, 공공분야에서 일하며, 교외의 보수당 우세지역에서 사는 40대 남성이 보수당에 투표할 가능성은 35퍼센트이고 노동당에 투표할 가능성은 55퍼센트라는 식이다. 한 선거구의 모든 유권자에 대해 이 확률들을 모아서, 각 정당에게 그 의석을 차지할 수 있는 전체 확률을 제시한다. 그렇다면 대표치로 뽑을 총 의석수는 이 의석 확률을 기반으로 삼는 것이다. 예를 들어 한 정당이 10개의 의석을 차지할 가능성이 90퍼센트라면, 이는 대표적으로 제시할 총계에 9석을 더하게 된다¹⁰석의 90퍼센트.

이 모든 것을 위해서는 보통 5만 명 안팎의 일반적인 전국 여론조사보다 훨씬 더 큰 표본크기가 필요하다. 그러나 5만 명의 표본에서 개별적인 선거구 통계를 뽑아낼 수 있다는 것은 각 선거구에서 여론조사를 실시하는 데에 필요한 표본 크기와 비교했을 때 여전히 유리하다. 영국에서, 예를 들어 650개의 선거구에서 전통적인 여론조사를 통해 통계를 얻으려면 각 의석 당 일반적으로 1000명의 표본을 추출해야 한다고 할 때 이는 결국 65만 명의 거대한 표본이 된다. 심지어 선거구 당 500명의 표본이라 할지라도 여전히 32만 5천 명이 필요하다게다가 더 작은 선거구 표본은 문제를 일으킬 수 있다. 앞서 살펴보았듯 오차한계는 실제로 표본을 추출한 인구의 규모가 아닌 표본의 규모에 달려 있기 때문이다.

가끔은 MRP 모델이 특정 선거구의 특이성을 잡아낼 만큼 정교한 모델인가 하는 의문이 제기될 수도 있다. 설명에서 보듯, MRP는 각 의석의 구성을 바탕으로 선거구의 통계를 종합하기 위해 설계됐다. 따라서 "우리 선거구에는 평균보다 나이 많은 사람들이 더 많이 살기 때문에 그 방법이 맞지 않아."라는 비판은 핵심에서 빗나간 것이다. MRP는 그 부분을 해결하기 위해 설계됐다. MRP

가 놓칠 수 있는 부분은 아주 특이한 개별 환경으로, 예를 들어 선거구 내에서 현지 인력을 고용하는 대규모 제조업 단지가 막 문을 닫는 바람에 많은 사람들이 내쫓기고 정부가 경제적 지원을 거부했을 경우다. 이는 MRP 모형에 있어서도 너무 특이한 1회성 선거구 사건이 된다.

한 선거구에만 관련한 어떤 위기^{한 지역에서의 막대한 실직, 정부에 대한 비난}와 MRP가 모형으로 만들기 쉬운 대상^{다양한 선거구에서 인구 평균연령의 변}화 사이에서 한 요인이 지나치게 특이하거나 MRP가 다루기에 적절치 않다고 어떻게 말할 수 있을까? 내 경험적인 법칙에 따르면 먼저 각 의석의 평균적인 표본 크기를 살펴보고, 1000명^{합리적인 전}체 오차한계를 가진 표준적인 여론조사 표본에 도달하기까지 몇 배를 해야 하는지 본 후, 인수가 배수와 같거나 배수보다 큰 의석수 안에 존재한다면 MRP로 처리할 수 있다는 결론을 내린다. 예를 들어, 전국의 표본크기가 5만 명이고 선거구가 650개라면, 선거구 당 표본은 평균적으로 77명이다. 이는 1000명에 도달하기 위해서는 13개의 선거구가 필요하다는 의미다. 따라서 주요 공장이 폐쇄되어서 4개 선거구에 영향을 미친다면, MRP 모델을 통해 이해하기에는 여전히 너무 특이한 상황이 된다. 그러나 넓은 지역에 홍수가 나면서 24개 선거구 전체에 혼란이 벌어지고 수재민이 발생했을 때는 ^{어느 선거구가 홍수로 인해 영향을 받았는지에 대한 정보가 모델 안에 포함되어 있다는 전}제 하에다 MRP로 처리가 가능해야 한다

결정적으로, 2017년 MRP 모델 한 쌍의 운명이 보여주듯 그토록 정교화된 모델조차도 늘 옳으리라는 보장이 없다. 임의적으로 운이 좋지 않거나 응답률의 차이로 인해 표본이 잘못되는 일반적인 위험뿐 아니라, 모델로 만들기 위해 선택한 특성들의 목록들이 틀릴 위험도 있다. 이 특정한 선거에서 누군가의 투표에 영향을 미치고 있는 요인들이 목록에 정확히 담겼는가? 물론 한 선거에서 MRP 모델을 구성하는 요인들을 두고, 어떻게 다양한 요인들이 영향력을 발휘하는지 실험해보고 그 결과를 전국 여론조사와 비교해볼 수 있다. 그러나 MRP 모델을 합치는 일은 숙련을 요하는 업무이며 부정확하게 수행되기 일쑤다.

MRP 모델은 한 선거에서 성공했다 하더라도 다음 선거에서 실패할 수도 있다. 2017년 유고브 모델에서 사용된 실제 요인들은 이전의 훌륭한 모델이 엉터리가 될 수 있는 위험을 보여준다. 여기에는 누군가가 2016년 유럽 국민투표에서 어떻게 투표했는지 그리고 당시 그 사람이 속한 선거구에서 '탈퇴' 표는 몇 퍼센트가 나왔는지를 포함한다. 2017년과 실제로 2019년 총선에서 이 점은 연관성이 있었다. 그러나 '탈퇴 VS 잔류' 분열은 미래의 선거에서 얼마나 중요한가? 이를 위해 다음 선거를 위해 모델을 업데이트하는 팀이 실험하고 평가해야 하며, 모델의 현재 성적이 좋다 하더라도 오류의 가능성을 염두에 두어야 한다.

특히 한 가지는 MRP 여론조사에 고도의 신뢰를 두고 싶은 누군가의 마음 한 편에 걱정으로 남아있게 된다. 그 통계적 접근법의 결론은 선거구 내부가 아닌 선거구 사이에서 혹은 계획된 주 또는 다른 지리적 구역 사이에서 변화가 클수록 MRP는 더욱 좋은 성과를 낸다는 것이다, 선거가 지리적으로 양극화되어서 국가의 다양한 지역들이 서로 다른 방향으로 움직이는 것이, 이를 테면 성별에 의해 양극화된 선거보다 MRP 모델화에 더 알맞다선거구는 성별에 따라서는 그다지 달라지지 않기 때문이다.

오차가 생겨날 수 있는, 적지만 가능성 있는 원인은 선거구마다 여러 요인들의 조합인 사람들이 얼마나 많이 있는지를 계산하는 데에서 비롯된다. 인구조사 같이 사용되는 자료의 유형은 단편적이고 어쩌면 몇 년 정도 묵은 것일 수도 있다. 따라서 데이터에 대한 갱신이 이뤄졌는지를 추정할 것인지, 갱신이 됐다면 어떤 방식으로 갱신된 것인지에 대한 판단이 필요하다이는 보기보다 어려운 일이어서, 1992년 총선에서 전통 여론조사에 있어서도 오류의 근원이 되었다.

게다가 어느 요인이 사용됐고 상대적인 중요성이 부여됐는지에 대한 세부내용은 적어도 현재는 대개 비밀스러운 블랙박스로 취급 받는다. 2017년과 2019년 유고브 MRP 모델조차도, 선거기간 동안 대량의 정보들이 실시간으로 공개됐지만, 모델의 중심에 있는 핵심적인 계산에 대한 내용은 거의 없다. 그러나 세부적인 내용이 있었다 하더라도 그다지 쓸모가 없었을 것이다. MRP는 새롭고 복잡하기 때문에 어느 MRP 전문가는 모든 정보가 다 주어진다 하더라도 MRP 모델의 특성에 대해 "제대로 파악하고 의견을 가진 사람은 실질적으로 영국에서 열 명 정도일 것"이라고 말했다.

MRP 모델의 특성을 이해하기에 어렵다는 사실은 MRP의 핵심은 우리가 항상 그 결과가 옳다고 예측할 수 있는 마법 같은 것이 아니라는 점에서 문제가 된다. 전통 여론조사와 비교해서 MRP는 어떤 면에서 옳은 결과를 얻기가 더 어려울 수 있다. 전통적인 여론과 마찬가지로 표본추출과 투표율 가중법을 비롯해 전체적인 여론조사 방법론이 올발라야 한다. 게다가 MRP는 선거구 모델화 역시 올바르게 해야만 한다. 이 추가적인 복잡성과 그에 따른 추가적인 위험성으로 인해 MRP는 의석수를 더 잘 알려줘야만 하며, 접전이 펼쳐지는 선거나 국가의 정치적 지형이 변하고 있는 경우에 더욱 중요하다. 그러나 정치적 지형과 MRP의 사용을 고려했을 때 그 섬세한 균형이 깨지는 수가 있다. 정치적 지형에 별 변화가 없다면, 전국 여론조사 통계가 내놓는 의석수에서 단순히 추론하는 것만으로도 충분하며, MRP가 그다지 예측능력을 발휘하지 않을 것이다. 반면에, 정치적 지형이 지나치게 많이 변하고 있다면 또는 MRP가 고군분투하는 유형의 변화라면, MRP 모델화를 무효로 만들 수도 있다. 골디락스와 죽처럼<골디락스와 곰 세 마리>라는 전래동화에서 골디락스는 곰 세 마리가 사는 집에 들어갔다가 부엌에 놓인 첫 번째 그릇에 담긴 '너무 뜨거운 죽'과 두 번째 그릇에 담긴 '너무 차가운 죽'은 건너뛰고 세 번째 그릇에 담긴 '알맞게 뜨거운 죽'을 먹는다. - 옮긴이, MRP 전문가들은 실력을 발휘하기 위해서는 변화를 지나치게 많이 주거나 지나치게 조금만 주어서는 안 된다. 딱 알맞은 정도의 변화가 필요하다.

　현재까지의 길지 않은 MRP 성적표에서는 영국의 사례와 다른 국가의 사례까지 합친다 하더라도, 다른 여론조사와 비교했을 때 MRP의 전반적인 신뢰성에 관해 끌어낼 수 있는 확고한 결론이 없다. 또한 지금으로서는 미학적인 선택에 가깝다. 전국선거를 전국무대에서 펼쳐지는 전국적인 행사로 보는가? 어쨌든, 유권자들은 일반적으로 지역후보보다는 전국정당 대표의 이름을 더욱 잘 기억한다. 그렇다면 전통적인 전국 여론조사이 그 핵심을 잘 담아낼 수 있을 것이다. 혹은 전국 선거란 각 유권자의 개별적인 투표결정이 종합된 것이며, 선거구 수준에서 합산해서 전체적인 결과를 생성해내는 것인가? 어쨌든 전국적인 득표율과 전국적인 총의석수를 구하는 계산은 이렇게 작동한다. 그저 각 의석에 투표한 개별적인 투표수를 바탕으로 지역의 결과들을 모두 합치는 것이다. 그렇다면, 각 개인을 모델화하고 합산하는 MRP의 접근법은 그 본질을 잘 담고 있는 셈이다. 게다가 MRP가 옳았을 때 이 접근법은 왜 그런 일이 벌어지는지를 훨씬 잘 설명할 수 있다는 의미다. 의석을 얻거나, 유지하거나, 잃게 만드는 개인 유권자의 변화를 분석해볼 수 있기 때문이다. 그러나 선거는 실제로 개인적이면서도 전국적인 행사다. 그렇기 때문에 여론조사의 미래는 MRP와 전통 여론조사 모두를 수반할 가능성이 높다. 그리고 두 방식 모두 가끔은 잘못된 결론을 내릴 수 있고, 내릴 것이다.

출구조사 : 영국

최근 몇 년 동안 BBC 팔리아먼트 방송에는 특별한 공휴일 프로그램이 방영되고 있다. 영국 총선의 선거일 밤 방송을 다시 한 번 전부 틀어주는 것이다. 여러분은 밤 10시에 투표가 마감될 때부터 시작해 새로운 또는 재선된 총리가 여왕을 만나러 궁으로 향하는 모습 그리고 새로운 정부를 시작하는 모습까지 모든 것을 다시 볼 수 있다. 이는 선거 덕후들을 위한 선물이다.

이 프로그램은 선거구 결과가 충분히 합산되어 승자가 누구인지 확실히 알 수 있을 때, 아니면 적어도 아주 유력한 결과가 드러나게 될 때까지 시간을 때우기 위해 몇 시간 동안 예측방송을 하는 것으로 시작한다. 투표가 끝난 후 발표되는 출구조사는 방송 자체적인 예측과 함께 점차 그 추측의 공백을 매우는 데에 쓰인다. 출구조사의 데이터를 항상 믿을 수는 없고 항상 옳지도 않다. 그러나 최근 몇 년 동안 영국의 출구조사는 계속 승운을 탔다. 2010년과 2015년, 2017년에 실시된 잇따른 세 번의 총선에서, 선거일 밤 10시에 발표되는 출구조사는 전문가와 비전문가들이 예측한 바와는 사뭇 다른 결과를 그려냈다. 2010년에는 자유민주당의 빈약한 의석수를, 2015년에는 놀라운 보수당의 과반수 의석을 그리고 2017년에는 충격적인 형 의회를 예측했다. 이 세 가지 경우 모두에서 출구조사가 옳았고, 앞서 등장한 패디 애시다운과 손에 장을 지지는 사건을 포함해, 의심 많은 전문가와 정치가들이 틀렸다. 2019년 출구조사가 다시 한 번 옳았음이 드러나자, 이 출구조사를 만들어낸 팀에서 가장 높은 지위에 있는 책임자이자 정치학자인 존 커티스는 기사 작위를 받았을 뿐 아니라, 널리 칭송받는 공인의 자리에 올랐다.

영국에서 최초로 출구조사가 실시된 것은 1970년이었다. 이때는 그저 한 선거구에서 벌어진 일로, 테일러, 넬슨 앤드 어소시에이츠가 그레이브젠드에서 조사했다. 이 선거구는 전국에서 가장 사회적으로 대표성을 띤 곳이라 선택됐다. 투표가 끝나고 30분 후에 발표된 통계는 성공적이었다. 조사결과는 보수당이 노동당보다 앞설 것이며, 노동당 표의 4.4퍼센트가 보수당으로 옮겨갈 것임을 보여줬다. 결론적으로 이 예측은 선거구의 결과와도 거의 일치했을 뿐 아니라, 실제로 전국적으로 4.9퍼센트의 표가 움직였다는 것에도 가까웠다. 갓 태동한 출구조사는 일반적인 정치여론조사의 최종 조사보다 나은 성과를 보였다. 심지어 보수당이 앞설 것이라고 올바르게 예측한 여론조사기관 ORC의 최종 여론조사를 능가했다.

출구조사의 정확한 통계는 보수당 46.4퍼센트, 노동당 45.5퍼센트, 자유당 8.1퍼센트였고, 실제결과는 각각 46.8퍼센트, 45퍼센트, 8.2퍼센트였다. 여론조사의 명성을 높여주는 행운이 얼마나 소중한지 다시 한 번 눈여겨보자. 결과가 매우 근소했던 만큼 출구조사는 노동당이 미세하게 앞선다고 보여주면서 잘못된 승자를 예측할 수도 있었을 것이다. 그러나 승자가 틀렸다 하더라도 그 예측결과는 정확한 득표율에 아주 인상적일 정도로 가까웠다.

게다가, 그레이브젠드가 국가를 대표한다고 할지라도 그 선거구의 결과가 그토록 대표성을 띨 수 있었던 데에는 어느 정도 운이 작용했다. 당시에는 선거운동을 벌이는 현직 하원의원과 지지층의 영향력이 그다지 크지 않았고 영국과 스코틀랜드, 웨일스의 정치적 차이가 다른 선거에서 보던 것보다 훨씬 더 적었다. 이제는 현직 노동당 의원이 있는 영국 남부에서 의석을 가져오거나, 다른 정당들이 차지하고 있는 스코틀랜드의 의석에서 무슨 일이 벌어질지를 정확하게 예측할 수 있다고 가정하는 것은 매우 위험할 수 있다.

전국적인 출구조사가 1974년 10월 선거에서 이어졌고, 그 이후 몇 차례 장애물을 거쳐 영국의 출구조사는 탁월한 성적을 보이게 됐다. 특히 지난 여섯 번의 총선에서 그렇다. 그저 행운이 작용했다고 보지 않고 출구조사를 신뢰할 수 있는 세 가지 이유가 있다. 첫 번째는 출구조사가 훌륭한 자료를 갖췄다는 것이다. 2019년 <이코노미스트>는 "출구조사는 아마도 세계에서 가장 비싼, 한 가지 질문으로 된 사회 설문조사일 것이다. 영국의 주요 방송국 세 곳인 BBC와 ITV 그리고 스카이뉴스가 여론조사기관 입소스 모리와 학자들로 구성된 팀에게 합동 출구조사를 의뢰했고, 그 비용은 약 30만 파운드였다."라고 보도했다.

두 번째는 출구조사가 어떤 면에서 일반적인 여론조사보다 상당히 단순하다는 점이다. 논리적으로, 하루 만에 여론조사를 실시하고 그 결과를 아주 즉각적으로 내놓는 일은 매우 고달플 수 있다. 이런 여론조사를 신뢰할 수 있게 조직하는 일은 인상적이다. 그러나 출구조사가 훨씬 더 쉬운 이유는 투표율 모델을 만들어야 하는 걱정이 없다는 데에 있다. 출구조사원은 자신들과 대화하는 사람들이 선거인 명부에 올라와 있는 사람인지 걱정할 필요가 없다는 점도 소소하지만 또 하나의 도움 되는 요인이다.

출구조사가 진정으로 일반 정치여론조사보다 낫다고 믿는 마지막 이유는 더 광범위한 국제적 상황에 있다. 여론조사원 닉 문이 업계 회의에서 언급했듯, 많은 국가에서 투표조사가 잘못될 경우 부정선거가 치러졌다고 비칠 수도 있고 이는 폭동을 일으켜 어쩌면 사망이나 쿠데타까지 이어질 수도 있다. 따라서 출구조사를 제대로 실시해야 한다는 압박이 주어진다. 이 강압적인 환경에서 습득한 기술과 근면함은 좀 더 차분한 민주국가들로도 전해졌다.

영국의 총선 출구조사는 특유의 방법론으로 진화했다. 최다 득표자를 당선시키는 영국의 선거제도는 한 정당이 얼마나 많은 수를 득표해야 하는지를 아는 것은 몇 개의 의석에서 승리할 수 있는지에 대한 안내서, 그러나 그저 근사치를 보여주는 안내서가 된다. 충격적인 사례로, 1997년 총선에서 자유민주당 득표율은 이전의 선거와 비교해 1퍼센트 떨어졌으나, 하원의원의 숫자는 두 배이상 늘었다20명에서 46명으로. 결과적으로 언급하자면, 출구조사는 자유민주당의 목표의석이 전국적인 추이에 역행하는 것 같은 패턴을 파악할 수 있어야만 한다.

상황을 더욱 어렵게 만드는 것은, 출구조사가 사람들이 투표소를 떠날 때 어떻게 투표했는지 묻는 형식으로 진행된다는 것이다. 선거결과는 오직 선거구 기반으로만 발표될 수 있으며, 각 투표소의 통계는 공개되지 않는다. 따라서 출구조사원들은 어느 투표소에서 조사를 할 것인지 선택해야만 한다. 그 과정에서 이 투표소의 이전 선거결과가 전체적인 결과와 비교해 어땠는지 교차점검해서 이 투표소가 대표성을 띈 조합인지 확인하는 것은 불가능하다.

현재의 지지율을 정확하게 측정할 수 있는 출구조사를 할 때 방해가 되는 이런 장애물들을 처리하기 위해, 영국의 출구조사는 이전 선거로부터의 변화를 측정하는 데에 초점을 맞춘다. 존 커티스는 이렇게 설명했다.

최근의 접근법은, 각 정당의 지지율이 선거구마다 상당히 차이가 남에도 불구하고 정당 지지율의 변화가 의석마다 달라지는 정도는 훨씬 적어졌으며 따라서 어느 투표소를 선택하든 올바르게 추정할 가능성이 더 높아졌다는 관찰을 기반으로 삼고 있다. 따라서 각 정당의 득표율을 추정하려고 시도하기보다는, 출구조사는 각 정당의 표가 지난 선거보다 얼마나 늘거나 준 것인지를 추정하고 이 추정치를 지난번의 실제 결과에 적용한다.

그러나 지난 선거에서 각 투표소의 결과를 알지 못한다면 어떻게 해야 할까? 글쎄, 지난 선거에서 사람들이 어떻게 투표했는지를 추정하는 데에 참고하는 투표소들은 지난번에 출구조사가 행해진 투표소들이다. 따라서, 가능한 곳이라면 어디든 출구조사가 지난번과 정확히 동일한 장소에서 실시된다면, 우리는 각 정당의 득표수가 얼마나 올라가거나 내려갔는지 그 추정치를 이끌어낼 수 있다.

출구조사는 변화에 집중할 뿐 아니라 선거구의 다양한 유형 사이에서 제도적인 변동을 고려하며, 그 다양한 유형에 따라 각기 다른 예상 득표율을 끌어낸다. 이 방법론은 왜 선거일 밤 10시에 투표가 끝난 직후 공표되는 대표결과가 모두 득표율이 아닌 의석수를 보여주는지 설명해준다. 출구조사 방법론은 득표율이 아닌 의석수를 예측하기 위한 것이다. 이 점에서 출구조사는 일반적인 투표의향 여론조사와는 반대다.

출구조사 : 미국

미국의 출구조사는 솔직히 그다지 훌륭하지 않기 때문에 따로 할애해서 설명할 필요가 있다. 선거 개표의 정확성이나 공정성이 의심스러운 다른 국가에서는 출구조사를 안전장치로 보고 사용하는 경우가 흔하다. 출구조사 결과를 실제 결과를 비교해보는 것이다. 그러나 미국에서는 2020년 대선에 앞서 프린스턴 일렉션 컨소시엄은 질의응답 글을 통해 자신들이 이 업무를 책임지지 않는다는 의견을 직설적으로 내놓았다.

M.D. : 제 3세계에서는 선거부정이 있는지 확인하기 위해 출구조사와 선거결과를 비교한다. 이번에 미국에서는 사람들이 어떻게 투표했다고 생각했는가와 결과를 비교하기 위해 준비한 부분이 있는가?

샘 : 정확히 그렇게 할 수는 없다. 출구조사 자체에 제대로 가중치를 줄 수 없기 때문이다. 즉, 결과를 반영해서 보정할 수 없다는 이야기다. 여론조사를 사용하는 것이 낫다. 다만 나는 그것이 표준적인 관행이 아니라고 생각할 뿐이다.

이는 미국에서 출구조사가 새로운 문물이며, 이를 제대로 실시하기 위해 충분히 경험이 쌓여 있지 않아서가 아니다. 사실 미국은 최초로 출구조사가 탄생한 고향이었다.

이 선구적인 노력이 언제 생겨났는지에 대해서는 여러 주장이 존재한다. 역사적인 기록이 불완전하게 남겨져있으며, 무엇을 출구조사라고 인정할 수 있는지 의문이기 때문이다. 출구조사의 근대적 개념은 단순하다. 사람들이 투표를 한 직후에 투표소 안 또는 바깥에서 실시되며, 그 데이터는 투표가 끝나자마자 발표되는 선거 예측으로 바뀌는 여론조사가 출구조사다. 이를 기준으로 삼는다면, 선거일에 실시되는 다른 보통의 여론조사들, 다시 말해서 투표소로부터 떨어진 곳에서 아마도 자신이 벌써 투표했다고 대답하는 사람들에게만 한정되어 실시되는 조사의 등장은 최초의 출구조사를 찾아볼 때 포함되지 않을 것이다.

이를 기반으로, 최초의 출구조사는 1940년 콜로라도주 볼더에서 조사를 실시한 전국 여론조사센터 National Opinion Research Center 에게로 그 공을 돌려야 할 것이다. 열여섯 곳의 공식 선거구 투표소에서 유권자들은 투표에 관한 질문과 정책 쟁점에 관한 질문을 모두 받았다. 이 조사는 유권자들이 투표를 했지만 아직 투표소를 떠나기 전에 이뤄졌다. 유권자들은 여론조사질문지들을 받았고, 평범한 투표용지처럼 비밀리에 이 질문지를 작성한 뒤 특별 여론조사기관 투표함에 이를 집어넣었다. 이 실험의 동기가 된 것은 선거결과를 예측하거나 설명하기 위해서가 아니었다. 그 대신, 기표소 안에서 익명이 보장된 채 편안하게 응답할 때와, 그 외의 다른 곳을 방문해서 전통적인 여론조사를 실시하는 여론조사원에게 직접 응답을 할 때를 비교하기 위해 실시한 실험이었다. 연구자들에 따르면 '비평가들은 사회적 질문이나 경제적 질문이 담긴 설문조사의 결과는, 사람들이 만약 투표를 했다면 밝혀졌을 솔직한 의견을 표현하지 않는다고 주장해왔기' 때문이었다. 따라서 투표일에 기표소 안에서 여론조사를 하는 것을 일반적인 여론조사와 비교했다.

이 틈새적인 목표 때문에 최초의 출구조사는 다른 연구자에게 따라하고 싶은 영감을 안겨주지 못했다. 그 대신, 1964년에 여론조사원 루이스 해리스의 한 직원이 계단 오르내리기를 몹시도 싫어한 나머지 우연히 출구조사를 다시 떠올렸다.

1964년 메릴랜드 대통령 예비선거 기간 동안 볼티모어에서 루이스 해리스의 한 조사원이 유권자들의 집을 방문해서 누구에게 투표를 할 것인지/했는지 알아오라는 요청을 받았다. 그리고 이 조사원은 유권자를 찾아다니느라 높은 아파트 건물의 계단을 오르내리는데에 질려버려서, 대신 투표가 한창 진행 중인 동네 학교로 갔다. 선거관리원에게 허락을 받은 그녀는 투표소에서 나오는 유권자들에게 질문을 던졌다. 루이스 해리스는 이 조사원이 한 일을 듣고는 그 아이디어가 마음에 들었다. 따라서 1964년 캘리포니아 공화당 예비선거에서 대규모로 이 방식을 활용했다.

이 캘리포니아 선거를 생방송으로 다룬 CBS의 방송을 다시 보면 다양한 기쁨을 얻을 수 있다. 초창기 컴퓨터에 대한 존경의 마음이 생길뿐 아니라 누군가의 집 부엌에서 집계된 선거구 득표 상

황을 생방송으로 보도하는 특이함도 즐겁게 느껴진다. 시청자들이 숫자를 이해하기 쉽게 만들기 위해서 결국 컨벤션 센터 한 층을 비우고 의자로 만든 커다란 막대그래프를 만들어서, 각 공화당 대선 후보의 상대적인 성공을 보여주는 시도가 이뤄졌다.

루이스 해리스 자체도 방송에 나왔고, 투표가 마감된지 고작 23분 후에 그리고 공화당 대통령 예비선거 투표의 고작 2퍼센트가 개표됐을 때 CBS는 배리 골드워터가 승자라고 선언했다. 다른 매체들보다 훨씬 앞선 보도였고, 골드워터가 한동안 미가공 투표 집계에서 계속 뒤쳐져 있자 크게 곤란한 상황에 빠진 것처럼 보였다. 통신사들은 어느 CBS 지부가 그랬듯 선거에서 록펠러가 승리했다고 잘못된 보도를 했다. 그러나 결국 골드워터가 고작 1,120,403표 대 1,052,053표로 승리했다. CBS는 체면을 지켰고, 심지어 신속하고 옳은 보도로 명성을 높일 수 있었다.

CBS는 이전 예비선거에서 승자를 먼저 예상하기 위해 NBC와 치열한 경쟁을 해왔다. 한 번은 지역의 결과들을 알기 위해 기자들로 이뤄진 대규모 팀이 전화를 걸면서 어마어마한 전화비가 청구되기도 했지만, 결국 NBC를 앞지르는 데에는 실패했다. 이번 선거에서 성공적으로 그리고 극도로 빠른 시일에 승자를 선언할 수 있던 두 가지 이유가 있었다. 하나는 VPA^{Voter Profile Analysis}다. VPA는 전체 주를 대표할 수 있도록 선정된 선거구에서 신중하게 표본을 선발한 후 미가공 총 득표수를 수집하는 정제작업이다. 현지에 나간 대규모 팀이 각 선거구 현장에서 발표되는 숫자들을 수집하고, IBM 컴퓨터가 이를 고속으로 처리했다. 선거구의 대표성을 띤 표본을 사용해서 VPA는 바라건대 좀 더 정확한 그림을 그려낼 수 있었다. 아무 선거구로부터 그 시점까지 집계된 미가공 총 득표수를 단순히 살펴보는 것과는 달랐다.

VPA는 1962년 선거에서 세간의 이목을 끄는 예행연습을 했던 바 있다. 그 가운데는 미시건 주지사 자리를 두고 현직자 존 스웨인슨과 도전자 조지 롬니가 경쟁한 선거도 있었다. 미가공 총 득표수는 스웨인슨이 앞서 있음을 보여주었지만, CBS는 생방송에 내보내기 직전 롬니의 승리를 선언했다. 그 결과를 믿지 못한 사람은 스웨인슨 뿐이 아니었고, 롬니 역시 CBS가 그의 이름을 호명하자 믿지 못했다. 그러나 CBS가 옳았고, 롬니가 이겼다. 그 차이가 얼마나 근소했는지를 고려하면, CBS가 승자를 제대로 지목한 데에는 어느 정도 운이 작용했다 익숙한 이야기다.

캘리포니아에서 일찍이 승자를 호명할 수 있던 두 번째 요인은 출구조사였다. 미가공 총 득표수는 저녁 7시를 갓 넘자마자 나왔고, 골드워터가 앞섰음을 보여주었지만 베이 지역의 데이터가 나오지 않은 상태였다. 따라서 골드워터를 승자로 선언할 것인지 더 많은 데이터가 필요한지 묻자 해리스는 동료에게 이렇게 설명했다. "걱정하지 말게. 우리는 표본 선거구 내의 투표소에서 나오는 사람들을 대상으로 조사를 했네. 그리고 그 정도면 대체조사로 충분할 걸세."

그 출구조사는 평범치 않은 형식으로 이뤄졌다. 사람들은 누구를 뽑았는지에 따라 검은 콩 또는 흰 콩을 골라달라고 요청을 받았고, 그 콩의 개수를 합산했다. 콩의 총 갯수는 별도의 여론조사라기보다는 실제 투표 데이터를 기반으로 한 예측을 보완하는 역할이었다. 그리고 출구조사 그 자체보다 더 출구조사에 가까웠다.

　VPA와 콩 세기의 조합은 CBS와 해리스에게 주목할 만한 '승리'를 안겨줬다. 그러나 다시 한 번, 해리스와 그의 여론조사 동료들은 전적으로 운이 좋았다. 최종적인 여론조사 데이터에서 골드워터가 앞서 있었지만 고작 오차한계 내였기 때문이었다.

　해리스는 1964년 캘리포니아 예비선거에서 출구조사를 개척한 유일한 사람이 아니었다. I. A. '버드' 루이스의 지휘 하에 NBC 역시 같은 방향으로 첫 발을 내딛었다. 루이스는 NBC의 여론조사 책임자가 되기 전에는 TV 진행자 데이브 개로웨이와 공동진행자인진짜 침팬지를 위해 대본을 쓰는 방송작가였다. 루이스는 결과를 예측하기 위해 체계적인 방식으로 수집 및 분석하지는 않았지만, 선택된 선거구에서 투표를 표본으로 만들기 위해 대학생들을 모았다.

　따라서 출구조사가 순조로이 발전하고 있었다. 출구조사에 더욱 영감을 준 것은 상업적인 시장조사기술이었다. TV방송국 CBS의 선거보도를 담당했던 두 명의 베테랑이 설명하듯, CBS/해리스가 1964년 출구조사를 시작했음에도 불구하고 방송에는 3년 후에 도입됐다.

1967년 우리는 CBS에 출구조사를 도입했다. 우리는 조지 파인이
우리에게 해준 이야기 때문에 투표소에서 유권자들을 조사하게 됐
다. 파인은 우리에게 자신이 영화를 본 관람객들을 어떻게 조사하
는지 들려주었다. 그의 목표는 영화사를 위해 피드백을 수집해서
영화가 전국적으로 개봉하기 전에 영화사가 이를 수정할 수 있도록
하는 것이었다. 우리는 1967년 켄터키 주에서 처음으로, 외로운
주지사의 레이스를 위해 선거구에서 유권자들을 조사했다. 1968
년 우리는 총선에서 CBS가 보도하는 여섯 번의 예비 선거를 위해
그리고 총선에서는 21개주에서 이 기술을 활용했다.

이런 유리한 출발해도 불구하고 미국의 출구조사는 영국과 그
외 국가만큼 명성을 얻지 못했다. 공정하게 말하면, 어느 정도는
선거일 밤에 두 가지 다른 종류의 통계가 혼란을 만들어내기 때문
이다. 바로 예측과 출구조사다.

미국에서는 영국과 달리 득표수를 집계한 뒤 공식통계는 전체
선거지방보다는 지역단위로 공개된다. 따라서, 예를 들어 주지사
를 뽑기 위한 주 규모의 선거에서 수치는 가장 작고 빠른 선거구
로부터 나오기 시작할 것이다. 이와는 대조적으로, 영국에서는 공

식적인 총 득표통계만 발표한다. 미국에서는 투표소가 닫히는 순간 결과를 예측하려고 사용한 출구조사가 있다기보다는, 출구조사 데이터와 실제 투표 통계표를 조합해서 이후 저녁에 각 장소에서 누가 이겼는지 선언하는 데에 사용한다그리고 아주 접전일 경우에는 며칠 이후가 되기도 한다. 이 결합된 예측이 2000년 이전에 몇 십 년 동안 잘 굴러갔다. 다음과 같은 식이었다.

세기의 거의 삼분의 일이 흐르는 동안 뛰어난 성공을 기록했다. CBS 뉴스가 일방적으로 이 방법론을 사용했고 1967년과 1988년 사이에는 주 선거와 예비선거에서 승자를 잘못 예측하는 다섯 번의 실수를 저질렀다. VNS^{Voter News Service}가 CBS 체계를 수용한 뒤 2000년 선거 전까지 10년 간 연합보도를 하면서 동일한 방법론으로 단 한 번만 실수를 저질렀다.

그 후 2000년이 왔다. 치열한 접전이 벌어지면서 대선 결과는 단 한 곳인 플로리다 주에만 달려 있었고, 처음에 TV 방송국들은 민주당 알 고어가 플로리다 주의 승자라고 선언했다실제 투표와 출구조사를 종합한 결과였다. 그 후 이 발표는 취소됐고 다시 공화당 조지 W 부시실제 투표를 기반으로 한 예측이었다가 플로리다 주에서 승리했다고 발표됐지만 이 역시 취소됐다. 투표결과는 믿기 어려울 만큼 근소한 차이였고 재판을 통해 결정해야만 했다. 그리고 대법원이 재검표

를 중단시키자 알 고어는 여기에 승복했다.

2000년만이 단 하나의 오점이 아니었으며, 이때부터 험난한 길이 시작됐다. 특히 2004년 출구조사는 틀렸으며, 출구조사 데이터가 유출되고 루머가 만들어지면서 선거일에 여러 방송국이 존 케리가 승리했다는 잘못된 이야기를 하기 시작했다. 그는 승리하지 못했다. 2007년에는 다음과 같이 글이 나왔다.

지난 네 번의 전국선거가 치러지면서 출구조사의 다양한 문제점들이 존재했으며, 따라서 언론사들은 2008년 선거일 밤 보도에 있어서 출구조사가 보여줄 결과들을 과신하지 않을 예정이다. 출구조사를 합동으로 실시하는 여섯 언론사인 ABC, CBS, CNN, Fox, NBC 그리고 AP는 2000년 선거 이후 여러 우여곡절을 겪었다. 위대한 승리도 거뒀지만 극적인 실패도 있었고, 여론조사를 '고치기' 위해 어마어마한 노력을 들였고 그 과정에서 수백만 달러를 써야만 했다.

그 이후로 출구조사의 정확성인지 무엇인지는 계속해서 논란의 대상이 됐다. 미국의 출구조사가 영국만큼 정확하지 않은 이유는 확실치 않다. 오류의 원인을 둘러싼 의혹에도 불구하고, 미국의 출구조사를 신뢰할 수 없다는 사실만으로도 이를 다른 국가의 출구조사보다 더 신중히 다뤄야한다는 의미가 된다.

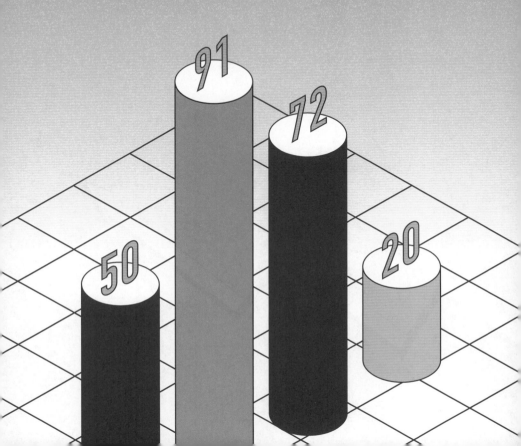

제6장

여론조사는
옳다

"우리가 이기거나 약간 앞섰다고 보여주는 여론조사는 모두 옳다"

- 리처드 커즐렙, 1968년 허버트 험프리 대선운동의 홍보책임자

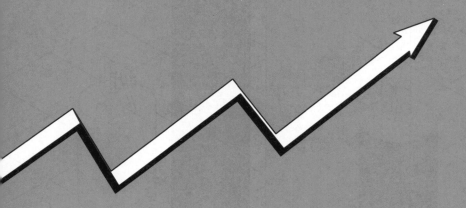

이 세기의 두 번째 십년은 정치여론조사의 명성에는 쉽지 않은 시기였다. 세간의 이목을 끄는 명백한 실패가 여러 차례 벌어져 사람들의 뇌리 속에 박혀 버린 표제를 생성해냈고, 그 후 몇 년 동안 여론조사의 명성을 갉아 먹었다. 그러나 이런 논쟁을 고려한다 해도 어떻게 정치 여론조사가 대체적으로 괜찮게 작동하는지를 보여주는 연구가 이어지고 있다. 완벽하지는 않지만 분명 계속 관심을 기울일 만큼 충분히 훌륭하다는 것이다.

정치 여론조사 수난기

2016년 3월 8일 오후 7시 28분, 웹사이트 파이브서티에이트의 릿치 킹은 그날 미시건 주의 민주당 대선 예비선거의 결과를 예측하는 여론조사들을 바탕으로 라이브블로그에 그래프를 하나 올렸다. 그해 초 2월부터 그날에 이르기까지 힐러리 클린턴이 버니 샌더스를 이길 것이라고 예측한 가능성은 100퍼센트에 가까웠다. 최종 데이터는 '99퍼센트'라고 표시됐다.

밤 9시 25분, 웹사이트의 창립자이자 기안자인 네이트 실버는 "만약 샌더스가 미시건에서 마침내 승리를 거둔다면, 사실상 예비선거 역사상 가장 막대한 여론조사의 오류로 남게 될 것이다." 라고 지적했다. 밤 11시 37분, 해리 엔튼은 이렇게 보도했다. "대선 예비선거 역사상 가장 충격적인 사건 중의 하나로, AP는 미시건 주의 승자가 샌더스라고 선언했습니다."

미시건주는 대중의 높은 관심을 받은 명백한 여론조사 실패사례 가운데 하나였다. 몇 년 동안 집중적으로 발생한 이 실패사례들은 각기 정치여론조사의 명성을 갉아 먹었다. 그러나 더욱 면밀히 살펴보면 모두가 완전한 실패는 아니었다. 2016년 6월에 실시된 영국의 국민투표를 살펴보자, EU 회원국 자격을 두고 실시한 이 선거의 투표결과로 영국은 EU를 탈퇴했다. 이는 가끔 여론조사가 잘못되는 예시로 사용된다. 그럴 만한 일이다. 여론조사 평균은 '잔류'가 앞서고 있었고, 투표일 당일에도 전통적인 출구조사는 이뤄지지 않았지만 사람들에게 어떻게 투표했는지를 묻는 유고브 온라인 여론조사가 있었다. 여기에서도 유고브의 예전 여론조사와 비교해 '잔류'가 상당히 앞서 있었다. '잔류' 표가 우세할 것이라는 광범위한 기대에 더해, 국민투표 캠페인의 후기단계에서 '스테이터스 쿠오^{현상유지}'를 향해 가는 국제적인 추이 등의 증거가 이를 더욱 부추겼다. 따라서 '탈퇴' 진영이 승리했다는 충격은 사람들에게 여론조사가 틀렸다는 인식을 심어주었다.

그러나 좀 더 자세히 살펴보자. 여덟 곳의 여론조사기업은 선거일 직전에 '최종' 여론조사를 실시했고, 평균적으로 '잔류'가 52퍼센트, '탈퇴'가 48퍼센트인 결과를 얻었다. '잔류'가 48퍼센트이고 '탈퇴'가 52퍼센트였던 실제 결과와 비교해서 훌륭하지는 않앉으나, 그렇다고 해서 끔찍하게 형편없지도 않았다. 득표율 오차는 여론조사기관에게 결코 편안한 수치는 아니었으나 그렇다고 어마어마하지도 않았다4퍼센트. 실제로, 여론조사에서 '잔류'가 52퍼센트 나왔다는 것에서 우리는 '잔류'의 의견이 질 가능성이 여섯 번 중 한 번쯤이라고 예상했어야 했다. 자주 벌어지는 일은 아니지만, 우리가 전통적인 방식으로 러시안 룰렛 게임을 한다면 여섯 번 가운데 한 번, 총알 여섯 발 가운데 한 발은 분명 높게 느껴진다. 게다가 최종 여론조사 가운데 두 번은 '탈퇴'가 앞선다고 보았고, 이 결과는 TNS와 오피니움 등 두 곳에서 나온 결과였다. 제 11장에서 보겠지만, TNS와 오피니움은 이전의 2015년 총선에서 여론조사 오류를 가장 적게 낸 곳들 가운데 하나다. 국민투표에 앞서 전체적으로나 부분적으로 실시된 여론조사 전체를 보면 거의 완벽하게 반으로 갈라졌다. 14개는 '잔류'의 승리를, 16개는 '탈퇴'의 승리를 점쳤고, 하나는 동점을 가리키고, 또 하나는 선호되는 방법론에 따라 어느 한쪽이든 가리켰다.

따라서 당시의 예상과는 달리 '탈퇴'의 승리 가능성을 뜻하는 데이터가 넘쳐났던 것이다. 최종 여론조사에서 틀렸던 여론조사기관 가운데 하나인 입소스 모리조차도 '탈퇴'가 승리할 가능성이 26퍼센트라고 계산한 통계를 제시했다. 적어도 여론조사에서 가장 문제가 됐던 것은 사람들의 과도한 확신이었다. 여론조사기관들이 무슨 이야기를 하고 있는지 그 상세한 내용에 좀 더 관심을 기울였다면 그 결과에 충격을 덜 받았을 수도 있다.

이와 유사하게, 전국적인 미국 대선 여론조사 역시 2016년 힐러리 클린턴의 승리를 점치며 잘못된 결과를 내놓았지만 대중투표에서는 힐러리가 앞선다고 예측한 점에서는 맞았다. 그녀가 트럼프보다 더 많이 득표했기 때문이다. 실제로 2016년 미국 여론조사가 각 후보의 실제 득표율에 얼마나 가깝게 예측했는가에 따라 판단한다면 역대 대선에서 실시된 여론조사들보다 더 정확했다. 반면에 2012년 여론조사와 최종 결과는 모두 버락 오바마를 승자로 지목했으며, 2016년 경합주에서조차 미국의 여론조사는 그다지 크게 틀리지 않았다. 물론 이 요인은 가끔 다른 방향으로 틀리기도 한다. 예를 들어, 2017년 프랑스 대선의 2차 결선투표에서 여론조사들은 득표율 예측으로만 보았을 때는 매우 형편없었다. 그러나 이런 오류를 저지르면서도 여론조사는 에마뉘엘 마크롱이 압도적으로 승리할 것이라 보았고, 실제 결과에서는 더욱 압도적으로 마크롱이 이겼다. 가장 재미없는 오류라면 바로 이런 게 아닐까.

근거

그러나 여론조사의 정확성을 옹호하기 위해서는 여론조사가 실패한 근거라고 하는 개별적인 사례들에 반론을 제기하는 것으로는 부족하다. 또한 더 긴 세월 동안, 더 많은 국가에서, 더 많은 선거를 두고 실시된 더 많은 여론조사라는, 더 큰 그림을 보는 것도 중요하다. 그럼으로써 여러분은 정치 여론조사에 관해 연속적이고 종합적인 기록을 얻을 수 있다. 한 가지 예로는 독일에서 <쥐트도이체 차이퉁-Suddeutsche Zeitung> 신문이 실시한 연구가 있다. 이 연구는 시간이 지나도 감소하지 않는, 인상적인 수준의 정확성을 찾아냈다.

2020년 이후 주 선거와 연방선거에 대해 실시되고 선거일 전 1년 이내에 발표된 모든 여론조사에서, 평균오차는 평균적으로 2.4퍼센트였다. 선거일이 포함된 주에는 신뢰도가 확연히 증가했고, 선거 14일 전에 평균오차는 1.6퍼센트로 떨어졌다. 다른 방식으로는 선거결과를 더 정확히 예측할 수 없었다. 그리고 그 품질은 장기간 동안 꽤나 일관적으로 유지됐다.

이 발견을 뒷받침하는 것은 윌 제닝스와 크리스토퍼 블레지엔이 여론조사의 신뢰도를 주제로 실시한 가장 포괄적이고 국제적인 연구다. 여론조사를 의뢰한 여론조사기관과 언론매체보다 더욱 학구적인 입장에서, 제닝스와 블레지엔은 딱히 선호하는 결론이 없는 채로 연구에 임했다. 이들에게 여론조사가 정확한지 정확하지 않은지를 알아내는 일은 똑같이 훌륭한 연구결과로 이어질 것이었다. 이들이 발견한 결과는 여론조사기관에게 도움이 됐다.

우리의 분석은 1942년과 2017년 사이에 45개국 351개 총선에서 실시된 3만 건 이상의 전국여론조사에 의거하고 있다. 우리는 일반적인 통념과는 대조적으로, 여론조사의 최근 성과가 일반적인 수준을 벗어나지 않았음을 발견했다.

이는 분명 통념과 근거에 상충되는 사례다. 윌 제닝스는 "세간의 이목을 집중시킨 여론조사 오류를 기억하고 다른 여론조사 성공사례를 지워버리기란 매우 쉽다."라고 설명했다. 여론조사 실패는 여론조사 성공보다 더 기억에 남는다^{출구조사는 제외하자. 영국에서 출구조사가 놀라울 정도로 정확하게 예측했다는 점은 매우 인상적이었고, 앞장에서 보았듯 처음에는 정치인들과 전문가들의 불신과 맞닥뜨렸다는 점에서 더욱 그랬다.}

평균적인 여론조사 오차는 선거전 최종 여론조사에서의 득표율 통계와 정당이나 후보가 확보한 득표율 간의 차이로 1942년에서 2017년 사이에 겨우 2.1퍼센트뿐이었다. 몹시도 근소한 차이이며, 2000년 이후 평균적으로 2.0퍼센트임을 보자면 오차율이 상승한 것도 아니었다. 실제로, 오차율이 장기간의 궤적을 따라 완만하게 낮아지고 있는 조짐도 보인다. 또는 2015년에서 2017년 사이를 확대해 살펴보아도 평균적인 오차수준에서 급상승하지 않았다.

이 감탄스러울 정도로 낮은 오차율에는 함정이 있다. 제닝스와 블레지엔은 "여론조사의 성과는 정치적 맥락에 따라 이해할 수 있는 방식으로 다양하다."라고 설명했다. 특히나, 다음에 언급할 다른 연구들에서처럼, 이들은 여론조사 오차는 거대정당의 선거에서 가장 크게 나타나는 경향이 있다. 이 정당들은 보통 권력과 선거 승리자의 지위를 두고 싸우며, 따라서 여론조사 오차가 발생했을 때 가장 눈길을 끌게 되어 있다. 특히나 여론조사에서 선두에 있던 정당이 투표가 집계됐을 때 승자가 아니라면 더욱 그럴 것이다.

3만 건 이상의 여론조사와 약간 더 긴 기간인 1936년부터 2017년 사이에 진행된 또 다른 연구도 비슷한 결론에 도달했다. "세계적인 수준의 여론조사들을 검토했을 때 보통은 매우 정확하다. 선거일 7일 전에 실시된 여론조사의 평균오차는 ±2.5퍼센트로 나타났다." 오차율^{여기서는 상위 네 개의 당 또는 후보가 득표한 비율의 평균오차를 계산했다}은 선거일에 가까워질수록 떨어졌다.

선거일에서 3-6개월 전: 4.4퍼센트

2-3개월 전: 4.5퍼센트

1-2개월 전: 3.9퍼센트

3-4주 전: 3.7퍼센트

2-3주 전: 3.6퍼센트

1-2주 전: 3.2퍼센트

1주 전: 2.7퍼센트

2-5일 전: 2.5퍼센트

2일 전: 2.5퍼센트

이 분석은 국가 간의 비교를 무겁게 경고한다. 특정 국가에서 여론조사를 더 쉽게 또는 더 어렵게 만드는 여러 가지 요인이 존재한다. 예를 들어 선거결과가 얼마나 변덕스러우며 정당이 얼마나 자주 생기거나 사라지는지 등이다. 게다가 여러 국가에서 여론조사를 비교할 만큼 여러 번의 선거가 열리는 것도 아니다. 그러나 우리가 여론조사기관들이 얼마나 일을 잘하는지를 판단하기보다는 이를 위해서는 국가마다 여론조사의 난이도가 다르다는 것을 인정해야 한다 여론조사가 대중들에게 얼마나 유용한지 결과에 얼마나 가까운지를 평가하는 관점에서 바라본다면, 미국과 영국이 둘다 표본으로 선정된 18개 국가의 오차 평균 중에서 최악임을 눈여겨볼 가치가 있다. 다만, 여론조사는 여전히 유용한 가이드가 되기 때문에, 잘하지 못했다고 해서 틀리게 했다는 의미는 아님을 명심하도록 하자.

미국이 상위권에 위치하고 있다는 사실은 여론조사의 명성으로서는 안타까운 일이다. 미국의 선거에는 국제적으로 가장 많은 관심이 쏠리고, 따라서 미국 여론조사가 고군분투하는 모습에도 역시 전 세계로부터 훨씬 더 많은 관심이 쏠리게 된다 미국의 문제는 최고

의 여론조사기관들이 미국에서의 여론조사가 다른 나라에서보다 좋은 결과를 얻기가 더 어려움을

깨달은 데에서 나온 것인지, 혹은 미국의 여론조사의 상업적인 역학관계가 다른 나라에서보다 저

품질의 조사를 더 많이 부추기면서 평균적인 여론조사 성과를 전체적으로 끌어내린 탓인지에 관

한 질문은 아직 답을 찾지 못했다. 영국의 매체들은 미국의 선거에 많은 관심

을 기울이고 있으며, 따라서 영국의 독자들에게 자국도 만만치 않

다는 점에서 문제가 증폭된다.

    정치 이외의 분야에서, 평균적으로 고작 2퍼센트 내외의 오차

를 가지는 여론조사는 거의 언제나 필요 이상으로 훨씬 더 정확해

진다. 여론조사에서 65퍼센트의 사람들이 한 핸드폰 브랜드가 돈

이 아까운 품질이라고 생각한다고 나왔다면, 65라는 숫자가 크게

빗나갔고 진짜 수치는 예를 들어 55퍼센트와 75퍼센트 사이에 있

다고 하면, 그래도 여전히 여러분이 알고 싶은 모든 것을 담고 있

다. 이 브랜드에는 가성비의 문제가 있는 것이다. 쟁점이나 지도

자에 대한 정치 여론조사에서도 마찬가지다. 15퍼센트의 사람들

이 정직하다고 생각한다는 소식은 그 오차가 아무리 크다 하더라

도 그 어떤 나라의 지도자에게도 달갑지 않을 것이다. 그러나 투

표의향이 접전을 이룰 때, 특히나 최다득표자가 당선되는 선거에

서 2퍼센트의 평균오차는 문제가 될 수 있다. 그 2퍼센트가 승리

와 패배를 가르기 때문이다. 그럼에도 문제는 여론조사의 오차율

이 아니라, 사람들이 접전의 선거에서 여론조사가 제공할 수 있는

것보다 더 큰 확실함을 원한다는 데에 있다. 아이러니하게도 선거

경쟁이 치열할수록 여론조사의 세부적인 내용은 더 흥미롭게 보이고 더 큰 주목을 받게 된다. 다만 그 치열함으로 인해 여론조사가 승자를 잘못 예측할 가능성 역시 커진다.

대체적으로, 정치 여론조사기관 여론조사의 정확성이 안정되거나 개선되었으며 평균 오차율이 한자리 수로 줄어들게 된 것은 정치 여론조사기관의 업적이다. 그동안 이들에게 불리하게 흘러가던 추이를 고려하면 더욱 그렇다. 제닝스와 블레지엔이 지적하듯, 유권자가 좀 더 유연해져야 한다. 몇 십 년 동안 많은 국가에서 유권자들이 의사결정을 할 때 계층은 요인으로서 축소됐고, 유권자의 유동성은 점차 커지고 있다. 대면조사를 포함해 설문조사의 응답률은 떨어지고, 좋은 표본을 구성하기는 더욱 어려워졌다. 그러나 여론조사는 그 전반적인 정확성을 유지하고 있다.

또 다른 근거를 요약하자면 다음과 같다.

선거 전 7일 이내에 실시된 여론조사의 정확성:

88퍼센트는 자신들이 명시한 오차한계 이내로 예측함

85퍼센트는 정확히 결과를 예측함.

제 7 장

여론조사는
그르다

"나는 갤럽의 여론조사가 대중들이 무엇을 생각하는지에 대한 내 생각을 굳혀줄 때만 그 조사결과를 완전히 확신한다."

- 하원의원 리처드 크로스맨

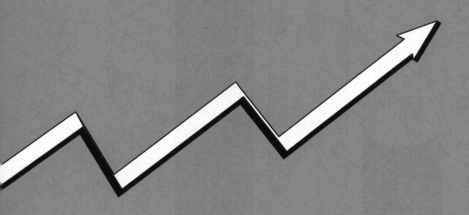

정치여론조사가 대개는 옳다고 보여주는 근거는 매우 많지만 역사에 확연한 흔적을 남기는 것은 정치 여론조사가 실패한 유명사례들이다. 걱정이 담긴 표제와 자신감의 위기 그리고 업계의 사후검증 등을 탄생시킨 것은 여론조사의 성공이 아닌 실패 덕이다.

또한 왜 정치 여론조사가 올바른 예측을 내놓을 수 있는 지를 가장 잘 설명하기 위해서도 실패사례를 이해해야 한다. 이 부분을 이해하기 위해서 항공과 원자력 등의 분야에서 흔하게 쓰이는 스위스치즈 안전이론 혹은 좀 더 지루한 표현으로는 '누적행위 효과'를 빌려와보도록 하자. 안전에 관해 이런 사고방식을 개척한 사람 중 하나는 심리학자이자 인적 오류의 전문가인 제임스 리즌으로, 그는 우연히 차 주전자에 고양이에게 줄 음식물들을 넣다가 안전에 흥미를 가지게 됐다. 우리가 이해하기에는 고양이보다는 치즈를 떠올리는 것이 더 쉽다. 여러 장의 치즈처럼 비행기에 장착된 다양한 안전장치를 상상해보자. 여러분이 치즈에 손가락을 찔러 넣어서 모든 치즈를 한 번에 다 꿸 수 있다면 그 때 사고가 발생한다고 보는 것이다. 가장 기본적인 안전은 간단히 손가락을 집어넣을 수 없을 만큼 두터운 치즈를 충분히 여러 장 쌓아놓았는지를 확인하는 데에서 나온다. 그러나 이 치즈는 각 장마다 구멍이 숭숭 뚫린 스위스치즈 조각이다. 치즈 한 장 한 장마다 구멍들이 서로 줄을 맞춰서 나있는 게 아니라 전체적으로 골고루 퍼져있다면 여전히 손가락으로 치즈들을 관통할 수 없다. 그러나 운이나 상황이 도와주지 않아서 한 장의 구멍 하나가 다음 장의 구멍

제7장 여론조사는 그른다

과 그리고 또 그 다음 장, 또 그 다음 장의 구멍과 일치하게 된다면, 그러면 두텁고 멋지게 쌓으며 안심했던 치즈들 사이로 갑자기 손가락이 쉽게 뚫고 지나가버리고, 비행기는 추락하게 된다. 정치 여론조사도 비슷하다. 1948년 미국 여론조사의 실패에서 보았듯이, 여론조사가 단 한 가지 이유로 잘못되는 경우는 드물다. 그보다는 여론조사에 오류가 발생하려면 여러 문제들이 한꺼번에 겹쳐야 한다.

1970년 : 영국 여론조사 대재앙 첫 번째

영국의 1951년과 1955년, 1959년 총선에서 세 차례 연달아 보수당이 승리하면서, 언젠가 다시 노동당이 승리할 수 있을 것인지에 대한 의심이 생겨나기 시작했다. 1960년에 비록 소규모 표본을 이용했지만 상세한 설문조사 작업을 기반으로 영향력 있는 책이 출간됐다. 마크 아브람스, 리처드 로즈 그리고 리타 힌덴이 쓴 《노동당은 반드시 져야 하는가Must Labour Lose?》였다.

그 후 해럴드 윌슨이 이끄는 노동당은 스스로를 미래에 대비하는 정당이라고 성공적으로 포지셔닝했고, 반면에 보수당은 과거에 틀어박혀 스캔들로 인해 옴짝달싹못하는 정당으로 만들었다. 윌슨은 1964년 종이 한 장 차이로 승리했고, 1966년 총선에서 노동당은 확실한 다수당이 됐다. 1970년 총선에 앞서, 그와 노동당은 편안하게 재선을 향해 가고 있는 것처럼 보였다. 여론조사의 결과도 그렇게 말하고 있었으며, 게다가 이전에 윌슨이 치렀던 선거들에서 승리를 예측한 바 있었다. 1964년 갤럽과 NOP 그리고 리서치 서비스 리미티드는 모두 최종 여론조사에서 노동당이 약간 앞섰다고 발표했고, <데일리 익스프레스>의 여론조사만이 보수당이 살짝 앞선다고 보았다. 그마저도 보수당이 2퍼센트도 아닌 1퍼센트 차이로 앞서 있다고 보는, 그다지 심각한 오류는 아니었다. 그리고 1966년 모든 여론조사기관들은 윌슨의 노동당이 훨씬 앞서 있다고 보며 올바르게 예측했다.

1970년, 여론조사들에 따르면 다시 한 번 노동당에게 희망이 보였다. 다섯 곳의 여론조사기관 가운데 네 곳인 갤럽, 해리스, 마플랜, NOP는 최종 여론조사에서 노동당이 보수당보다 2퍼세트에서 10퍼센트 정도로 앞설 것이라 보았다. 다만 ORC는 보수당이 단 1퍼센트 차이로 앞선다고 예측했다. 그러나 ORC 역시 그전에 실시한 두 차례의 여론조사에서는 노동당이 이길 것이라고 보았고, 실제로 선거 전에 실시된 마지막 여론조사 열일곱 번 가운데 열여섯 번그리고 마지막 스물일곱 번의 여론조사 가운데에서는 스물다섯 번은 노동당의 승리를 점쳤다. 이런 상황과 다른 여론조사기관의 결과들로 인해 보수당의 승리를 내세운 ORC의 여론조사는 마치 불량처럼 보였다. ORC에 여론조사를 의뢰한 <이브닝 스탠다드>조차 그 조사결과를 전적으로 믿지 못하고 1970년 6월 18일 다음과 같이 경고성 보도를 냈다. "1948년 미국에서 벌어진 트루먼 대 듀이의 격전에서처럼, 이번 선거 역시 생각건대 여론조사가 잘못된 결론을 내놓을 수도 있는 그런 선거다." 마치 미리 내다보기라도 했듯 "여론조사가 좋아하지 않는 것이 하나 있다면 바로 아슬아슬하게 마무리된 시합이다."라고 경고하기도 했다.

그 후 유권자가 투표를 했고, 보수당이 2퍼센트 차이로 이겼다. 해럴드 윌슨은 총리직에서 물러났고 보수당이 다시 권력을 손에 쥐었다. 이 여론조사는 온 세상의 주목을 받으며 극적으로 실패해 버렸고, 1948년 미국에 대한 영국의 응답이 됐다. 이 사태는 1970년 여론조사를 의뢰한 영국의 신문사들이 처음으로 다른 신문사들이 그 결과를 받아서 보도하는 것을 막기 위해 여론조사에 저작권을 확고히 하지 않았기 때문에 더욱 악화됐다. 경쟁사에서 기사를 베끼지 않게 하려고 신문의 최종판이 나올 때까지 통계를 공개하지 않는다거나, 통계치를 재배포하는 다른 신문사들은 저작권을 위배하는 것이라고 위협하는 기사도 실리지 않았다. 대신 1970년 모든 신문의 여론조사는 어디든 보도됐고, 여론조사에 관한 기사는 선거운동 보도의 대부분을 차지했다. 예를 들어, <더 타임스>가 선거운동기간부터 선거 당일까지 23차례 발행되는 동안 여론조사가 1면을 장식한 횟수는 여덟 번이다. 그로 인해 여론조사의 집단적인 실패는 훨씬 더 눈에 띄었다.

뭐가 잘못되었던 걸까? 널리 권위를 인정받는 너필드 연구는 이렇게 결론지었다.

1970년 여론조사의 실패에 대해 가장 그럴듯한그리고 여론조사기관들에게 가장 편리한 설명은 마지막에 보수당으로 마음을 돌린 유권자들에게서 찾을 수 있을 것이다. 우리가 노동당이 주도하는 이 그림을 얻기 위해 최종 여론조사 각각에서 조사기간의 중간 부분을 들여다보면…

그러면서 이 결론을 뒷받침할 수 있는 다음의 통계를 제시한다. 여기에서의 날짜는 각 여론조사가 현장에서 실시된 기간 가운데 중간일자다.

6월 12일: 9.6퍼센트 – 마플랜

6월 15일: 7퍼센트 – 갤럽

6월 15일: 4.1퍼센트 – NOP

6월 15일: 2퍼센트 – 해리스

6월 17일: –1퍼센트 – ORC

6월 18일: –2.4퍼센트 – 실제 결과

노동당이 대세에서 멀어지는 기운이 분명히 보인다. 선거운동 막바지에 무슨 일이 벌어졌는지를 고려한다면 있을 법한 일이다. 선거일 전 일요일6월 14일에는 영국이 FIFA 월드컵에서 4강에 오르지 못하고 나가떨어져서 그 다음날인 월요일에 화창한 여름날씨속 청천벽력 같은 소식을 전하게 됐다. 게다가 정부로서는 상당히 좋지 않은 소식인 충격적이고도 침울한 국제수지가 같은 날 기사로 다뤄졌다. 이런 상황들이 겹치면서 나라 전체적인 분위기가 바뀌었을 것으로 보인다.

그러나 이 데이터를 제시하는 다른 방법들이 있다. 각 여론조사에서 현장연구의 가운데 날이 아닌 마지막 날을 기준으로 통계표를 정렬해본다면 그리고 그 결과가 동일할 때 이른 날짜에 시작한 여론조사부터 배열해본다면 그 목록은 다음과 같다.

6월 14일: 9.6퍼센트 – 마플랜

6월 16일: 2퍼센트 – 해리스

6월 16일: 4.1퍼센트 – NOP

6월 16일: 7퍼센트 – 갤럽

6월 17일: −1퍼센트 – ORC

6월 18일: −2.4퍼센트 – 실제 결과

더 이상은 추이가 딱 떨어지게 보이지 않는다.

공정하게 말하자면, 너필드 연구는 '막판 표심이동 이론Late-swing theory'을 지지하는 다른 근거들도 함께 제시하면서 총선 직후 실시된 여론조사를 언급했다. "6월 20일 주말, ORC 조사에 따르면 보수당에 투표했다고 응답한 유권자들 가운데 6퍼센트가 선거운동 초반에는 노동당에게 표를 던질 생각이었다고 말했다. 노동당에 투표한 유권자 가운데 1퍼센트만이 보수당에서 마음을 바꾼 것이라고 밝혔다." 그러나 이는 유권자들이 마음을 바꾸었다 하더라도 선거운동 전체에서 보수당의 득표율은 약 2퍼센트만 올랐음을 시사한다. 실제로, ORC는 이미 여론조사를 통해 선거운동 동안 보수당 지지율이 5퍼센트가 상승했음을 보여줬다. 따라서 선거후 재조사는 ORC 여론조사에서 이미 드러난 움직임을 설명하는 데에만 도움이 되며, 최종 여론조사와 현실 사이의 격차는 더 이상 설명하지 못한다. 이 결과에는 선거 직후에 실시된 여론조사들은 가끔 승자에게 주어지는 보너스 점수, 즉 실제로 투표한 후보와는 상관없이 승리한 투표에게 표를 던졌다고 말하는 사람들이 더 많아지는 전통적인 문제들을 제외한 것이다.

연구에서 언급된 막판 표심이동을 보여주는 다른 여론조사들의 근거에도 비슷한 의구심이 든다. "갤럽은 최종표본 가운데 700명과 다시 접촉했고, 예전 조사에서 투표하겠다고 응답한 대로 투표하지 않은 사람들 가운데서 약 3퍼센트가 보수당으로 마음을 바꾸었다는 것을 발견했다." 적어도 이 보고서가 정확하다면, 선거 동안 마음을 바꾼 사람 가운데 약 3퍼센트가 마음을 바꾸었다는 사실에 주목하자. 전체 응답자의 3퍼센트가 아니다. 이번에도 미미한 영향력이었다. 게다가, 선거일 직전 해리스가 뒤늦게 재조사했을 때 초창기 해리스의 현장조사와 비교해서 노동당이 우세한 정도가 감소한 것이 아니라 증가했음이 드러났다.

다른 두 곳의 여론조사로부터 더 강력한, 하지만 제한적인 근거가 등장한다.

최종 표본 중 664명에게 비슷한 조사를 실시한 마플란은 4퍼센트가 노동당에서 보수당으로 마음을 바꾸었고 1퍼센트에서 2퍼센트 사이가 자유당에서 움직인 것을 밝혀냈다. 그 반대의 움직임은 훨씬 적게 나타났다 그러나, 그런 막판 표심이동을 고려했음에도 여전히 마플란의 통계에서는 노동당이 선두를 차지하고 있었다. 가장 공을 들여 재조사를 실시한 NOP는 보수당이 4.3퍼센트의 지지율을 새로 획득했음을 알아냈다.

따라서 ORC와 갤럽, 마플란의 수치는 여론조사기관들이 망신당한 이유를 설명하기에는 부족하고, 해리스의 수치는 잘못된 방향으로 움직였음을 보여주었다. 오직 NOP의 수치만이 눈에 띄게 상승하며 올바른 구역에 들어섰지만, 이는 아웃라이어일 뿐이었고 어쩌면 승자의 보너스로부터 영향을 받은 것일 수 있다.

게다가, 너필드 연구가 인용한 다른 근거들은 보수당 득표수의 증가는 이미 일부 최종 여론조사에 반영되어 있으며, 여론조사기관들은 선거운동 초반과 비교해 피조사자들 사이에서 보수당의 지지율이 올라가고 있음을 우연히 발견했음을 보여준다. 이 모든 잠정적인 근거들은 보수당이 전반적으로 훌륭한 선거운동을 수행했고 지지율이 오르고 있었음을 적어도 일관적으로 가리킨다. 다만, 일부 지지율 상승은 이미 최종 여론조사에 반영됐으므로 여론조사의 오류를 설명할 수 없을 뿐이다.

그렇다면 어떻게 설명할 수 있을까? 1970년 당시 대중을 상대로 한 여론조사가 얼마나 은밀했는가에 따라 우리의 지식은 한정된다. 부분적으로는 현실적인 문제로, 당시에는 여론조사 기업들이 데이터 표를 공개할 수 있는 웹사이트가 없었다. 또한 부분적으로는 언론의 문제였는데, 여론조사 기사에 주어지는 정보가 제한적이었던 것이다. 1970년은 여론조사기관들이 책임 있는 자율규제의 움직임을 보이던 시기로, 네 가지 직업강령이 도입되기도 했다. 그럼에도 기사에는 자세한 정보가 거의 주어지지 않았다. 예를 들어 현장조사가 실시된 정확한 날짜 같은, 우리가 이제는 익숙하게 알고 있으면서 여론조사 사후검증을 할 때 필수적인 정보들이 드물었다.

우리가 아는 것은 가장 근접한 여론조사이자 상징적으로 보수당이 앞서 있던 여론조사는 선거일 전날까지 조사활동에 매진했고, 보수당에 유리하게 흘러가는 추이를 읽었으며, 이 추이를 마지막 계산에 반영했다는 것이다. 또한 ORC 여론조사는 투표율 격차를 보정했다. 다시 말해서, 한 정당의 지지자들은 실제로 투표소에 가서 투표를 하려는 의지가 다른 정당의 지지자보다 더 강하다고 보았던 것이다. 선거일 아침에 보수당 지지자들이 잠에서 깨서 투표를 가야겠다고 결심하는 비율이 노동당 지지자들이 아침에 일어나서 투표하러 가는 비율보다 더 높다고 하면, 이는 보수당의 득표율을 높일 수 있었다. 따라서 정당 지지자들 간의 투표율 격차에서 원인을 찾는 것도 매력적인 설명이 되겠다. 1970년의 총선 투표율은 제 2차 세계대전 이래 가장 낮게 기록됐고, 1997년 선거 전까지는 그렇게 낮은 수준까지 떨어진 적이 없었다. 따라서 노동당 지지자들의 투표율 감소가 보수당의 득표율을 높여주었을 여지가 있다. 그러나 여론조사기관들은 이전의 의회 선거를 연구할 때 정당 지지자 간의 투표율 격차 문제를 발견하지 못했고, 다른 여론조사기관들은 이후의 총선에서 이 격차를 보정하려고 애쓰면서 여론조사의 정확도에 다양한 결과를 가져왔다. 게다가 ORC는 1970년 선거에서 투표율 격차를 보정한 유일한 여론조사기관도 아니었다. 따라서 투표율 격차 역시 무조건 통하는 설명은 아니었고, 어쨌든 ORC는 최선을 다했지만 그 최종 여론조사는 여전히 부족한 결과였다.

그로 인해 여론조사 실패의 정확한 원인은 미스터리로 남았다. 아니, 스위스치즈 방식으로 이야기하자면, 여러 요인들이 결합해서 발생했으나 그 요인들이 너무 사소해서 명확한 흔적을 남기지 못했다. 게다가, 잘못된 부분은 여론조사 분야에서 흔히 일어나는 원인들을 간단하게 열거한 목록에 있지 않았을 가능성이 있다. 여론조사기관들은 선거운동 동안 벌어지는 상황에 대해 각기 다른 그림들을 그렸을 것이기 때문이다. 선거운동 동안 실시된 여론조사들을 도표로 나타내자 엉망진창의 지저분한 패턴이 드러났다. "NOP의 추이선이 마플란의 추이선과 교차하고, ORC의 추이선은 해리스의 추이선과 교차했으며, 갤럽의 추이는 혼자서 바뀌었다." 각기 다른 여론조사기관들이 다양한 방면으로 잘못된 듯 보였다.

1970년의 사례는 여론조사가 틀렸지만 그 원인을 쉽게 설명할 방법이 없을 수도 있다는 것을 보여준다. 막판 표심이동처럼 겉으로는 쉬워 보이는 설명도 가끔은 그 자체로 전부 다 또는 부분적으로 틀리기도 한다. 심지어 상세한 사후검증으로도 가끔은 '바로 그' 요인들을 제시하기 어려운 때가 있지만, 그 대신에 다양한 수준으로 잘못된 여러 가지를 식별해내고 그렇게 해서 그 사이에서 무슨 일이 벌어졌던 것인지를 설명할 수도 있다.

따라서 여론조사가 잘못 됐을 때 무슨 일이 벌어진 것인지 설명하는 일은 살인사건을 조사하는 것보다는 누군가의 건강을 전반적으로 검사하는 것에 더 가깝다. 살인의 문제라면 여러분은 한가지 명쾌한 설명에 도달할 수 있길 바랄 수 있다. 전반적인 건강의 문제라면 더 철저히 검사할수록 꽤나 부족한 부분들을 찾아낼 수 있다. 크고 작은 건강상의 문제들을 찾아내고 일부 요인들은 제할 수도 있지만, 결국은 간단한 답이 아닌 복합적인 설명을 도출하게 된다.

여론조사 실패에서 얻게 된 단 한 가지 명확한 부분이 있다. 바로, 여론조사의 오류에 전적으로 책임이 있는 것은 아니지만 뒤늦게 보수당을 지지하게 된 유권자들이다. 이들은 선거일에 앞서 현장조사를 잘 마무리할 때 각오해야 하는 위험성이 무엇인지 분명하게 보여줬다. 여론조사기관들은 쉽게 이 교훈을 익혔고, 미래의 영국 선거에 적용했다. 현장조사는 선거일 자체에 더욱 가까워지게 배치됐다.

1970년 사건에 주석을 달자면, 여론조사기관들이 1974년 2월 치러진 다음 총선에서도 계산이 틀렸다는 표제들이 등장했다. 그러나 틀린 것은 기사였다. 여론조사들은 상당히 정확했고 1970년에 비해 훨씬 발전했기 때문이었다. 여론조사는 투표에서 보수당이 앞섰다고 제대로 예측했지만, 투표제도로 인해 노동당이 가장 많은 의석을 차지했다. 따라서 승자의 이름표를 다는 정당도 달라졌다. 선거를 뒤집은 것은 여론조사기관이 아니라 투표제도였다.

1992년 : 영국 여론조사 대재앙 두 번째

여러 가지 의미에서 1992년은 1970년 선거와 아주 닮아 있다. 1970년에 여론조사들은 노동당 총리가 안정적으로 재당선될 것이라고 말하는 듯 했지만 결국 해럴드 윌슨은 자리에서 물어나야 했다. 1992년 여론조사는 보수당 총리가 지위를 잃을 것이라 말하는 듯 했지만 결국 존 메이저는 이겼다.

1992년 선거전 최종 여론조사가 다섯 차례 실시됐고 그 가운데 네 건은 1970년의 교훈을 반면교사로 삼아 선거일 전날에 표본을 뽑았다. 셋은 노동당이 앞선다고 보았고 하나는 동점으로, 나머지 하나는 보수당이 0.5퍼센트 앞선다고 보았다. 여론조사에 따르면 노동당이 약간 유리한 가운데 치열한 접전이 벌어질 것이었다. 그리고 지난 세 번의 총선에서 여론조사가 우수한 성적을 선보였음을 떠올리면 그 말을 믿어도 될 것 같았다.

그러나 유권자들의 생각은 달랐다. 투표용지로 표현된 유권자들의 생각은 다소 다른 이야기를 하고 있었다. 유권자들은 8퍼센트에 조금 못 미치는 차이를 두고 보수당에 확실한 승리를 안겨주었다. 여론조사 업계는 완전히 틀렸고, 잘나가는 영국 총선 다큐멘터리 제작자인 데이비드 버틀러는 이렇게 말했다. "1992년 4월 9일 영국 총선의 실제 결과와 비교해봤을 때 선거전날 실시한 여론조사가 틀렸다는 것은 영국 선거 설문조사 역사상 가장 흥미진진한 사건이었다."

아이러니하게도 가장 정확할 것이라는 기대를 받는 선거당일의 표제도 사실은 그다지 정확하지 않았다. <가디언즈>는 "토리당, 막판 지지율 급상승에 희망도 급상승해"라는 표제를 실었고, <타임스>는 주요 표제 아래로 "토리당의 지지율이 뒤늦게 급상승하면서 선거운동 종료 몇 시간 전에 노동당과의 격차를 줄이고 있다"라는 소제목을 달았다.

그러나 둘 모두 오차한계 내에서의 작은 움직임을 '급상승'으로 둔갑시킨 것이었다. 신문사로서는 결점투성이 여론조사를 잘못 보도하는 바람에 잘 숙성된 표제를 달고 나왔다는 점은 행운이었다.

1992년에는 여론조사만 망한 것이 아니었다. 출구조사도 망했다. 출구조사는 노동당에게 아첨하고 보수당을 깎아내렸다. 그날 세 번째로 의석이 확정된 지역이자 최초의 보수당과 노동당 간의 불안정 의석이었던 배질던에서 예상과는 달리 노동당이 아닌 보수당이 수성에 성공하자 사람들은 극적일 정도로 큰 충격을 받았다. 승리를 거둔 데이비드 아메스 하원의원의 환하게 웃는 얼굴은 1990년대 초 영국 정치에서 한 획을 긋는 이미지가 됐다. 아메스의 뒤로 더 많은 보수당 의원들이 승리를 이어갔다. 존 메이저 총리는 패배하지 않았고, 다시 권력을 손에 쥐었다. 그리고 여론조사기관들은 무엇이 잘못이었는지 허둥지둥 알아내려 애썼다.

여론조사 사후검증을 가장 의미 깊게 실시한 곳은 마켓 리서치 소사이어티Market Research Society, MRS였다. MRS는 세 가지 주요요인이 대략 비슷한 수준으로 여론조사 실패에 기여했음을 밝혀냈다. 한 가지는 막판 표심이동이었다. 여론조사 자체는 선거운동의 막바지에 보수당으로 향하는 움직임을 잡아냈으며, 1970년에도 그랬듯 해석상으로 비슷하게 주의할 부분이 있었지만 선거후 여론조사기관이 응답자들과 다시 접촉했을 때 마지막에 표심이 이동했음이 드러났다. 1970년에 여론조사기관들은 더 나중에까지 조사를 했지만, 선거 전날 현장조사를 했던 그 여론조사기관들조차 한 곳만 제외하고는 마지막 여론조사에서 초기의 현장조사를 활용했다. 따라서 막판에 마음을 바꾼 유권자들은 현실과 현장조사가 포착한 시점 사이에서 격차를 만들어냈다. 게다가, 1970년 ORC가 드러낸 힌트처럼, 1992년 변별이 가능한 투표율은 막판에 선호도가 바뀌는 정도를 더욱 악화시켰다. 투표율은 보수당이 우세한 지역에서 가장 크게 올랐다. 여론조사기관들은 투표율을 고려하려 노력을 기울였지만, 이들이 파악한 것 이상으로 보수당이 결집했던 것으로 보인다. 그러나 대체로 이 요인들은 오직 전체 오류의 오분의 일에서 삼분의 일 정도에만 책임이 있다.

두 번째 요인은 잘못된 표본추출이다. 1992년 선거는 여론조사 표본에 있어서 크기와 품질은 별개의 것임을 보여주는 훌륭한 사례다. 1992년 가장 큰 표본을 갖춘 여론조사는 일반적인 여론조사보다 훨씬 더 컸는데, 바로 <프레스 어소시에이션>을 위해 ICM이 선발한 1만 명의 표본이었다. 그러나 이 여론조사에서 노동당은 선두를 차지했을 뿐 아니라, 비슷한 시기에 실시된 현장조사를 활용한 다른 여론조사들의 평균보다 더 많은 격차를 보이며 앞서있었다. 크다고 다 좋은 건 아니었다.

잘못된 표본추출의 문제는 여론조사기관이 방법론들을 조합하는 과정에서 잘못된 방식으로 유권자를 구성하는 데에서 나왔다.

보통 십년에 한 차례 정도 실시되는 인구조사는 여론조사기관이 예를 들어 어떤 연령분포를 목표로 삼을지 파악하는 데에 도움이 되는 권위적인 정보를 제공해준다. 그러나 1992년 총선이 실시된 시점은 1991년 인구조사가 끝난 지 얼마 되지 않았을 때였기 때문에 그 데이터를 활용할 수가 없었다. 1981년 인구조사는 너무 오래 전의 데이터였고 다른 정보원은 불완전했다. 설상가상으로 가중치를 모두 올바르게 적용했다 하더라도 가중치를 준 변수들이 투표행동과 그다지 밀접한 상관관계를 띄지 않았기 때문에 표본이 적절히 대표성을 띄도록 만들지 못했다. 대표성이 없는 표본은 여론조사 사후검증에서 흔히 발견되며, 표본이 정치적으로 대표성을 띄는지 확신하기 위해 적절한 가중법 체계를 선택하는 것이 얼마나 까다로운지를 보여준다.

세 번째 주요요인은 여론조사에 누가 기꺼이 참여할 것인지의 문제다. 보수당 지지자들은 정당 선호도를 밝히기를 훨씬 더 꺼려하면서, 여론조사에 참여하기를 거부하기도 하고 투표의향 질문에 '잘 모르겠다'라고 응답하거나 아예 응답하지 않기도 한다. 이 문제는 '샤이 토리당' 효과로 알려지게 됐다. '샤이 토리당' 효과는 확실하지 않은 응답을 내놓거나 아무 응답도 하지 않는 이들을 '쥐어짜기'하거나 재할당하는 일반적인 여론조사기관의 방식으로는 보수당 칸에 충분한 수의 사람들을 집어넣지 못한다는 의미였다. 이전의 총선에서는 그 방법론들이 잘 작동했다 하더라도 마찬가지였다. 출구조사가 앞서 언급했던 여러 문제들로부터 자유롭다 하더라도, 보수당 지지자들 특유의 주저하는 태도는 여론조사가 잘못되는 이유의 중심에 있다.

MRS의 사후점검은 중요성은 떨어지지만 몇 가지 다른 오류의 원인들도 찾아냈다. 하나는 여론조사에 참여한 일부 사람들이 선거인명부에 없으며, 따라서 투표를 할 수 없었다는 점이다. 특히 노동당 지지자들에게서 이런 경우가 상당히 많이 발견됐다1992년 선거는 선거 직전에 훨씬 쉽게 유권자 등록을 할 수 있도록 바꾼 선거개혁보다 먼저 실시됐다. 게다가 한 여론조사 기관만 제외하고 모두가 표본추출을 할 때 선거구를 잘못 선택했고, 따라서 여론조사를 실시한 지역에서 노동당이 다소 우세했을 수도 있다.

여론조사 오류를 설명하기 위해서 간단한 '딱 걸렸어'라는 답보다는 여러 가지 요인들이 복잡하게 결합되어 있다는 결론은 1992년 올바른 예측을 내놓은 한 여론조사가 뒷받침한다. ITCIndependent Television Commission을 위해 한 주에 걸쳐 NOP가 실시한 대면조사는 보수당이 9퍼센트 앞선다고 보았다. 그러나 설문조사의 특성 상 그 결과는 선거일이 지나고 나서야 비교가 가능했다. 다른 기관들의 조사는 틀렸는데 왜 NOP만 맞았는지를 간단히 설명할 수는 없다. 특히나 NOP와 다른 기관들에서 발표한 투표의향여론조사에서 표본추출방식이 모두 동일했기 때문에 더욱 그렇다. NOP는 여론조사의 질문순서에 다르게 접근했으며, 이 점이 성과를 이해하는 데에 도움이 될 수도 있다. 그러나 닉 문은 다음과 같이 결론지었다.

뒤이은 분석에 따르면, 이것이 사실이라면 선거들 사이에 차이가
있는 것과는 반대로 한 선거의 상황에서만 특별하게 작용하는 요인
들 때문이었다. 또는 이 특정한 선거에만 국한된 것일 수도 있다.
1992년 이후로는 비슷한 추이가 일관성 있는 패턴으로 나타날 기
미가 보이지 않기 때문이다.

1992년 여론조사 대혼돈을 자아낸 복잡한 원인들은 다음 총선
에서 또 한 번 여론조사가 성공적이지 못했던 이유를 설명하는 데
에 도움이 된다. 1997년 총선은 노동당의 압도적인 승리였고 여
론조사는 좀 더 확실한 압승을 예측하는 데에 실패했다. 이는 그
다지 눈에 띄는 오류는 아니었으나, 그럼에도 여론조사기관들이
아직도 여론조사에서 무엇이 틀어진 것인지를 온전히 따라잡지 못
했음을 보여줬다.

그러니 1992년 여론조사기관들이 얼마나 운이 좋지 못했는지
를 보자. 다시 한 번 우리는 이 여론조사 실패에서 스위스 치즈 식
안전장치와 그로부터 연달아 발생하는 문제의 비유를 연상하게
된다. 여론조사에서 보듯, 여기에는 예전에 통했던 방법론들을 취
소하고 공교롭게도 이번에는 보수당을 위축시키기 결집된 요인
들이 포함됐다. 또한 그 실수를 감출 수 있을 만큼 압도적인 승리

도 없었다. 1970년에서와 마찬가지로, 정확히 무슨 일이 벌어졌고 정확히 어느 요소가 얼마나 많이 기여했는지에 관해서는 상당히 많은 의혹과 미스테리들이 남아 있다. 여론조사의 실패는 그 자체가 만들어내는 화려하고 비판적인 표제들보다 훨씬 더 복잡하고 혼란스러운 문제다.

2015년 : 영국 여론조사 대재앙 세 번째

2010년 설립된 여론조사기관인 서베이션은 2015년 총선에서 처음으로 그 명성을 시험해볼 기회를 맞이했다. 서베이션에게는 아직 인정받을 만한 성과가 없어서 다른 여론조사 기업들이 형편없는 선거들을 헤쳐 나가는 데에 도움이 됐다. 창업자 데미안 리온스 로우는 훗날 이렇게 설명했다. "서베이션이 기존의 업체들과 경쟁하고 일로서 명성을 높이려면, 우리는 정확성으로 평판을 쌓아야 했다."

창립과 첫 총선 사이의 몇 년 동안 서베이션은 가끔 여론조사 전쟁에 뛰어들었고, 다른 여론조사기관들과는 차별화된 결과를 내놓아서 비판을 받았다. 유고브의 피터 켈너는 특히 서베이션의 접근법에 대해 그럴 듯한 비판들을 해댔다. 그러나 유럽의 선거들과 스코틀랜드 독립 국민투표에서 여론조사와 실제 결과들을 비교해볼 때 신입의 접근법에는 몇 가지 장점이 돋보였다. 예를 들어, 서베이션은 유럽의회 선거에서 영국 독립당^{UKIP}이 다른 정당들보다 5퍼센트 앞설 것이라 예측했다. 실제로 UKIP는 2퍼센트 앞섰으며 다만 예상 득표율이 4.5퍼센트 높았다. 유고브는 좀 더 정확했는데, 각각의 측정에서 각각 0.5퍼센트와 1퍼센트만 빗나갔을 뿐이다.

2014년 스코틀랜드 국민투표에서 서베이션은 맨 마지막에 두 가지 여론조사를 실시했다. 정기적인 온라인 여론조사와 전화 여론조사로, 따라서 각 조사결과를 교차점검 할 수 있었다. 두 조사는 거의 동일한 결과를 내놓았다. 2015년 중요한 총선 데뷔를 앞두고 서베이션은 이 방식을 다시 사용해볼 작정이었다. 서베이션의 유료 매체 고객인 <데일리 미러>는 이 일반적인 온라인 여론조사를 수락했고, 또한 전화기로 교차점검할 계획에 대해서도 알았다.

선거일은 2015년 5월 7일 목요일이었고, 전화통화는 전날 밤 9시까지 이뤄졌다. 마지막 데이터가 접수되자 서베이션의 수석 통계학자는 마커펜을 쥐고 헐레벌떡 동료들에게로 달려가 그 결과를 썼다. 보수당 37.3퍼센트 대 노동당 30.6퍼센트였다. 보수당이 크게 앞서 있었고, 업계의 나머지 기업들은 막상막하의 대결이라고 보여주는 것과 크게 달랐다. 또한 서베이션 자체의 온라인 여론조사 결과에서도 치열한 접전을 예상했었다는 점에서 한참을 어긋났다. <미러>의 의뢰를 받고 선거일 직전 3일 간 실시한 마지막 온라인조사에서 보수당과 노동당은 각각 31퍼센트로 동률을 이뤘다.

<미러>가 의뢰한 것은 전화조사가 아닌 온라인 조사뿐이었지만, 어쨌든 데미안 리온스 로우는 <미러>에 전화를 했다. 전화벨이 계속 울렸고, 마침내 누군가가 전화를 받아서 그 늦은 밤에 뭔가를 발표할 수 있는 사람이 아무도 없다고 말했다. 고객과 약속한 임무는 끝난 상황에서 라이온스 로이에게 남은 질문은 '발표할 것이냐, 말 것이냐'였다. 서베이션이 맞고, 그 외에 다른 회사들과 서베이션 자체의 또 다른 조사가 틀렸다고? '어떻게 우리 빼고 다른 곳들은 다 틀릴 수 있지?' 그는 의아했다. 다른 사람들의 뒷받침 없이 올바른 예측을 내놓는 것은 서베이션의 명성을 높여줄 수 있을 터였다. 그러나 왜 다른 여론조사들이 틀렸는지에 대한 설명을 해야 했다. 게다가 다른 사람들의 뒷받침 없이 틀렸다가는 신입으로서 웃음거리가 될 판이었다.

불리한 예측이라는 공포가 이겼다. 충분히 이해할 만한 두려움이었다. 잘나가는 여론조사기관들도 자신들이 아웃라이어가 되어버릴까 봐 두려워한다. 추앙 받는 미국의 여론조사원 앤 셀저에게 그녀의 조사가 대세와 어긋나는 여러 경우에 어떻게 대처하는지 묻자 이렇게 대답했다.

저는 그걸 무차별 총격이 가해지는 울타리 속에 갇혀서 시간을 보낸다고 불러요...모두가 "형편없군, 그 여자가 틀렸어, 이렇게 그 여자는 끝이야"라고 말하죠...우리는 데이터를 볼 때 그런 반응이

나오리란 것을 알아요. 하지만 고작 며칠이에요. 며칠만 불편하고, 저는 스스로 이렇게 되뇝니다. '봐라, 이젠 무슨 일이 벌어질지 볼 거야. 대박이거나 쪽박이겠지. 대박이었으면 좋겠지만, 쪽박이라도 괜찮아. 나는 살아남아서 또 다른 길로 나아갈 수 있어. 교훈을 얻을 테니까.' 하지만 불편한 시간이죠.

따라서 서베이션의 통계는 공개되지 않았고, 마지막 선거 전 여론조사가 그려낸 그대로 각각 31퍼센트로 발표됐다.

그리고 선거가 실시됐다. 결과는? 보수당 37.7퍼센트 대 노동당 31.2퍼센트였다. 마지막 순간에 서베이션이 내린 결정은 실수였다. 이 결과는 아마도 한 가지 이로운 효과를 미쳤다. 서베이션은 다음 선거에서도 다시 한 번 아웃라이어를 냈지만, 이번에는 주춤하지 않았다. 대신, 2015년의 기억 덕에 그리고 이번에는 온라인 조사와 전화조사 모두 비슷한 아웃라이어를 내놓았다는 사실 덕에 흔들리지 않고 결과를 발표했고, 그에 걸맞은 영예를 얻었다.

그러나 최종적으로 발표된 선거전 여론조사에서 서베이션이 저지른 실수가 업계 공동의 실수였다는 것이 전반적인 상황이었다. 여론조사들은 전체적으로 선거를 틀리게 예측했다. 심지어 조사 결과가 틀렸을 뿐 아니라 매체와 대중들을 잘못 인도했던 것처럼 보인다. BBC의 데이비드 카울링은 "2015년 총선결과가 나오자, 6주 동안 다른 결과를 내놓던 여론조사기관들에게 분노와 멸시가 뒤범벅되어 쏟아졌다."라고 표현했다. 노동당과 보수당 간의 접전이 반복적으로 드러나고, 둘 모두 과반수에서 못 미칠 가능성이 높은 수준에 머물러 있다 보니 매체 보도는 헝 의회가 구성될 가능성에 상당한 무게를 두었다. 결과적으로 보수당이 확실한 우세임이 드러나고 실제로 보수당이 과반수를 차지하게 되었으며, 이는 매체들이 그 결과를 면밀히 검토하는 것은 둘째 치고 예상조차 거의 하지 못한 결과였다.

서베이션의 결정은 무리에서 홀로 돋보이고 선거결과를 올바르게 예측한 것에 대해 박수갈채를 받지 못했다는 의미였다. 대신 다른 누군가가 칭송 받았다. 훗날 여론조사원이 된 매트 싱은 총선 몇 달 전에 웹사이트인 넘버 크런처 폴리틱스를 시작했다. 총선 전 날 그는 여론조사의 정확성에 의구심을 표하는 글을 한 편 발표했다. 그는 "나는 이 분석에 대해 신중하게 접근하고 있지만, 다시 한 번 토리당이 여론조사 결과보다 더 잘해낼 가능성이 상당히 높아 보인다."고 결론 지었다. 그가 맞았다.

매트 싱은 다른 사람들이 놓친 무엇을 보았을까? 싱이 기억하는 최초의 선거와 여론조사는 1992년 총선으로, 당시 어린 아이였던 싱이 선거일 밤에 잠자리에 들기 전 출구조사를 비롯한 여론조사 결과가 예측한 승자와 다음날 아침에 눈을 떴을 때 당선된 후보가 달랐던 것이다. 따라서 처음부터 그는 '여론조사 실패에 관심이 많았다'고 한다.

2015년 싱이 숫자들을 씹어 먹는 데에는 어느 정도 유고브가 내놓은 분석의 영향이 컸다. 유고브는 리더십 순위와 경제능력 순위에서 모두 뒤지는 정당이 선거에서 승리하는 경우는 절대 없다고 분석했다. 그러나 2015년 여론조사에서 보여주는 모습은 달랐다. 싱은 여러 가지 요인들을 살펴보았다. 과거 여론조사들의 정확성, 지난 총선 이후 여러 유형의 선거 결과들과 여론조사들 간의 비교, 여론조사 상에서 리더십과 경제능력 모두에서 앞선 보수당 그리고 지방선거의 득표율이 어떻게 차후 총선결과와 연결되어 있는지 등이었다. 이런 요인들 가운데 무엇이든 경고신호로 의심스러웠다. 실제로 2010년-2015년도 의회에서는 두 정당이 이례적일 정도로 매우 평화롭게 연합했고, 경제위기 속에서 시작된 이 연합은 그 후 임기 내내 유지됐다. 또한 의회에서는 한 연립정당자유민주당의 지지율이 무너지는 것도, 이전까지 별 볼 일 없던 정당UKIP의 지지율이 솟구치는 모습도 볼 수 있었다. 이런 이례적인 상황은 과거의 추이가 더 이상은 적용되지 않을 것이며 사람들이 현재의 여론조사를 신뢰해야 한다고 믿을 수 있는 분명 좋은 이유가 됐다.

그러나 싱은 뭔가가 잘못될 수 있다는 다양한 징후를 발견했다. 그의 말에 따르면 일부 이 징후들 자체가 이제는 우리가 틀렸다는 것을 알고 있는 여론조사에 기반하고 있다는 점에서 '직관에 어긋나는 것처럼 들리지만 핵심은 모든 징후가 오류를 시사하고 있었고, 그것도 같은 방향으로의 오류였다는 것'이라고 설명했다. 그 결과 그는 무슨 일이 벌어질 것인지 정확하게 경고할 수 있었고 찬사를 받았다.

따라서 2015년 여론조사에서는 뭐가 잘못 됐을까? 영국의 여론조사 업계는 요청받을 경우에 평균 사후점검을 실시한다. 이 사후점검은 마치 에르퀼 포와로애거서 크리스티 추리소설에 등장하는 명탐정 - 옮긴이 이야기의 해결방식과 같았다. 모든 의심되는 원인들을 모은 뒤 보고서를 통해 하나하나씩 지워나갔다. 그럼에도 여러 가능한 설명들을 제외해가는 과정에서 사후점검은 정치 여론조사를 개선할 수 있는 여러 가지 권고사항들을 식별할 수 있었다. 개선을 통해서도 2015년도 대실패를 피해갈 수는 없었겠지만 그럼에도 불구하고 가치 있는 작업이었다.

대실패를 불러온 원인을 찾기 위해 모든 의심 가는 부분들을 제거한 뒤, 사후점검은 실패의 원인이 대표성을 띠지 못한 표본에 있다고 결론 내렸다. 이것이 가장 지배적인 오류의 원인이었으며 적어도 막판 표심이동 같은 요소는 그다지 큰 영향을 미치지 못했다. 그러나 대표성 없는 표본의 문제는 처음에 드러날 수 있는 유일한 실패의 원인은 아니라는 것이다. 도리어 이 장에 실린 다른 사례들처럼, 실패는 다수의 요인들로부터 나온다. 그리고 다시 한번, 무엇이 잘못 흘러갔는지에 관한 모든 상세한 내용에는 어느 정도 불확실성이 존재한다.

표본들은 단순한 이유에서 대표성을 잃었다. 예를 들어 공무원이 너무 많이 포함되었다거나 스코틀랜드 남성이 너무 부족했다는 식이었다. 그러나 표본에 문제가 있음을 시사하는 세 가지 징후가 있었다. 우선, 여론조사기관이 연령으로 표본에 가중치를 줄 때는 연령대를 사용한다. 보통 여론조사기관에서 사용하는 가장 높은 연령대는 65세 이상으로, 이들은 65세 이상의 적절한 비율을 달성하기 위해 통계에 가중치를 주었다. 그럼에도 그 최고 연령대에는 상대적으로 젊은 사람들60대 후반이 너무 많이 포함됐고 더 나이 많은 사람들65세를 훨씬 넘어선 노인이 부족했다. 이 표본의 노인들은 너무 어렸다. 두 번째로, 우편투표자들 사이에서 여론조사기관은 역시나 빗나간 표본을 확보했다. 중년의 인구특히 35세-44세 사이가 너무 많이 포함되고 더 나이 많은 우편투표자는 실제 비율보다 적게 포함된 것이다. 이 요인들을 보면 왜 여론조사기관들이 추출한 표본에 이 집단들의 수가 적은지 쉽게 알 수 있다. 아주 나이가 많으면서 우편으로 투표하고 싶어 하는 유권자들과는 도달이 어렵기 때문이다. 세 번째로, 여론조사기관들이 추출하는 표본에는 정치참여도가 평균보다 높은 사람들이 많았다. 여론조사에 더 적극적으로 참여하고 싶은 사람들이 많이 포함되는 것과 함께, 왜 이런 경우가 발생하는지는 이번에도 쉽게 알아차릴 수 있다. 이 요인은 막아내기에 까다롭다. 정치참여도를 구분하는 명확한 척도가 없다 보니 적정한 수준의 정치참여도를 지닌 사람들로 표본을 구성하는 것을 확보하기 위해 가중치를 줄 수가 없기 때문이다.

적어도 이론상 새로운 문제는 하나도 없다. 각 문제의 논리는 과거에도 그럴 듯하게 적용될 수 있었지만, 예전에 치러진 선거들의 여론조사는 2015년과 같은 문제를 겪지 않았다. 또한 여론조사기관들은 연령과 정치참여도에 따라 정치적 지지가 양극화를 이루었고, 그 연령과 참여도의 오류가 한 방향으로 일어나는 추가적인 불운을 겪었다. 만약 이 두 오류가 서로 반대방향으로 일어났다면 거의 서로를 상쇄시킬 수 있었을 것이다. 그러나 이 오류들은 상승작용을 내면서 여론조사를 엄청나게 무력화시켰다. 2015년 여러 쟁점들이 줄지어 이어졌고, 이 쟁점들이 모두 한 방향으로 흐르면서 여론조사를 배신했다.

정치참여도가 높은 사람들이 여론조사 표본에 지나치게 반영되는 데에서 나오는 문제는 흥미롭게도 2019년도 호주 여론조사의 '실패'에서 반복된다. 이는 실패가 아니라고 할 수도 있는 실패다. 당선자는 잘못 예측했지만 득표율에서는 그다지 크게 틀리지 않았던 것이다. 특히나 다섯 곳의 여론조사기관이 내놓은 최종여론조사는 자유국민연합LNP이 48퍼센트에서 49퍼센트의 득표로 선거에서 질 것이라고 보았지만 실제 선거에서는 51퍼센트에서 52퍼센트의 득표로 승리했다. 또한 노동당의 예상득표율을 51퍼센트에서 52퍼센트로 못 박았지만, 실제로는 48.5퍼센트에 그쳤다.

이 득표율 오류는 전형적인 오차한계를 생각하면 그다지 크지 않다. 그러나 "저는 언제나 기적을 믿습니다."라고 응수한 스콧 모리슨 총리의 승리는, 비록 마지막에는 무너졌지만 노동당이 길고 끈질기게 여론조사에서 우세를 보였다는 점에서 충격적이었다. 게다가 모든 여론조사기관들이 틀렸다. 호주의 여론조사기관들이 1993년 선거에서 양당 선호투표제의 통계를 보고하기 시작한 이후로 이런 일이 벌어지는 것은 처음이었다. 게다가 1993년 여론조사들마다 승자를 옳게 예측했는지 아닌지가 50:50으로 나뉜 후부터 여론조사기관의 대다수는 2019년까지 8번의 선거 모두 올바른 예측결과를 내놓았다.

2019년 호주 여론조사들을 분석한 결과는 다음과 같다.

여론조사들이 LNP의 첫 선호투표 득표율을 너무 적게 잡고 노동당의 득표율을 너무 높게 잡은 가장 큰 이유는 표본들의 대표성이 부족하며 충분히 보정되지 않았기 때문이다. 여론조사들은 좀 더 정치적으로 적극적이며 교육수준이 높은 유권자들 쪽으로 왜곡됐고, 이 편향은 수정되지 않았다.

마지막으로 2015년 영국 여론조사 실수를 두고 한 가지는 탐구해볼 가치가 있다. 정확한 예측이었으나 공개되지 않았던 서베이션 여론조사를 떠올려보자. 서베이션은 그 어떤 선거전 최종 여론조사보다 뒤늦게 현장조사에 착수했다. 그러나 사후점검에 따르면 막판 표심이동이 여론조사 오류의 원인이 아니었으며, 따라서

겉으로 드러난 서베이션 여론조사의 정확성은 여기서 기인할 수 없다. 오히려 가장 그럴듯한 설명에 따르면, 표본조사의 기간이 지나치게 짧았으며 며칠이라기보다는 몇 시간에 가까웠다 여기에 약간의 불운이 곁들여져서 서베이션의 표본이 뒤틀리고 빗나가지만, 그 빗나간 방향이 그 외에 다른 여론조사 표본들에게서 생겨난 오류들을 상쇄하는 방향이었던 것이다. 간단하게 말해서, 서베이션의 최종투표는 틀렸지만 그 결과를 바르게 내놓는 방향으로 틀렸다.

2016년 : 대재앙 아닌 대재앙의 미국 여론조사

미국 대선 득표율을 선거 전 최종 여론조사의 평균과 비교해 살펴보면, 2016년 대선 역시 별다를 바 없었다. 전국 여론조사에 따르면 민주당 힐러리 클린턴이 몇 퍼센트 앞서고 있었고, 실제로도 도널드 트럼프보다 몇 퍼센트 많은 지지를 받았다. 리얼클리어폴리틱스 웹사이트에서 보여주는 여론조사 평균은 클린턴이 46.8퍼센트, 트럼프가 43.6퍼센트로 마무리됐다. 실제 여론조사 득표율은 48.2퍼센트+1.4퍼센트와 46.1퍼센트+2.5퍼센트였다. 마지막 여론조사에서 클린턴은 트럼프를 3.2퍼센트 앞섰지만 실제로는 2.1퍼센트 앞섰다.

전국 여론조사가 말도 안 되게 틀렸다는 이야기처럼 보이지는 않는다. 그러나 여론조사가 어떻게 비치는지에 대한 이야기다. 여론조사의 아버지 코트니 케네디가 "당신이랑 당신 친구가 어떻게 아직도 해고를 안 당했는지 다시 한 번 설명해줄래요?"라고 물을 법하다. 왜냐고? 클린턴은 가장 많은 표를 얻었는지 몰라도 패배했기 때문이다. 많은 사람들의 눈에는 여론조사 결과와는 상충한다고 비췄다. 게다가, 아마도 잘못된 예측을 내놓았을 다른 여론조사 기관들에 비해 가끔은 올바른 예측으로 칭찬 받던 여론조사기관이 실제로 가장 부정확한 결과를 내놓았다. <로스앤젤레스타임스> 여론조사는 트럼프가 앞선다고 보았다. 그러나 트럼프는 대중투표에서 승리하지 못했으며, 이 여론조사는 트럼프가 3퍼센트 앞선다고 예측하는 바람에 경쟁사들의 여론조사보다 훨씬 더 빗나가고 말았다.

여론조사가 실패한 것처럼 보이는 이유 가운데 하나는 정치적 이유에서였다. 즉, 승자가 미트 롬니가 아닌 트럼프였던 것이다. 트럼프처럼 관습에 반항하는 후보, 자주 정치규범에서 벗어나 움직이는 후보인 트럼프가 승리했다는 이유에서 선거결과는 더욱 충격적으로 보였다. 여론조사는 분명 그 충격파의 표적이 됐다.

이 실패감을 불러일으킨 데에는 세 가지 요인이 있다. 바로 투표제도와 주 여론조사 그리고 투표 예상이었다. 투표제도의 경우 2016년에 득표율에서 앞서는 것이 가장 많은 선거인단 표를 얻어서 선거에서 이기는 과정에 있는 것과 같은 뜻이라고 널리 가정했다는 점에서 기여했다. 1888년 이후 대중투표에서 승리한 후보가 대통령으로 당선되지 못한 경우는 단 한 번, 알 고어가 패배했던 2000년 선거뿐이었다. 2000년 대선은 극도로 난해하고 매우 근소한 차의 플로리다 주 재개표에 결과가 달렸었고, 선거와 관련해 가장 논란이 많은 대법원의 판결 가운데 하나였다. 따라서 2016년 사람들은 '가장 표를 많이 얻은 자가 승리한다'라는 생각의 패턴으로 다시 돌아와 있었다.

주 여론조사 역시 여론조사 실패감에 기여했다. 일부 중요한 경합주에서 여론조사가 틀렸고, 따라서 전국적인 득표율이 선거인단의 승산과는 같지 않을 수 있다는 경고장을 날리지 못했다. 특히 미시건 주, 펜실베이니아 주, 위스콘신 주 삼총사가 트럼프의 승리에 결정적이었다. 46표의 선거인단 투표권 수를 가진 이 세 지역은 모두가 최근 대선에서 민주당에 투표한 전력이 있었다. 따라서 트럼프가 77표 차이로 선거인단 선거에서 승리한 이유가 여기에 있다고 보기에 충분했다_{즉, 그가 선거인단 투표에서 36표만 부족했어도 이기지 못했을 것이란 의미다}. 세 지역 모두에서 모두 트럼프는 1퍼센트 미만 차이로 승리를 거두었으나, 주 여론조사에서는 꾸준히 힐러리에게 뒤쳐져 있었다.

이 여론조사 실패의 원인은 막판에 트럼프 쪽으로 바뀐 표심을 여론조사가 놓쳤다는 타이밍의 문제 그리고 응답자 중에 대졸이 너무 많았다는 표본추출의 문제가 결합한 데에서 찾을 수 있다. 또한 한 주에서 뜻밖의 결과가 나올 확률과 또 다른 주에서 뜻밖의 결과가 나올 확률이 독립적이지 않다는 사실을 간과한 결과이기도 했다. 가끔 한 주에서 여론조사가 빗나간 원인은 그 주에만 한정되어 있을 수도 있지만, 교육수준의 요인이 보여주듯 가끔은 그 오류가 여러 주에서 발생할 수도 있다. 마찬가지로, 가장 마지막에 지지후보를 바꾸었을 때 이는 한 지역에만 특정하게 발생한 요인 탓일 수도 있지만, 여러 주에 적용할 수 있는 요인 탓일 수도 있다. 이 모든 요인들로 인해 복수의 지역에서 앞서 있다 해도 처음 보았을 때보다는 더 불안해질 수도 있다주 여론조사 오류는 서로 독립적이기보다는 상관관계가 나타난다.

2016년 여론조사가 실패했다는 느낌에 기여하는 마지막 요인은 실제로는 여론조사보다는 여론조사 예측에 관련되어 있었다. 여론조사 예측은 기간 내에 어느 시점에서 여론조사가 무슨 이야기를 하고 있는 지를 바탕으로 한 후보가 이길 가능성을 퍼센테이지로 계산하려는 통계모형이다. 이론 상 그리고 가끔은 실제로도 이 여론조사 예측은 유용한 도구다. 미국 대선에는 뉴햄프셔 예비선거, 전당대회, 노동절 등 일자가 정해진 중요한 날들이 연달아 예정된 긴 준비기간이 있다. 따라서, 예를 들어 전당대회 이후 10 퍼센트 앞선 후보가 이길 수 있는 가능성은 어느 정도인지 계산해내기 위해 노력하는 것이 타당하다. 게다가 그런 예측모델들을 종합하는 것은 선거운동 동안 여론조사의 움직임을 판단하는 데에 척도를 제공한다. 후보가 첫 TV 토론에서 승리했고 여론조사에서

3퍼센트 상승했다면 이는 훌륭한 성과인가? 훌륭하게 들릴 수도 있지만, 예측모델에 의하면 승자는 지지율이 6퍼센트 상승할 것을 기대해야 하며 어쨌든 그렇게 상승한 지지율이 보통은 1주일 이내에 사라진다고 할 때 우리는 3퍼센트 상승에 전혀 신나할 필요가 없음을 알게 된다.

이런 점에서 여론조사 모델은 그 모델이 의존하는 여론조사와는 아주 다르다. 여론조사는 "선거가 오늘이나 내일 열린다면, 그 결과는 어떨까?"라고 묻는다. 모델은 이 결과를 가져와서 미래의 어느 선거일에 어떤 후보가 이기거나 질 가능성이 얼마나 되는지를 이야기해준다. 4주가 지난 후에 여론조사는 이 후보의 지지율이 6퍼센트 올랐다고 할 수도 있다. 여론조사 모델은 그 여론조사가 틀렸을 가능성, 또한 그 여론조사가 맞았는지 그리고 현재와 선거일 사이에 지지율이 변화할 가능성 등을 고려할 필요가 있다.

여론조사 모델 대부분이 2016년이 신통치 못한 성과를 냈다. <허핑턴 포스트>의 마지막 예측에서는 클린턴이 승리할 가능성이 98.2퍼센트라고 했다. 프린스턴 일렉션 컨소시엄은 한 발 더 나아가 클린턴에게 99퍼센트 승리 가능성을 있다고 했다. 이 계산의 책임자인 샘 왕은 선거에 앞서 이렇게 말했다. "완전히 끝이다. 트럼프가 선거인단 투표에서 240표 이상 얻는다면, 내가 벌레를 먹겠다." 훗날 그는 TV 생방송에서 꿀에 절인 귀뚜라미 한 숟가락을 먹었다. 익숙한 패턴대로, 샘 왕은 2012년 정확한 예측으로 찬사를 받은 뒤 극적으로 실패했다. 90퍼센트를 훌쩍 넘어서는 확률에도 불구하고 트럼프가 이겼다. 물론, <허핑턴 포스트>나 프린스턴 일렉션 컨소시엄 모두 클린턴이 100퍼센트 이긴다고는 하지 않았고, 따라서 정확히 말하면 트럼프가 이겼다고 해서 이 퍼센테이지가 꼭 틀린 것은 아니었다. 그러나 사람들은 이미 아직 확정되지 않은 숫자를 기본적으로 기정사실을 의미한다고 해석했다.

여론조사나 모델화에 대한 지식이 없다 하더라도, <허핑턴 포스트>가 사용하는 소수점에서 이 통계를 잠시 진지하게 고민해볼 수 있다. 소수점은 선거결과의 정확도를 1000분의 1 수준까지 계산할 수 있음을 암시했으며, 이는 놀라울 정도로 정확한 능력이었다. 여러분은 여론조사 실패에 관해 아주 눈꼽만큼의 지식만 가지고 있어도 이 1000분의 1 수준의 정확성을 달성할 수 있는 것인지 여부가 궁금해질 수 있다. 매 4년마다 열리는 행사에서 1000분의 1 수준의 정확성을 보인다고 주장하는 것은 마치 4000년분의 1 수준의 정확성을 가졌다고 말하는 것과 같다. 미국은 그 기간의 팔분의 일 동안만 존재했었을 뿐 아니라, 4000년이란 세월은 거의 예수 탄생의 시점까지 거슬러 올라갔다가 되돌아오는 시간과 맞먹는다.

주의해야 할 또 다른 이유는 설사 클린턴의 승리 가능성이 반올림해서 98퍼센트 또는 99퍼센트 수준이라 제시하더라도 그 확률은 여전히 믿기 어렵다는 점이다. 다시 한 번 대선은 4년에 한 번씩 열린다는 점을 기억한다면, 어떤 일이 일어날 확률이 100분의 1이라고 말하는 것은 평균적으로 대선이 4백년마다 한 번씩 벌어진다고 이야기하는 것과 마찬가지다. 그러나 2016년 이전까지 미국 대선의 역사는 고작 226년이다. 400년은 긴 세월이다. 선거일 전에 선거예측에서 앞서 있다고 해서 너무나 당연하게 마지막에도 승리할 것이라고 자신감을 가지는 것이 정말로 현명할까?

평범한 여론조사의 오류부터 시작해 비극적인 전쟁과 테러리즘, 질병에 이르기까지, 어떤 사람이 마지막 순간에 지는 경우에는 여러 가지가 있다. 또는 여론조사가 조작된 것일 수도 있다. 한 나라의 여론조사를 조작하는 일은 평범한 사람들이 할 수 있는 능력을 넘어선다. 하지만 만약 여러분이 마음대로 조작할 수 있는 중국이나 러시아 내의 모든 자료들을 가지고 있다면? 쉽지는 않겠지만, 다른 방식으로 덜 힘들게 할 수 있다. 우선, 은밀하지만 여론조사 업계에는 공유하는 인프라가 꽤 많다. 다양한 여론조사기업들이 동일한 전화 콜센터 업무를 사용한다. 다양한 여론조사기업들이 동일한 인터넷 패널에서 나온 데이터를 사용한다. 또한 다양한 여론조사기업들이 동일한 소프트웨어를 사용한다. 다양한 여론조사 데이터가 동일한 클라우드 서비스에 저장되어 있다. 손상시켜야 하는 콜센터, 인터넷 패널, 소프트웨어, 클라우드가 단 하나만 있는 것이 아니다. 여러 가지를 손상시켜야 하지만 겉으로 드러난 여론조사기업의 수만큼 많지는 않다. 중국이 여러 여론조사기관에서 사용되는 공통코드에 비밀스러운 통로를 심어두고선 해커들이 선거전 최종여론조사를 오염시킬 수 있도록 제공할 수 있을까? 그러나 모든 여론조사를 해킹할 필요도 없고, 그저 다른 여론조사가 기묘한 아웃라이어처럼 보이게 만들 수 있다면 그것으로 충분하다. 기괴한 아웃라이어는 온라인 허위정보 작전으로도 신용을 떨어뜨릴 수 있는데, 이를 테면 누가 특정 여론조사기업을 소유했다는 가짜 문서를 유출하는 식이다. 이런 작전이 무슨 소용이 있을 지는 어렵고 불분명하다. 여론조사기관들에게는 어쨌든 스스로 망신당할 수 있는 평범한 방법도 충분히 많으니까 말이다. 그러나 분명 이런 생각은 할리우드 영화 한 편을 만들 수 있을 만큼 그럴듯하게 들리고, 또한 400년에 한 번 벌어진다는 주장도 고려해볼만 한 일이다. 무력쿠데타가 일어날 가능성은 말할 것도 없다(2021년 1월의 끔찍한 사건들을 염두에 둔다면 전혀 가능성이 없는 위험은 아니다). 2020년 미 대선의 부정선거 음모론을 주장하는 트럼프 지지자들이 미국 국회의사당을 점거한 폭동을 의미한다 - 옮긴이

물론 이 가운데 무엇도 그다지 가능성이 높지는 않다. 그럼에도 이를 모두 종합해본다면, 선거일 직전 여론조사에서 확연히 선두를 지키는 후보는 선거에서 패배할 가능성이 400년에 한 번 정도라는 것이 확실할까?

이 책에서 내내 다루었듯이 여론조사는 꽤나 훌륭하고, 여론조사를 기반으로 잘 구성된 예측들이 존재한다. 고작 400년에 한 번 맞출까 말까 하는 수준의 훌륭함이 아니다. 그 모든 것에도 불

구하고 2020년 대선에서는 다시 한 번 99퍼센트 수준의 확실성
이 등장했으며, <이코노미스트> 팀은 최종적인 예측에서 바이든
이 모든 투표에서 이길 가능성이 99퍼센트 이상이라고 결론 내렸
다. 그러나 그러면서도 블로그 포스트를 통해 "우리의 수치를 믿
지 말아야 할 세 가지 타당한 이유가 있다"고 밝혔다. 그 가운데
세 번째 이유는 400년에 한 번 일어날까 말까하는 사건에 대해
이야기할 때 고려해야 할 여러 가지 일들을 생각하게 만든다. "모
델에서 제시하지 않는 엄청난 일이 벌어질 수 있다. 깜짝 놀랄 만
한 유권자 투표율이든, 예상치 못한 여론조사 오류든, 주요한 투
표 탄압이든...코드에 버그가 있거나 모델에 개념적인 오류가 발생
하는 경우는 말할 것도 없다." 이들의 99퍼센트란 정말로 99퍼센
트가 아닐 수 있다는 수많은 경고를 포함한 99퍼센트였다.

2020년 : 여론조사 대재앙이 연달아 두 번이라고?

2020년 미국 대선 여론조사에서 <이코노미스트>의 경고는 현명한 것으로 드러났다. 2020년 선거는 여론조사에서 제시했던 것보다 훨씬 더 접전이었음이 밝혀졌기 때문이다. 이를 즉각적이고 단순하게 설명하자면, 다시 한 번 여론조사가 실패했고, 여론조사가 연달아 두 번이나 대선에서 도널드 트럼프를 과소평가했다는 것이 된다. 그러나 진실은 여론조사에 더 따스했다. 여론조사들이

큰 그림은 제대로 그려놨던 것이다. 여론조사에 따르면 바이든이 대중투표에서 앞섰고 그리고 실제로도 대중투표에서 이겼다. 전반적으로, 주 여론조사는 그가 선거인단 투표에서도 이길 것이라 지목했으며, 실제로도 선거인단 투표에서 이겼다. 또한 결정적인 역할을 할 주들도 제대로 식별해냈다. 선거 결과와 오차는 분명이 주 여론조사와는 매우 달랐지만, 대체로 여론조사들이 그려낸 나라의 정치적 지리는 유권자들이 투표용지로 확정지은 모습과 일치했다. 여론조사들은 또한 2018년 의회선거에서도 좋은 결과를 내놓았고, 뒤이은 2021년 선거들에서도 조지아주 상원의 결승투표와 11월 선거에서도 훌륭한 성과를 거두었다.

그럼에도 대선에서 여론조사가 잘못한 부분이 있다면 바이든을 결과보다 훨씬 더 편안한 위치에 올려놨다는 점이었다. 게다가 그로 인해 연달아 두 번의 선거에서 여론조사들은 도널드 트럼프에게 낮은 점수를, 민주당 도전자에게는 높은 점수를 매겼다. 따라서 여론조사기관들이 뛰어난 성과를 보인 것은 아니었지만, 그렇다고 형편없지도 않았다. 2016년과 2020년 대선에서 여론조사는 평균적으로 3.7퍼센트의 득표율 오차를 냈다. 2016년에는 4.9퍼센트였고, 2020년은 5.0퍼센트였다. 보통 때보다는 떨어지지만 심각하게 엉터리는 아니었다. 네이트 실버는 미국의 대선 뿐 아니라 모든 선거 여론조사 오차들에 관해 다음과 같이 결론 내렸다.

2020년 여론조사 정확도는 썩 뛰어나지 않았지만 그렇다고 역사적으로 아웃라이어가 될 정도는 아니었다. 2019년에서 2020년 전체적인 오차의 평균인 6.3퍼센트는 1998년 이후의 오차 평균인 6.0퍼센트보다 약간만 더 늘어났을 뿐이다. 또한 1948년과 1980년과 같이 우리 여론조사기관이 평가하기 이전에 대통령 선거가 열렸던 해도 있었는데, 당시 여론조사들은 특히나 2020년보다 훨씬 더 큰 오류를 냈다. 따라서 여론조사가 큰 어려움을 겪는 동안…세상이 망하고 있다고 결론 짓는 것은 시기상조다…그 어떤 명료한 통계적 추이도 여론조사가 갈수록 엉망이 되어가고 있음을 보여주지 않는다. 그래, 2016년과 2020년 모두 상당히 엉망진창이었지만, 그 사이에 낀 2018년에는 여론조사가 뛰어난 성적을 보였다. 그리고 가장 최근에 치른 시험인 조지아주 상원 결선투표에서 여론조사들은 극도로 정확했다.

여론조사가 잘해낸 부분은 득표율뿐이 아니다. 승자를 올바르게 예측하는 데에서도 정확했다. "한 시기 동안 여론조사의 79퍼센트가 승자를 올바르게 식별했고, 전체적으로 1998년부터 모든 선거주기 동안 우리의 적중률인 79퍼센트와도 맞아 떨어진다."

이렇게 여론조사를 옹호하더라도 2020년의 성적에 대해서는 몇 가지 더 설명이 필요하겠다. 무슨 일이 벌어졌는지를 설명하려는 시도는 2016년과 2020년 모두 투표용지 상에서 벌어진 도널드 트럼프라는 이례적인 상황 때문에 애매모호해졌다. 트럼프는 독특한 후보이자 독특한 대통령이었다. 트럼프는 뉴스와 여론조사를 '가짜'라고 부르며 싫어하고 조롱했고, 그 결과 어떤 후보도 예전에 행하지 않은 방식으로 지지자들이 여론조사에 참여하지 못하게 막았다. 이는 트럼프 시대에 미국의 여론조사는 대선이 아닌 선거에서 상당히 정확했다는 사실을 암시한다. 또한 타인에 대해 낮은 신뢰도를 가진 사람들, 즉 트럼프에게 투표할 의향이 있는 것으로 보이는 집단을 과소표본추출Under-sampling하는 것으로 이어질 수도 있는, 트럼프와 관련한 문제가 존재한다는 의미이기도 하다. 이는 여론조사가 겪는 어려움에서의 국제적인 추이와 맞아 떨어진다.

2020년 대선과 같은 날 치러진 다른 선거의 여론조사에서 트럼프가 출마하지 않았다 하더라도 여전히 민주당 지지율이 과장되어 보고되는 것이 사실이다. 그러나 여론조사에 대한 트럼프의 혐오가 지지자들이 여론조사에 참여하는 것을 방해한다면, 이들은 여론조사기관의 설문이 대선에 관한 것인지 여부를 미처 다 드러내기도 전에 이를 무시해버렸을 가능성이 높다.

그러고 나서 코로나19 바이러스가 등장한다. 코로나19 규정을 준수해야 하는지 여부는 당파심에 의해 심각하게 갈렸고, 따라서 민주당 지지자들은 락다운에 순응하고, 집에 머물며, 재택근무를

날날이 파헤치는 여론조사의 모든 것

하고, 여론조사에 응할 가능성이 더 높다는 설명이 타당하다. 이 것이 진실이라면, 우리가 영국 여론조사에서 문제를 일으키는 모습을 보았던 응답률 차이에서 오는 어려움의 한 형태가 되었을 것이다.

혹은 민주당 선거운동원들이 락다운 동안 가정방문 같은 선거운동 활동을 멈추려는 의지가 더 강해서일 수도 있다. 따라서 트럼프보다 선거운동을 훨씬 더 많이 중단하고, 공화당과 비교해 민주당의 투표율을 상대적으로 낮췄을 것이다. 분명 2020년 선거에서 기록적인 투표율은 왜 낮은 투표율의 상황에 고정된 여론조사 방법론들이 틀렸을 수도 있는지 그 적절한 이유를 알려준다. 민주당 여론조사원 집단은 "적어도 몇몇 지역에서 우리는 또 다시 교외에 사는 대학을 나오지 않은 백인 유권자들 사이에서의 상대적인 투표율을 과소평가했고, 이들은 투표할 가능성이 낮은 공화당 사이에서 대표성이 과장됐다."고 결론 내렸다. 다만 이 여론조사기관들은 이 한 가지 요인 이외에 더 많은 여론조사 문제가 존재함을 강조했으며, "결정적인 답 한 가지는 없다. 그렇기 때문에 문제를 해결하면서 특히나 좌절감을 겪게 된다."고 했다.

또한 여론조사에서 몹시도 특정한 히스패닉 공동체에서 무슨 일이 벌어지고 있는지를 추적하는 데에 특히나 문제가 있던 것으로 보인다. 다른 상황에서였다면 이는 지엽적인 문제였겠으나, 2020년에는 세간의 이목을 사로잡는 실패가 됐다. 그 히스패닉 공동체 가운데 하나가 플로리다 주에 있었고, 플로리다 주는 선거일 밤에 투표수를 보도하기 시작하는 첫 경합주 가운데 하나다. 그러다보니 선거가 어떻게 진행되고 있고 여론조사가 얼마나 정확하다고 밝혀질 것인지 사람들의 전체적인 인상에 몹시도 큰 영향을 미쳤다. 또한 트럼프와 공화당을 지지하기로 뒤늦게 마음을 바꾼 유권자들도 있었을 것이며, 우리가 다른 여론조사 실패에서도 보았듯 그것이 문제의 전모는 아니었겠으나 부분적으로 여론조사 오류에 기여했을 것이다.

이 가운데 일부 또는 전부가 사실일 수 있다. 여론조사 업계의 주요한 사후점검은 조심스레 명확한 결론을 내지 않고 있었다. "여론조사 오류에 대한 일부 설명은 여론조사에서 발견되는 패턴들에 따라 제외될 수 있다. 그러나 왜 여론조사가 공인된 투표에 비해 민주당-공화당 격차를 과장해서 보여주었는지를 결론적으로 확인하는 일은 현재 이용 가능한 데이터로는 불가능할 것 같다."

2015년 영국의 경험과 마찬가지로, 불완전한 표본추출에 문제가 있는 것으로 보인다. 과거에 대표성을 띤 표본을 확보하고 보정하는 데에 성공했던 기술들이 2020년의 매우 까다로운 상황에서는 그다지 잘 먹히지 않았다. 2020년 선거는 기록적인 투표율을 보였고, 팬데믹 속에서 열렸으며, 현직 대통령이 여론조사에 공개적이면서 포악하게 반감을 드러낸 선거였다. 여론조사기관들은 개선된 결과를 얻기 위해 표본추출과 가중법의 변화 그리고 심지어 우편표본추출의 부활 등의 방법을 모색했다. 아마도 우리는

'포스트 트럼프' 대선에서 여론조사가 어떻게 성과를 내는지 볼 때까지는 여전히 의구심을 가지는 부분이 있을 것이다.

잘못된
여론조사의 교훈

좋은 여론조사원이 된다는 것은 외줄타기를 하는 곡예사가 되는 것과 같다. 준비와 연습, 전문기술, 훌륭한 판단력과 뛰어난 직감 등이 모두 필요하다. 이를 잘 갖춘 사람들은 놀라운 위업을 달성할 수 있다아마도 가장 유명한 외줄타기 명인인 찰스 블론딘은 외줄을 타고 나이아가라 폭포를 건넜을 뿐 아니라 눈을 가리거나, 목마를 타거나, 외바퀴 손수레를 끌면서 이 재주를 완성시켰으며, 한 번은 줄 중간에 잠시 멈춰서 오믈렛을 만들기도 했다. 줄을 타고 앞으로 나아가면서 방향을 똑바르게 유지하려면 소소한 수정을 반복해야만 한다. 기술이 있는 이들에게 대부분의 시간 동안 잠깐 바람이 불거나 근육에 쥐가 나는 정도는 대응할 수 있다. 그러나 이따금 예상치 못했던 강한 돌풍이 불거나, 발을 살포시 잘못된 방향으로 내딛었거나, 재채기를 하고 싶은 강렬한 충동이 콧구멍을 간지를 수도 있다. 이 모든 요인들이 동일한 시간에 당신에게 불리하게 결합된다면 결과적으로 대재앙이 된다.

여론조사도 마찬가지다. 여론조사는 모든 것을 해결하기 위한 완벽한 방법론을 찾는 과정이 아니다. 그보다는 환경과 끊임없이 싸우고, 전개되는 동안 보정하고, 진실에 가깝게 머물도록 노력하는 것이다. 우리가 탐색했듯 정치여론조사에서 딱 한 가지만 잘못되는 일은 드물다. 대신, 여론조사가 잘못되기 위해서는 여러 사건에서 불운들이 계속 한 방향으로 쌓여서는 표제로 실릴 정도의 오류로 종합되어야 한다. 또한 상황이 올바르게 흘러갈 때조차 그 이면에는 어긋난 부분이 존재할 수 있다. 그러나 극적인 누적효과를 발생시킬 불운한 조합이라기보다는, 그저 소규모로 서로를 상쇄시킬 만한 것들이다. 여론조사원 조 트위먼은 다음과 같이 설명했다.

그렇기 때문에 명성 있는 여론조사기관들은 매 선거 이후에 다시 돌아가 내부적인 사후점검을 실시한다. 우리는 우리가 '맞게' 했건 '틀리게' 했건 사후검토를 한다. 이는 특히나 '맞다'고 드러난 해, 다시 말해 당선자를 정확하게 예측한 해지만 실제로는 '틀린' 해, 다시 말해 득표율이 크게 빗나간 해에 중요하다.

이 점에서 여론조사들은 항공기 비행과 같다. 여러분이 다음 비행을 하기 전에 잊고 싶을 수도 있는 작은 비밀들이 비행기와 여론조사 모두에 존재한다. 비행기와 여론조사 둘 모두에서 가끔은 잘못된 부분들이 발생할 수 있다. 아마도 여러분이 알아차리는 것보다 훨씬 더 자주 일어날 수 있다. 오류들이 결집해서 은유적으로든 너무나 현실적으로든 대재앙의 결과를 만들어내야만 알 수

있기 때문이다. 별안간 오류들이 생겨났지만 이면에서 서로 조용히 상쇄하면서 모든 것이 괜찮다고 생각할 수도 있다.

이렇게 여러 가지가 기여하는 상황은 왜 여론조사 사후점검이 단 한 가지 단순한 오류만 찾아내는 경우가 드문 지를 설명해준다. 마찬가지로, 한 번 실패를 경험한 뒤 여론조사를 개선하기 위해 개별적으로 수정을 하더라도, 다음 차례에는 결국 상황이 더욱 악화되는 이유가 여기에 있다. 오류의 전말은 단순한 상황보다 훨씬 더 복잡하기 때문이다. 그러나 보통은 여론조사 대재앙은 개선되고 미래에는 더 나은 결과를 얻게 되긴 한다_{미국 출구조사의 고질적인 문제는 잠시 덮어두자}.

이 패턴은 미래의 여론조사를 판단하는 데에 교훈이 되기도 한다. 여론조사가 한 가지 단순한 오류 때문에 잘못될 수도 있다는 주장은 틀릴 가능성이 매우 높다. 또한 선거 후에 여론조사가 단순한 실수 때문에 잘못됐었다는 설명하는 것은 틀릴 가능성이 매우 높다. 단순한 오류는 없다. 그러나 여론조사를 따라가 보면, 보통은 정치적인 예상들이 적중할 것이다. 갤럽은 선거 여론조사에서 확실히 알고 있는 것이 딱 두 가지라고 말하기를 좋아했다. 한 가지는 여론조사가 먼 훗날 언젠가 틀린 쪽을 고르리라는 점이었다. 또 다른 한 가지는 그래도 현재의 그 어떤 방식보다도 여론조사가 낫다는 점이었다.

게다가 여론조사는 틀려도 여전히 흥미롭다. 지금껏 보았듯 여론조사가 틀리는 이유는 정치적, 사회적, 인구통계학적 환경의 변

제7장 여론조사는 그르다

309

화 때문이다. 틀렸다는 행위 자체는 상황이 예상치 못하게 바뀌었다는 사실을 보여준다. 직관에는 어긋나지만, 여론조사는 틀린 결과를 내놓았기 때문에 결국은 무슨 일이 벌어졌는지를 더욱 명백히 밝혀줄 수 있다. 실패 때문에 그 변화들에 관심을 가지게 되기 때문이다. 이 경우, 여론조사는 일이 벌어진 뒤 실수 덕에 새로운 것을 알게 해주는 역할을 한다. 정확하기 때문에 일이 벌어지기 전에 예측할 수 있는 것이 아니다. 뒤늦게야 만족감을 주지만, 그래도 만족은 만족이다.

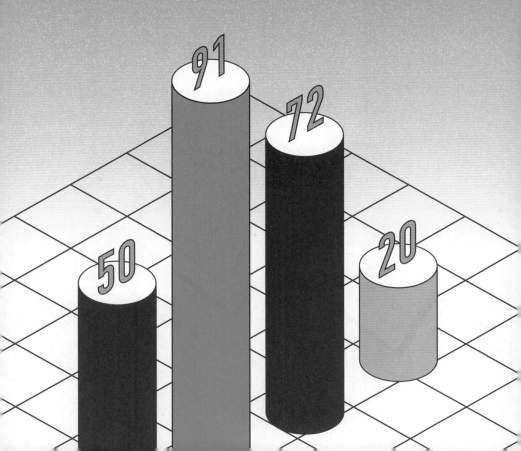

제 8 장

여론조사 규제하기

"그 법안의 효과는 마치 아무도 오지 않을까봐 기상학자들이 야외파티 일주일 전에 날씨예보를 못하도록 금지하는 것과 같다."

- 하원의원 클레멘트 프로이드

(선거에 앞서 여론조사를 금지하는 법안에 반대하며)

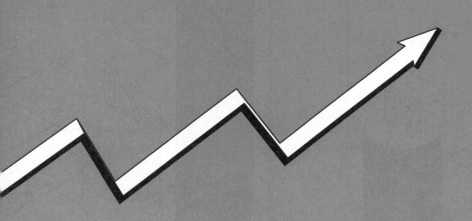

현대적인 정치여론조사는 제대로 시작되기도 전부터 입법 상 금지의 위험에 처했다. 이 제안은 1935년 오리건 주 하원의원인 월터 M. 피어스가 내놓았다. 1935년 갤럽은 회사를 세웠으며 그 다음 해에 <리터러리 다이제스트>는 대실패를 거둠으로써 현대적인 여론조사가 탄생하기도 했다. 하원의원 피어스의 정치적 견해는 현대적인 관점에서 보면 복잡한 조합이었는데, 그는 진보적인 민주당 당원이면서도 동시에 KKK단의 옹호자이자 아마도 단원였던 것이다. 뉴딜 정책과 실업자 생활임금 지급정책의 열렬한 지지자였던 그는 오리건 주에서 최초로 누진소득세를 정착시키는 데에 일조했다. 그러나 프로이드는 우생학의 지지자이기도 했으며 일본 이민자들의 권리를 공격하는 것을 뒷받침했다.

그는 또한 정치여론조사를 실시하려고 한 최초의 입법자로, 전통적인 밀짚 여론조사와 1936년에 성공한 새로운 여론조사 방식을 모두 사용했다. 예전에는 잘못된 여론조사가 대중을 오도하고, 잘못된 정보로 투표에 영향을 미친다는 진지한 걱정이 있었고 지금도 여전히 존재한다. 포퓰리스트인 피어스는 '과학적' 여론조사라는 생각에 회의적이었고, 유능한 엘리트들이 여론조사를 이용해 여론을 지배하고 의회 의원들에게 영향을 미칠까봐 두려워했다. 그에게 여론조사는 '후원을 받는 강력한 프로파간다로 이제는 후보들의 선거에서 통제요인이 되는 존재'였다. 그는 '금전적 이익을 위해 여론을 통제 없이 은밀하게 조작할 위험성'을 가졌다고 언급했다. 또한 밴드왜건 효과에 대해서도 걱정했는데, 만약 여론조사에서 한 후보가 앞서 있음을 보여준다면 사람들은 자기네가 이길 것이라고 가정하고 투표를 미룰 수도 있다고 보았다.그렇기 때문에 그에게는 1936년 선거결과가 문제가 됐다. 이전 대선에서 <리터러리 다이제스트>의 여론조사가 밴드왜건 효과를 발생시켰다고 주장했었기 때문이다. 그러나 1936년에 그는 루스벨트가 '그저 무적'이기 때문에 비슷한 효과가 나지 않았다고 설득력 없는 주장을 했다.

피어스는 처음에 우편으로 정치여론조사를 하는 것을 금지하는 법을 제정하려고 밀어붙였다. 좀 더 전통적인 밀짚 여론조사와 크로슬리, 갤럽, 로퍼와 동료들이 개발한 더 새로운 여론조사 모두가 사용하는 우편 표본추출을 막으려는 것이었다. 그가 74회 의회에서 내놓은 1935년 법안 H.R.5728은 다음과 같이 요구했다.

이로써 후보와 쟁점이 다양한 밀짚 여론조사의 실시나 운영에 관련한 그 어떤 사안을 포함한, 혹은 일반적인 국민투표 목적을 가지거나 공직에 출마한 사람과 쟁점에 대한 투표의향을 측정하기 위해 쓰이는 표본추출방법을 채택하기 위한 모든 편지, 글, 광고전단, 엽서, 그림, 인쇄지, 판화, 사진, 신문, 팸플릿, 책 또는 모든 종류의 기타 출판물이나 우편물, 물건 등은 이제 우편으로 발송할 수 없는 대상으로 규정한다. 또한 우편으로 전달하거나 우체국이나 기타 우편집배원에 의해 배달될 수 없는 대상이기도 하다.

1935년 2월 14일에 열린 우체국과 우편집배경로에 관한 미 하원 위원회 그리고 3월 21일 열린 제 8회 분과위원회인 '우편서비스의 위반'에 따르면, 초안은 4월 23일 공청회 이후 중단됐다. 그러나 위원회는 우체국의 견해를 요구했고, 우정공사 총재는 위원회에 "이 부서는 제안된 법안에 특별한 흥미가 없다"면서도 우편을 통해 여론조사를 하려는 기존의 방식에는 "이의를 제기할 부분이 없다"라고 결정적으로 덧붙였다. 또한 그런 방식들이 "일부는 수십만 달러에 이를 만큼 상당한 수입원이 되어 왔다"고 말하기도 했다.

피어스는 몇 년 동안 이 사안을 계속 추진해왔지만 결국 수포로 돌아갔다. 그 과정에서 우체국의 반대는 점차 거세졌고, 우정공사 총재는 1937년 우편조사 금지가 "상당한 크기의 금전적 손해를 보게 될 것"이라고 경고했다. 피어스 자신은 훗날 대선이 치러지는 해에 2백만 달러에 이르는 대략적인 수익감소를 겪었다. 우체국의 반대는 원칙적으로 다른 사람들이 단순히 여론조사를 옹호하는 데에 관심이 없거나 명확히 표현하지 않았음을 의미할 수도 있음에도 불구하고, 피어스는 그저 우체국 수익을 해칠 수 있는 위험성이 자신의 노력에 치명적일 것이라고 믿었다.

1940년 2월 29일 의회연설을 통해 피어스는 여론조사 규제에 대한 자신의 욕망을 설명했다. 그의 걱정은 다음과 같았다.

여론조사는 가끔 이론과 실행에서 그리고 실제로도 틀립니다. 그리고 해석할 때 완전히 잘못된 결론을 도출할 수도 있습니다. 여론조사를 실시하고 신문의 특약칼럼을 통해 여론조사 결과의 광범위한 사용을 확보하는 일은 우리나라 선거와 입법행위의 특징이며 더 이상은 입법부나 후보가 이를 무시할 수 없게 됐습니다. 그리고 이는 완전히 상업적으로 보이지요. 저는 여론조사가 과학적이지 않으며, 절대로 과학적일 수 없다고 생각합니다. 여론조사는 여론을 조사하는 방식이라기보다는 여론을 만들어낼 수 있는 아주 성공적인 시도로 보입니다.

피어스가 연설을 하면서 반복해서 언급했지만, 이는 단순히 갤럽이나 다른 여론조사기관의 방법론을 의심하는 문제가 아니었다. 피어스는 애초에 대중들이 의견을 가질 권리 자체를 의심하며 연설을 이어갔다. "저는 과학적 여론조사가 워싱턴이나 다른 도시에서 이뤄질 수 없다고 믿습니다. '의견'이라고 이름 붙일 만큼 충분히 정보를 가지지 못한 사람들에게 한 질문을 바탕으로 한 조사라니요." 피어스는 돈과 권력을 가진 사람들이 여론조사를 고의적으로 조작할 수 있다고 두려워했다. 그러나 여론조사가 절망적일 정도로 부정확하다고 주장하는 그에게 부족한 것은 그 주장을 뒷받침할 좋은 근거였다물론 밀짚 여론조사의 결과를 조작하는 것이 얼마나 쉬운 지를 보

날날이 파헤치는 여론조사의 모든것

여주는 주장들이 실제로 가끔은 여론조사기관의 방법론에 존재하는 진짜 약점들을 부각시키기도 했다. 예를 들어, 정말로 질문지를 채워서 다시 우편으로 부치는 사람들을 통제할 수 없는 점 등이다.

피어스의 규제노력 뒤로 미국과 세계 곳곳의 사람들이 따랐다. 가끔 여론조사 금지가 실행되거나 불발되는 데에 동기를 부여하는 것은 권력의 문제가 된다. 준 민주주의 국가나 반 민주주의 국가에서 정치 여론조사는 금지될 때가 있다. 권력자들은 대중들이 무엇을 생각하는지를 대중들이 알게 되길 바라지 않기 때문이다. 온전히 기능하는 민주주의국가에서조차 정치여론조사기관들은 가장 흔하게는 선거일까지의 기간 동안 여론조사를 금지하는 식으로 규제 압박을 받는다.

두 가지 두려움이 주로 그런 압박을 이끌어간다. 첫 번째는 여론조사가 틀렸고, 따라서 선거토론과 보도를 오염시킬 수도 있다는 두려움이다. 따라서 규제를 주장하는 목소리는 선거가 끝난 후 여론조사기관들이 형편없는 조사를 했다고 인식될 때 높아진다. 또한 가끔은 선거일 전의 특정한 기간 동안 여론조사를 금지하는 규제가 이뤄지는 이유도 여기에 있다.

두 번째 두려움은 여론조사가 결과에 영향을 미치며, 그런 영향은 나쁘다는 것이다. 아마도 사람들은 승자를 지지하기를 좋아하고 누구든 여론조사에서 앞서 있는 사람으로 표심을 바꿀 수도 있다. 또는 누가 경쟁에서 뒤쳐져 있는지를 보고, 그 후보를 버리고 다른 누군가를 지지하기로 할 수도 있다. 여론조사가 틀렸다면 그 잘못된 정보를 바탕으로 그런 변화가 벌어진다는 것은 분명히 나쁜 일이다. 그러나 더욱 논쟁을 불러일으키는 의견으로는, 여론조사가 옳다 하더라도 그 정보를 가지고 있는 사람들이 틀릴 수 있다는 것이다. 규제를 지지하는 이들의 관점에 따르면, 여론조사는 사람들이 고려하지 말았어야 하는 요인들을 바탕으로 어떻게 투표할 것인지를 결정하게 이끌어간다. 이 규제자들에게 정확한 여론조사는 금단의 열매와 같다. 이것이 피어스의 주장이었고, 민주주의에 대해 상당히 귀족적인 태도다. 즉, 너희들은 자유롭게 투표할 수 있지만 내가 중요하다고 결정하는 것들에 대해서만 생각하라는 것이다. 예를 들어, 2020년에 유권자들이 도널드 트럼프가 끔찍한 대통령이라고 생각하면서 누구든 그를 이기기에 최적의 위치에 있는 사람에게 표를 주길 바라는 것이 어쨌든 부적절한 사고의 흐름이며, 따라서 사람들에게서 그런 선택을 하게 만드는 정보를 박탈하는 것이 옳다고 주장한다는 의미다.

여론조사 금지를 비판하는 사람들은 여기에 반박할 여러 가지 논거를 가지고 있다. 한 가지는 여론조사가 잘못됐다고 말하는 게 잘못됐다는 것이다. 우리가 보았듯, 여론조사는 실제로 꽤나 정확하다. 게다가 좋은 정보를 금지하면 나쁜 정보가 침투할 여지가 생긴다. 따라서 더 훌륭한 품질의 정보를 가질수록 더 좋다. 유권자들이 어떻게 투표할 지를 결정하는 데에 도움 받기 위해 후보나 정당의 지지율 비교에 대한 양질의 정보를 사용하고 싶어 한다면,

그 누가 무슨 자격으로 그러지 말아야 한다고 말할 수 있는가?

그 다음으로, 여론조사는 대체로 사람들이 투표하는 방식에 유의미한 차이를 만들어낼 수 없다는 주장이 있다. 이 주장은 선거에 적절하게 프레이밍을 주는 데에 유용하다예를 들어, 누가 실제로 승리할 가능성이 있으며, 따라서 반드시 언론에 보도되어야 하는가 등이다. 이 주장들은 아주 특정한 지역에서 전략적 투표를 집결시킬 때 유용할 수 있다. 그리고 투표제도로 인해 전략적 투표를 할 수 있는 기회가 있다면, 왜 유권자들은 가장 가능한 정보들을 바탕으로 결정을 내려서는 안 되는 걸까? 그러나 전반적으로 여론조사는 선두주자가 누구라고 나타나든 간에 밴드왜건 효과를 발생시키거나 패배할 것이라고 보여주는 후보의 지지자들의 투표율을 억제하는 주요한 문제를 일으키지 않는다. 이에 관한 연구를 다음과 같이 검토해볼 수 있다.

이 주제에 대한 다양한 연구들의 결과는 다음과 같이 요약될 수 있다.

a 연구결과들은 결론에 이르지 못했으며, 당시 사용된 방법과 특정한 상황에 따라 달라진다.

b 일반적으로 우리는 검사환경이 더 자연스러울수록 영향력이 더 작거나 아예 없는 것으로 측정된다고 말할 수 있다. 실험과 자기보고를 통했을 때 가장 강력한 영향력을 드러내며, 자연스러

운 실험은 여론조사 결과의 영향력을 가장 적게 드러낸다.

c 아무런 영향력이 없다고 나타났을 때 이는 밴드왜건 효과의 의미에서 투표의향에 영향을 미칠 수도 있다.

d 특정 투표제도의 전제조건[의석획득의 기준치인] 5퍼센트 오차 하에 군소정당 또는 군소정당과 연합을 이뤄야 하는 정당의 지지자들은 여론조사를 통해 두 번째로 지지하는 정당에 표를 줘야겠다고 확신을 받을 수도 있다.

총괄하면, 우선 영향력은 최소한으로 남는다. 그리고 두 번째로 완전히 무해하다고 볼 수 있다.

또 다른 주장은 실용성과 관련해서 나온다. 여론조사를 금지한다고 해서 여론조사가 실시되는 것을 막을 수 없으며 가끔은 인터넷을 통해 유출된다. 여론조사를 금지한다는 것은 능력이 되는 이들만이 한정적으로 여론조사를 누릴 수 있게 된다는 의미다. 이를테면 선거결과를 정확하게 예측함으로써 큰돈을 벌 수 있는 헤지펀드 등이다. 부유층은 여론조사 금지를 피해갈 수 있지만 평범한 사람들은 부족한 정보만 주어진 채 남게 된다.

여론조사, 그 중에서도 특히 출구조사는 유일하게는 아니지만 사기를 막을 수 있는 안전장치이며, 선거결과를 판단할 수 있는 공적인 척도를 안겨준다. 여론조사 금지에 반대하는 마지막 주장은 선거일 직전에 여론조사를 실시할 수 있게 해주는 것이 정치여론조사 전체의 건강에 결정적이다. 후반부에 실시되는 여론조사들을 통해서 실제 선거결과와 가장 유용하게 비교할 수 있고, 따라서 선거 방법론의 문제를 드러낼 수 있다. 그런 확인이 없다면 정치여론조사는 눈을 가린 채 작동하는 것이다.

  여론조사 금지의 부분집합은 특히나 선거가 끝나기 전에 출구조사 결과를 발표하는 것에 또는 하지 않는 것에 적용된다. 이는 실제 투표에서 어떤 경쟁이 벌어지고 있는지를 알 때 사람들이 투표하러 가기를 미룰 위험이 훨씬 크다는 두려움에서 나온다왜냐하면 사람들은 자기네 편이 쉽게 이기거나 또는 망했다고 생각하게 되기 때문이다. 게다가 규모 면에서 훨씬 작고 짧은 기간에 실시되는 출구조사에서는 미처 다른/뒤이은 여론조사로 문제를 명확히 규명할 수 있는 기회를 가지지 못하고 변덕스러운 개별 여론조사가 지나치게 오해를 불러일으킬 수 있는 위험이 더욱 크다. 법에 의거해서든 또는 자기규제를 통해서든 출구조사금지는 완벽하지 않다. 미국 대선 당일에 출구조사 데이터가 조기에 유출된 사건이 이를 여실히 보여준다. 그러나 이런 유출사건은 보통 가장 정치적으로 관여하는 축에게 제한적으로 일어나며, 부정확한 예측이라는 전과로 그 영향력을 오히려 갉아먹었다.

  여론조사 금지에 반대하는 논거들의 모든 노력에도, 정치여론조사를 제한하는 법안은 광범위하게 제정되어 있다. 그러나 설문조사와 관련한 국제무역기구인 ESOMAR원래는 European Society for Opinion and Marketing Research였다와 WAPOR World Association for Public Opinion Research에서 전세계에서 실시한 설문조사에 따르면 여론조사 엠바고가 존재하는 국가는 삼분의 이에 못 미쳤을 뿐이다. 대부분의 국가에서는 선거 여론조사를 발표하는 자유를 어느 정도 제한하고 있음이 밝혀졌고, 설문조사에 데이터를 제공한 국가의 삼분의 일에서만이 선거 전에 여론조사 정보를 즉시 손에 넣을 수 있었다.

출구조사는 열 개 국가 중 한 곳에서 완전히 금지되어 있었고, 약 세 국가 중 한 국가에서만 자유롭게 실시됐다. 출구조사를 실시하는 대부분의 국가에서는 조사원이 어디에서 조사를 실시하며 출구조사 결과를 언제 보고할 수 있는지를 모두 규제하고 있었다. 또한 뉴스매체에 의해 출구조사가 전혀 보도될 수 없는 국가도 열 개였다.

선거 전 여론조사에 관해서는 다음과 같은 결과가 제시됐다.

이 연구에 따르면 볼리비아, 카메룬, 온두라스, 튀니지 등 네 개 국가에서는 선거 전 여론조사 결과의 발표에 대한 엠바고가 선거 전 30일 혹은 그 이상 지켜지도록 규제하고 있었다. 또 다른 열 개 국가칠레, 엘 살바도르, 과테말라, 이탈리아, 몬테네그로, 파나마, 파라과이, 싱가포르, 슬로바

키아, 잠비아 등에서 보도통제는 적어도 2주 동안 지속됐다. 게다가 선 거 전 기간에는 여론조사가 절대로 사용되지 않는 국가도 일곱 개 에 이르렀다.

여론조사 보도통제는 라틴아메리카에서 보편적이며, 유럽도 보 도통제가 두 번째로 흔한 지역이다. 또한 북아메리카와 카리브해 국가에서는 가장 드물게 나타나는데, 다만 유럽의 보도통제는 평 균적으로 2일 동안에만 실시되므로 전 세계적인 평균 보도통제일 인 5일보다는 훨씬 짧다.

상대적으로 업계의 자기규제는 드물게 나타나는데, 이를 보여 주는 설문조사가 있다.

29개 국가에서만 선거 여론조사에 대한 불편사항들을 처리할 책임 이 있는 전문적인 협회나 다른 단체가 존재한다. 그와 비슷한 수의 국가^{27개국}에서 정부기구가 선거 여론조사의 실시를 통제하고 있으 며, 12개 국가가 둘 모두를 보유하고 있다. 선거 여론조사를 다루 는 전문협회를 갖춘 국가 중 절반 이상이 유럽에 있다.

흥미롭게도, 가능성 있는 규제에서 미지의 영역이 있다면 바로 정치 여론조사의 투명성을 개선하는 것이다. 투명성 등을 개선하

기 위해 규제할 때 그 성과는 다른 지역에서 일반적이다. 투명성은 여론조사를 제대로 이해하는 것과 관련 있다. 그러나 투명성은 뜻밖의 지역에서 부족할 수 있는데, 예를 들어 호주의 정치여론조사 부분은 앞서 언급한 여론조사 사후점검에 협조할 의지가 놀라울 정도로 없다.

누구에게 무엇을 언제 물었는지 그리고 어떻게 결과에 가중치를 적용했는지를 아는 것은 여론조사를 적절하게 이해하는 데에 매우 필수적이다. 인터넷 패널과 MRP모델의 품질을 둘러싼 투명성은 더 까다로운 데, 우리가 보았듯 양쪽 모두 품질을 평가하기는 일이 복잡하기 때문이다. 그럼에도 이쯤에서 투명성의 규정에는 기초적인 것들이 요구된다. 예를 들어, 여론조사기관이 자체적인 내부패널을 활용했는지 그리고 MRP 모델에서 어떤 변수를 사용했는지 등이다.

투명성은 또한 여론조사 업계에 자기규제라는 것이 존재할 때 공통적으로 찾아볼 수 있는 특징이기도 하다. 예를 들어 BPC의 규정에 따르면 다음과 같다.

2.1 영국에서 회원단체가 실시하는 설문조사에 근거한 모든 데이터와 연구결과들은 다음에 따른 참고문헌을 포함해야 한다.

　- 설문조사를 의뢰한 고객
　- 조사날짜

- 조사를 수행한 방법 예: 대면조사, 전화, 인터넷

- 실질적으로 대표한 영역 성인 모두, 유권자, 기타

- 결론이 기반하는 응답의 퍼센테이지

- 표본 크기와 지리적 범위

2.2 정보공개가 타당할 때마다 다음의 정보 역시 공개되어야 한다.

- 공유된 데이터가 기반으로 삼고 있는 질문들의 전체 표현

- 컴퓨터로 정리된 표 전체를 볼 수 있는 웹주소

투명성의 중요성과 BPC 등이 제시한 사례들에도 불구하고 투명성은 여론조사 규제를 논할 때 아직 개척되지 못한 분야다. 따라서 미래의 규제기관이라면 주의를 기울이는 것이 온당하다.

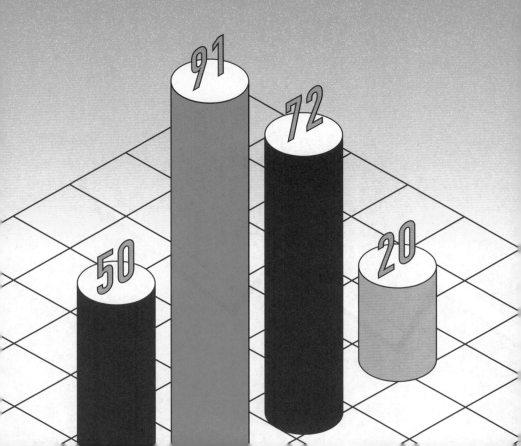

제 9 장

여론조사의 대안

"내겐 아무 여론조사도 필요 없다. 사람들이 무슨 생각을 하는지 알고
싶다면, 회의 쉬는 시간에 화장실에 가서 사람들이 하는 이야기를 들으
면 되니까."

– 독일 정치인 프란츠 자버 우네르틀

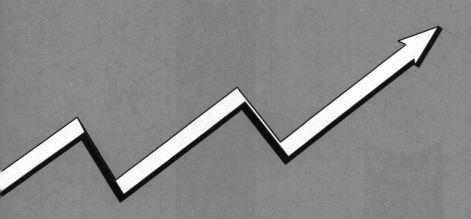

사람들은 여론조사가 존재하기 훨씬 오래전부터 여론을 측정하고 싶어 했다. 폭동의 크기를 가늠하고, 카페에서 대화를 엿듣고, 청원서에 쓰인 이름을 세고, 행진에 참여한 사람 수를 헤아리고, 보이콧의 규모를 합산하는 등의 방식들이 '사람들'이 무슨 생각을 하는지 판단하거나 주장하는 데에 쓰였다. 여론이 점차 체계적으로 기록되고 수량화될 수 있는 존재가 되어가면서, 시위자 수를 세거나 신문 투고를 분석하는 기술들은 여론조사의 개발로 인해 밀려났다. 그러나 여론조사는 여론의 중재자로서 아무런 저항 없이 왕위에 오른 것이 아니며, 특히나 여론조사 실패의 즉각적인 후유증을 겪기도 했다. 따라서 이 장에서 우리는 적절히 수행된 여론조사보다 낫다고 종종 제시되는 대안들을 일부 살펴보려 한다.

청원

청원은 아주 오래된 활동으로, 몇천 년 전 숫자 0이 발명되기 이전까지 거슬러 올라간다. 아마도 이집트 피라미드를 짓는 작업자들이 제기했을 최초의 청원부터 현대에 이르기까지, 청원은 유사점이 전혀 없는 목소리들을 모아서 하나의 열거된 의견으로 표현하는 방식을 제공해왔다. 가끔은 투표권을 대신하기도 했다. 예를 들어 19세기 영국에서 대대적으로 행해진 차티스트 운동의 청원은 여론의 범위를 표현할 수 있는 방법을 제공했다. 당시 대중들의 대부분은 자신의 견해를 표현하기 위해 선거에서 투표권을 사용하도록 허용 받지 못했다.

여론을 측정하는 방식인 청원에는 두 가지 중요한 경고가 딸려온다. 한 가지는 얼마나 많은 서명이 진짜이며 유일한가에 관한 실용적인 경고다. 즉, 청원에 가짜 서명이 들어가 있거나^{빅토리아 여} ^{왕은 실제로 세 번째 차티스트 청원에 서명하지 않았다} 또는, 예를 들어 마을에 주차 단속을 도입하려는 청원을 올릴 때 다른 나라에서 온 사람들의 서명을 수집하는 것처럼 어떤 면에서 청원 인원에 포함될 수 없는 사람들이 서명하지는 않았는가? 서명하는 사람들의 고유한 이메일과 IP 주소를 요구하는 식으로 중복서명을 제한하려고 노력하는 온라인 청원에서조차, 한 사람이 가짜서명을 여러 번 하는 것을 방지하는 일이 쉽지 않다.

또 다른 경고로는 형편없는 여론조사가 상세히 하는 행동을 청원도 전적으로 한다는 것이다. 여론조사는 그저 질문의 한 측면에 대한 응답만을 모을 뿐이며, 청원은 반대의견이 얼마나 많은지는 이야기해주지 않는다. 청원에 참여한 사람들의 규모^{법안에 대} ^{해 정부에 청원하는 국민의 수 또는 움푹 팬 도로에 대해 시의회에 청원하는 마을사람의 수}가 관련된 인구 내에서 큰 비율을 차지할 정도로 크다면 이 부분은 문제가 되지 않는다. 그러나 이런 예외는 드물다. 게다가 한 청원이 얼마나 많은 서명이 받았는가는 단순히 대중의 지지를 보여주는 징후가 아니며, 그 청원 뒤에 있는 조직에 관한 뭔가를 시사하기도 한다. 이 청원은 서명 받기에 착수한 대규모 캠페인단체와 함께 하는 조직이 홍보하고 있는가? 광고를 통해 온라인에 홍보되었는가? 가끔 청원은 조직적인 핵심이 존재하지 않더라도 놀라울 정도로 잘 운영되며, 청원의 크기는 흥미로운 지표가 된다. 그러나 청원은 기껏해야 여론이 어떻게 생각하는지에 관한 단서만 제시할 뿐이다. 양질의 여론조사와 견준다면, 여러분이 주목해야 할 대상은 단연코 여론조사다.

정치인에게 보내는 편지

마이크 캘러허와 후임자 피오나 리브스는 버럭 오바마의 백악관에서 매우 특별한 임무를 맡았는데, 매일 대통령의 주목을 받을 수밖에 없는 그런 임무였다. 백악관 대통령 통신실의 책임자로서, 그의 임무는 매일 대중이 보내오는 편지와 이메일, 팩스 가운데 열 통을 골라 대통령이 개인적으로 관심을 가지고 직접 답장을 해주도록 하는 것이었다.

이 과정은 인턴들이 따분하지만 빠른 속도로 편지를 분류하면서 시작됐다. 인턴들은 긴 탁자 주변에 앉아 수북이 쌓인 편지들을 붙들고 매일 삼백 통씩 훑었다. 또 다른 팀은 빠른 속도로 이

메일들을 검토했다. 온갖 종류의 메시지가 지나갔다. 이상하거나, 웃기거나, 기묘하거나, 감동적이거나, 계몽적이거나 충격적이었다_{편지를 처리하는 사람들을 위해서 매달 카운슬링 시간도 마련되어 있었다}. 필터링 체계를 통해 특정 연방정부기관의 직접적인 응답이 필요한 편지, 생일 축하를 받고 싶어 하는 편지, 위문을 받고 싶어 하는 편지 등을 가려냈다.

그리고 또 하나 특별한 범주의 업무가 있었다. 켈러허의 사무실에 놓인 동그란 나무탁자 위에 마침내 올라온 몇 백 통의 편지를 보는 일이다. 매일 그로부터 마지막 열통을 선택해서 보라색 폴더에 넣은 뒤, 대통령에게 전해지는 일간 브리핑 폴더에 추가한다. 켈러허는 이 임무를 설명하며 "우리는 강렬하고 설득력 있는 메시지를 고릅니다. 사람들이 읽으면서 소름이 끼친다고 말하는 메시지들이죠. 나는 대통령에게 불편한 메시지가 담긴 편지를 전합니다."라고 말했다.

오바마는 저녁식사를 한 뒤 편지를 읽고, 어떻게 했으면 좋겠는지 혹은 어떻게 응답을 할 것인지에 대해 남는 공간에 메모를 했다. 오바마는 수는 적지만 매일 접하게 되는 다른 모든 정보들이 자신에게 영향을 미친다며 다음과 같이 말했다.

내게 가장 중요한 편지들은 이런 것들이다…인연을 만들어가는 것이다…어떤 이는 최근에 자신의 어린 시절이 담긴 편지를 보내왔다. 이 여성의 어머니는 언제나 N 워드흑인을 비하하며 일컫는 Nigger라는 단어를 의미함 - 옮긴이를 썼고 아프리카계 미국인들을 혐오했다. 그러나 동시에 아이들을 공부시키느라 직업을 세 가지나 가진, 믿을 수 없을 만큼 위대한 어머니였다. 괴로움과 자랑스러움이 공존했다…이 여성은 편견을 가진 어머니 때문에 괴로워하면서도 인간으로서 존경했다. 어머니는 말년에 이르러 태도가 변했고, 결국 흑인을 뽑을 것이라고 선언했단다. 이 어머니는 이제 세상을 떠났지만, 우리가 꼭 알아야 할 것들을 알려주셨다. 알다시피, 이런 종류의 편지들이 오고, 나는 그렇게 여러분의 태도를 바꿀 수 있다고 생각한다.

대통령에게 전해지는 편지는 하루에 열 통이었다. 무작위로 고르지는 않았지만 그렇다고 훌륭한 표본추출을 통해 고른 것도 아니었다. 그럼에도 대부분의 사람들은, 정치인들이 국민의 이야기를 직접 듣기 위해 주변의 모든 것들을 쳐내고, 이들을 여론조사 교차표에 등장하는 측정점이 아닌 개인으로 대우해주는 이런 식의 이야기에 긍정적으로 반응했다.

직접적이고 개인적인 접촉에서 만들어지는 진실성이란 강력한 개념이다. 정치인들은 종종 사람들이 자신에게 보낸 것 또는 말한 것을 언급한다. 이런 생각은 정치에만 국한되지 않으며, 대중들이 무슨 생각을 하는 지 파헤쳐볼 수 있는 방법 중 하나로서 민중의 소리가 매체의 담론으로 널리 퍼져 있다.

그러나 이런 목소리는 소규모의 왜곡된 표본이다. 민중의 소리는 대중들이 무슨 생각을 하는지 이해하기에 좋은 도구는 아니다. 한 쟁점의 모든 입장이 동일하게 글이나 이메일로 전달될 수는 없는 법이다. 또한 모든 입장이 특정한 사람이나 조직에 똑같이 접촉할 수 있는 것도 아니다. 다른 모든 가치들을 고려했을 때 여론을 반영하지 않는 서신교환의 수준을 보여주는 사례는 아주 많다.

편지를 세어보는 것은 여론조사가 도입되기 전 그리고 인터넷 덕분에 편향된 편지들로 우편함을 채우는 대량의 편지작성 캠페인을 조직하는 것이 훨씬 쉬어지기 이전에는 훨씬 더 귀중한 작업이었다. 지금은 어떠냐고? 지금은 유용함이 훨씬 덜하다. 단지 어떤 압력단체나 조직적인 로비와는 별개로, 편지나 이메일의 패턴이 변화하는 특별한 경우를 제외하고는 어떤 일이 벌어지고 있음을 가리킬 수도 있다. 정치학자 필립 카울리는 이렇게 썼다.

새로운 하원의원은 곧 자신의 우편함이 여론을 측정하기 위한 불완전한 장비임을 알게 된다. 이들은 재빠르게 공동의 편지쓰기나 이메일 캠페인을 배제하는 법을 배운다. 또한 다시는 그에게 표를 던지지 않겠다고 위협하지만 예전에도 적어도 열두 번은 똑같은 협박

을 했으며 어쨌든 애초부터 그에게 표를 주지 않은 투고자를 무시하는 법도 배운다.

사람들이 글을 쓰도록 부추기는 또는 SNS에서 열을 내도록 만드는 쟁점들이 선거구민들의 대부분에게 정말로 중요한 문제인 경우가 별로 없다. 한 하원의원은 이렇게 말했다. "하느님께서 엄청나게 많은 편지를 쓰시네요." 여우를 좋아하는 이들에게도 이하동문이

다여우사냥을 좋아해서 하원에서 통과시킨 여우사냥 금지법안을 철회한 상원의원들을 비꼬아 가리키는 말 - 옮긴이.

우편함은 어떤 상황이 벌어질 수도 있다는 단서일 뿐이지, 벌어졌다는 확실한 증거가 아니다.

대중의 크기

2012년 미국 대선에서는 여론조사가 진지하게 실시됐다. 그것도 아주 진지하게 실시됐다. 그러나 선거 바로 전날에, 페기 누난은 <월스트리트 저널>에 이렇게 썼다. "우리는 선거에 관해 글을 쓰는 모든 이들이 반드시 해야 할 네 단어로 시작하려 한다. '아무도 아무 것도 모른다. 모두가 추측할 뿐이다.'" 여론조사는 전반적으로 현직 대통령인 버락 오바마를 향한 작지만 꾸준한 흐름을 보여

주고 있었다. 그러나 누난은 다른 곳에서 근거를 찾길 선호했다.

모두가 여론조사와 격변의 상황을 지켜보는 동안 롬니는 대통령 자리로 슬금슬금 다가가고 있다. 그는 조용히 부상하고 있으며, 한동안 상승세를 타왔다…롬니의 세력이 형성되고 있다. 지난 밤 펜실베이니아 주 모리스빌에서 2만 8천 명이, 오하이오 주 웨스트 체스터에서는 3만 명 등이 모였다. 이는 단순히 사전에 세운 계획의 승리가 아니었다. 사람들이 찾아와서 보안검색대를 통과하고 추위 속에서 몇 시간이고 기다렸다. 롬니의 유세 집회는 이제 연기가 아니라 집회처럼 보인다. 새로운 방식으로 그는 전진하고 있다. 그는 행복해보이고, 고마워한다. 롬니의 폐회사는 긍정적이고, 미래지향적이며, 즐거울 정도로 애국적이다. 그의 폐회광고는 예리하다. 유세에서 무슨 일이 벌어지고 있는지를 다룬 광고는 감동적이다. 그리고 광고판에 대해서도 언급할 거리가 있다. 몇 주 전 플로리다에서 나는 오바마가 아닌 롬니의 광고를 보았다. 오하이오에서도 동일한 이야기를 들었다. 토니^{원문 그대로} 노스웨스트 워싱턴 DC에서 나는 또 동일한 이야기를 들었다. 우리는 눈앞의 상황 대신 종이에 쓰인 데이터를 들여다보느라 바빠서, 우리 눈앞에서 펼쳐지고 있는 이 모든 상황을 정말로 주목하지 못할 수도 있을까? 아마도 그것이 진정으로 왜곡된 올해의 여론조사일 것이다. 그렇게 여론조사는 우리가 주변세계를 무시하게 만들었다.

지지 세력과 광고판이라. 만약 엑셀 파일 위의 데이터보다 저 바깥의 실제 세계가 롬니의 승리를 시사하고 있었다면, 여론조사들은 분명히 잘못됐고 롬니는 대통령이 될 예정이었을까? 아니, 그렇지 않았다. 롬니는 패배했고 오바마가 이겼다. 여론조사는 옳았다.

페기 누난의 편을 들자면, 인간으로서 냉정한 엑셀 파일보다는 직접적인 경험으로 눈앞에 보이는 것을 믿고 싶은 욕망이 드는 것은 너무나 당연하다. 누난은 그런 실수를 저지른 유일한 사람이 아니었다. 또한 1997년 영국 총선의 선거 당일 밤, 흥미진진한 막간촌극에서도 똑같은 상황이 벌어졌다. 노동당은 1974년 이래 최초로 선거에서 승리를 거두고 1966년 이래 최초로 법안을 통과시킬 수 있는 안정적인 의석을 확보하기 위해 노력하고 있었다. 여론조사는 노동당이 그 목표를 달성할 수 있음을 일관적으로 보여줬고, 선거가 끝난 밤 10시 직후 발표된 출구조사에서는 노동당이 압도적인 승리를 앞두고 있었다. 그러나 첫 번째 결과가 발표되기 전에, 1992년 여론조사가 크게 빗나갔으며 1987년 출구조사들도 틀렸었다는 것을 아는 만큼 불안과 희망, 두려움이 커졌고 출구조사에 대한 의구심이 피어났다. 그 결과, 보수당의 견해가 연달아 BBC방송을 통해 전달됐다. 보수당은 노동당이 압도적이고 대대적으로 승리할 것이라는 출구조사 결과를 의심했으며, 여전히 패배할 가능성이 높긴 하지만 자신들이 집집마다 돌아다니며 유세를 해본 결과 어느 정도는 좋은 결과를 거둘 것으로 보인다고도 했다. 이쯤에서 우리는 보수당 정치인들이 여론을 호도할 이유가 전혀 없다는 점을 짚어볼만 하다. 물론, 투표가 끝나기 전에는 정치인들이 당연히 "당신이 맞아요, 우리는 무참히 깨질 거예요."라는 말 대신 다른 말을 한다. 그러나 일단 투표가 끝이 나고, 특히나 자신들이 패배할 것이며 그 결과로 어쨌든 당 대표가 사퇴할 것이 확실하다면, 진심으로 믿는 것과 완전히 다른 이야기를 할 이유가 거의 없다. 보수당 의원들은 선거운동이 여론조사와는 다른 그리고 아마도 더 기분 좋은 결과를 암시한다고 진심으로 믿었다. 그러나 그렇지 않았다. 여론조사가 옳았다. 노동당은 압도적으로 승리를 거뒀다.

또는 공개적인 모임에 참석하는 형태로 대중의 숫자를 세우는 것 역시 여론조사의 합리적인 대안이 아니다. 대서양 양편의 사례에서 보듯, 그 참석수를 정확히 셀 수 있다 하더라도 마찬가지다. 1984년 미국 대선 선거운동 후반부 동안 민주당 후보인 월터 먼데일은 여론조사에서 뒤쳐져 있었지만, 1948년 트루먼이 여론조사에선 졌지만 실제로는 승리했다는 이야기를 주기적으로 꺼냈다. 그는 해당 선거에서 "듀이가 트루먼을 이기다"라는 신문 1면을 복사해서 제시하는 일까지 벌였다. 먼데일은 대중이 무슨 일이 벌어지고 있는 지를 볼 수 있는 더 나은 징조라고 주장했다.

이 나라에서 어떤 일이 벌어지고 있지만, 여론조사기관은 제대로 파악하고 못하고 있다. 누구든 지난 며칠 동안 나와 함께 하면서 이 무리들을 보았고, 이들의 반응을 보았으며, 이들의 열정을 보았고, 그 반응의 치열함과 이 쟁점들에 대해 반응하는 방식 등을 본 사람이라면 그리고 내가 가본 곳에 가본 사람이라면 지금 어떤 일이 벌어지고 있다는 사실을 믿지 않을 수 없다.

면데일은 대놓고 다른 이야기도 했다.

1984년 대선 선거운동의 마지막 나날동안 민주당 후보들은 여론조사에서의 침울한 결과와 지지자들의 이야기를 듣기 위해 등장할 때 그 열광적인 환호 사이에서 갈피를 잡지 못했다. 이들은 뚜렷하게 와닿는 열광이 투표의향을 더욱 잘 드러내준다면서 스스로와 지지자들을 안심시켰다.

아니, 그렇지 않았다. 월터 먼데일^{대통령}과 제럴딘 페라로^{부통령}으로 구성된 민주당 공천후보자는 참패를 당했다. 대중투표에서는 41퍼센트로 공화당 59퍼센트보다 뒤쳐졌고, 선거인단 투표는 525인 대 13인으로 더욱 참담한 수준이었다.

좀 더 최근에는, 미국 대통령 선거의 민주당 후보를 뽑으려는 2020년 경선에서 비슷한 이야기를 들어볼 수 있다.

상원의원 엘리자베스 워렌의 선거본부는 그녀가 1만 5천 명까지 지지 세력을 모았다고 말했다. 반면에 옛 부통령이었던 조 바이든은 민주당 대통령 예비선거의 여론조사에서 대부분 큰 격차를 두고 선두를 유지하고 있음에도, 딱히 많은 사람들을 모으지 못했다.

바이든이 이기고, 워렌이 졌다. 그것도 심각하게. 1983년 영국 총선에서 노동당 대표 마이클 푸트 역시 비슷한 운명을 겪었다.

선거운동이 무르익을수록 선거운동에 대한 푸트의 인식과 푸트에 대한 대중의 인식 간의 격차는 점점 더 커졌다. 푸트는 어디를 가든 열렬한 환영을 받았고, 관중들은 그를 만나는 것을 좋아했다. 그러나 선거운동의 마지막 보름 동안, 이미 보수당보다 한참 뒤떨어져 있던 노동당의 여론조사 순위는 거의 폭락 수준으로 떨어졌다. 선거 전 일요일에 푸트는 이렇게 말했다. "동시에 두 가지 선거가 진행되고 있음이 틀림없다. 나는 여론조사에 반영된 선거 말고 다른 선거에 출마한 모양이다."

그가 옳았다. 그러나 여론조사는 더욱 뛰어나게 예측했다. 노동당은 선거에서 졌을 뿐 아니라, 20세기 초반에 창당한 이래 최악의 성적을 보였다.

위에 언급한 것 같은 정치인들에게, 자신이 뒤쳐져 있으며 참혹한 패배로 향하고 있음을 인정하는 일을 단순히 선택할 수 있는 문제가 아니다. 공개적으로 그렇게 말했다가는 정직하다고 칭찬받는 것이 아니라 실언이라는 딱지가 붙게 된다. 또한 정치인들은 선거운동이 막바지에 다다르고 일주일에 백 시간씩 일하게 되는 시점에서 스스로와 선거팀에게 계속 동기를 부여해줘야 할 필요성이 있다. 그런 압박에 직면해서 군중의 수를 언급하는 일은 별자리 운세나 점을 활용하는 것보다는 덜 정확할망정 덜 부끄러운 계산법이리라.

선거 포스터

여론조사를 대체할 또 다른 인기 있는 대안으로는 창문 포스터나 론 사인 Lawn Sign, 지지정당 등을 알리기 위해 집 정원 등에 다는 표지판 - 옮긴이의 보급이 있으며, 아마도 이를 통해 선거에서 각 정당에 대해 대중들이 실질적으로 어느 정도 지지하는 지가 드러날 수 있다.

가끔 선거 포스터나 표지판이 예측치가 된다는 증거는 거의 없다시피 하다. 라이벌 선거운동본부의 지지자들이 똑같이 자신들의 지지를 보여주고 싶어 하며 어딘가에 포스터를 전시할 수 있는 제한적인 상황에서, 론 사인은 예측이 될 수 있다. 예를 들어, 한 연구에서는 "캘리포니아 주의 한 자족도시에서 일곱 석의 지방공직과 하나의 법률 개정안에 대한 선거를 앞두고 앞마당의 선거운동 표지판을 세어보았다. 표지판이 가장 많이 세워진 후보들은 일곱 개 선거 가운데 여섯 개에서 가장 많은 표를 받았다."고 밝혀냈다. 이 론 사인은 자체강화적인 효과를 가졌을 수도 있다. 론 사인이나 창문 포스터는 지지율의 수준을 반영할 뿐 아니라 그 지지율을 높이기도 한다. 겉으로 드러나는 표현이 더 많을수록 더 많은 표를 얻는다는 일부 증거가 존재하는데, 사기를 북돋거나, 지지자들의 투표율을 높이거나, 새로운 지지자들을 획득할 수 있기 때문이다. 그러나 이 연구에는 "법률 개정안에 대한 투표는 표지판의 숫자와는 상관이 없었다"는 결과가 덧붙여졌다.

따라서 여기에서의 교훈은 확실하고, 더 좋은 증거를 갖춘 대안이 존재한다는 것이다. 따라서 포스터의 총계가 아닌 여론조사에 주목하도록 하자.

도박시장

여러분이 나를 만난다면, 높은 확률로 내가 내기에서 딴 돈으로 산 양복을 입고 있을 수 있다. 내게는 몇 년 전에 특정 선거운동에 대해 내 정치적 지식을 잘 활용해서 선거에 내기를 걸어 생긴 오래된 양복 한 벌이 있다. 내가 돈을 어디에 걸었는 지는 나, 그러니까 선거운동에 빠삭한 이 전문가가 진심으로 무슨 일이 일어날지 생각하는 바를 잘 반영했다. 당시 선거에서 도박꾼들이 현금을 만지는 동안 내가 저널리스트로서 매체에 한 이야기는 큰 관심을 끌었다.

옛 자유민주당 대표인 찰스 케네디는 한때 유럽 선거에서 자신의 당에 내기를 걸었다가 곤경에 빠지기도 했다. 그는 스스로에게나 동료들에게 공개적으로 말하기에 신중을 기해야 할 정도보다 훨씬 더 수수한 선거결과에 돈을 걸었다. 이 내기는 그가 생각하는 바에 대한 진정성 있는 통찰이었으나, 비밀은 지켜지지 못했다. 도박시장이 이 모든 내부 정보가 얽힌 복잡한 문제라박 한다면, 아마도 '군중의 지혜'라는 주장에 비춰 선거를 추적하고 예측할 수 있는 최고의 출처가 될 것이다. 게다가, 내기를 하는 사람들은 여론조사가 무슨 의미인지를 알기 때문에 도박시장에는 여론조사와 다른 출처에서 나온 정보들이 함께 존재한다. 따라서 오직 여론조사만 활용할 때보다 통찰력을 강화시켜줄 것처럼 들린다. 게다가, 여론조사에 응한 사람들은 그 여론조사 결과가 발표될 것임을 알기 때문에, 여론조사 결과가 잘 포장되어 보도되도록 자신들이 지지하는 정당을 더 좋게 이야기하고 싶은 유혹에 빠진다. 그러나 돈이 걸렸다고? 그렇다면 좀 더 심각한 문제가 된다.

그러나 어쩌면 그리 진지한 문제가 아닐 수도 있다. 최적의 수익을 신중하게 계산하기보다는 재미로 돈을 걸 수도 있고, 그냥 지지의사를 표현하거나, 아니면 어찌되는지 보려고 돈을 거는 수도 있다언젠가 밤에 그레이하운드 경견장에서 전자의 입장에서 접근하는 한 무리의 친구들 때문에 완전히 어이가 없었던 적이 있다. 확실히 수익률을 최대화하기 위해서 여러 차례 경주를 그냥 넘겨가며 내기를 거는 전략은 약삭빠른 개 분석가의 행동이라기보다는 흥을 깨는 사람의 행동이었다.

게다가 도박시장에서의 가격은 돈의 무게가 끌고 간다. 많은 사람들이 한 후보의 승리에 돈을 걸고 싶어 하면, 그 욕망이 시장을 움직일 것이다. 한 후보의 지지자가 다른 지지자들보다 훨씬 더 부유할 때 시장은 성공의 상대적인 확률이 아닌 상대적인 부를 반영하는 방식으로 움직일 것이라는 의미다. 내기를 쫓아다니며 통찰을 얻기를 원하는 이들에게 더욱 불리한 점은, 사람들이 시장을 움직이려는 고의적인 의도로 돈을 걸 가능성이 있으며, 그로 인해 자기네 편에 긍정적인 보도를 생성해낼 수 있다는 것이다. 예를 들어, 그렇게 아전인수식으로 시장을 움직이려는 내기는 가끔 영국의 정당 대표 경선에서 갑자기 등장하기도 한다. 보통은 가볍게 여론조사가 실시되는 사안임에도, 도박시장을 움직이는 것은 정치적인 모멘텀을 확보할 수 있는 방식이 된다. 나는 몇 년 동안 자유민주당의 정당 대표 경선을 대상으로 내기를 할 때 도박시장이 우리에게 하는 이야기를 조심해서 받아들여야 할 만큼 이례적인 패턴으로 움직이는 모습을 많이 보아왔다.

양쪽으로 이론상의 논쟁이 존재한다면, 그 근거는 무엇일까? 다행히도 내기와, 내기를 기반으로 하는 예측시장은 현대적인 정치 여론조사보다 훨씬 더 거슬러 올라간다. 최초의 예측시장은 적어도 1892년 미국 대선까지 거슬러 올라갈 정도로 오래됐다. 여기에서 우리는 많은 근거를 찾아볼 수 있다.

　2016년 미국 대선과 2016년 유럽 국민투표처럼 1면을 장식한 ^{혐의의} 여론조사 실패는 도박시장에 의존했을 때의 한계를 보여준다. 양쪽 사례에서 그리고 여론조사와 일치하는, 승리가 매우 유력했지만 의외로 패배한 이들을 보여준다^{클린턴은 각각에서 '살아남았다'}. 마찬가지로 2010년과 2012년 미국 선거를 들여다 본 연구에서는 승자를 예상할 때 여론조사가 도박시장을 능가했음이 발견됐다. 1988년과 2004년 사이 미국의 선거들을 분석한 다른 연구에서도 마찬가지였다. 이와 비슷하게, 도박시장은 2016년 또는 2020년 미국 대통령 예비선거에서 좋은 성적을 보이지 못했다. 게다가 영국의 한 연구에서는 "도박시장을 기반으로 만들어낸 의석 예보의 성과는 그다지 정확하지 않은 것으로 증명됐다. 실제로, 그 추정치는 유권자 표심변화 예측모델을 사용해서 전국적인 수준의 투표경향에서 이끌어낸 수치보다 좋은 성적을 내지 못했다.

　그러나 2015년 영국 선거 연구는 여론조사와 내기가 동점을 이뤘음을 발견했다. 일부 연구는 여전히 진행 중으로, 여론조사가 2008년과 2012년 미국 선거 모두에서 내기보다 정확하지 못했음을 발견했다. 여러 유럽 국가들의 선거를 대상으로 한 연구에서도 여론조사는 열등하다고 평가를 받았다. 또 다른 연구에서는 다음과 같은 점이 발견됐다.

예측시장은 선거를 내다보기에 효과적인 방식이다. 지금까지의 증거에 따르면 시장은 종종 여론조사와 정량적 모델, 전문가 판단 등 기존의 벤치마크 방식보다 더 정확한 예보를 제공한다. 43차례의 선거라는 데이터에서 나온 근거는 단일 여론조사와 비교해 시장의 상대적인 정확성을 특히나 강조한다.

그러나 단일 여론조사는 예보방식의 정확성을 측정하기에는 부족한 기법이다. 시장과 여론조사의 상대적인 정확성을 비교한다면, 연구자들은 결합 여론조사와 기획 여론조사 등 좀 더 정교화된 여론조사를 사용했을 때의 예보를 고심해봐야 한다. 어느 연구에서 밝혀졌듯 일곱 번의 미국 대선은 정교화된 여론조사가 예측시장과 비교해 여론조사의 상대적인 정확성을 얼마나 높여줄 수 있는지를 입증했다. 이때 단일 여론조사와 비교해서, 결합 여론조사와 결합 여론조사 예측은 90일의 예측기간 동안 가능하다. 예측시장은 일곱 번의 선거 각각에서 단일 여론조사보다 뛰어난 성과를 보였고, 평균적인 오차는 48퍼센트 감소했다. 결합 여론조사와 비교해서, 예측시장은 일곱 번 가운데 네 번의 선거에서만 더 정확했고 평균적인 오차는 17퍼센트 감소했다.

그러나 독자 여러분이 정치 여론조사에는 시간을 투자할 가치가 없다고 생각하며 이 책을 덮어버리기 전에, 다음과 같은 연구도 있었음을 덧붙인다.

예측시장에 있어서 한 가지 우려는 예보가 조작될 수 있다는 점이다. 미국과 독일이라는 두 개의 시장에서 최근의 경험들은 특정집단의 거래자들이 장기간에 걸쳐 시장가격에 영향을 미치는 데에 성공했음을 보여준다. 매체가 선거운동을 보도하면서 시장의 예보를 점차 더 많이 포함한다면, 조작하는 자들이 누릴 잠재적인 이득과 그로 인한 조작 시도의 위협이 더욱 늘어날 수 있다.

일종의 굿하트의 법칙이 적용될 수도 있다. 영국의 경제학자 찰스 굿하트의 이름을 딴 이 법칙은 지표가 목표가 되었을 때 더 이상 좋은 지표가 될 수 없다는 것이다. 사람들이 걱정해야 할 대상으로 지표에 집착할 때 그 가치는 떨어진다. 내기를 기반으로 한 예측에서도, 훌륭한 예측변수로 내세워지면서 더 많은 관심을 받을수록 조작의 가능성은 더 높아지고 그 유용성은 떨어지게 된다.

게다가 선거내기의 대부분이 지닌 온라인적인 특성은 누구에게나, 세계 어느 곳에서나, 건전한 재정상태를 가진 사람이든 도난당한 신용카드를 쓰는 것이든 간에 조작에 취약할 수밖에 없다. 충분한 자산을 가진 의심쩍은 해외국가는 선거에서 손쉽게 내기

금액을 조정할 수 있다. 또한 부정한 수단으로 시장을 조작하기는 여론조사를 조작하는 것보다 훨씬 쉽다. 따라서 여론조사는 여전히 우위를 차지하고 있다.

포커스그룹

이 책이 동물이라면, 무슨 동물이 될 수 있을까? 범주의 업무가 포커스그룹을 보도하는 매체들이 좋아하는 상당히 엉뚱한 질문과 같은 종류다. 그러나 정치인이 어떤 동물이 될 수 있을까를 묻는 질문은 그만한 가치가 있다. 질문에 대한 답이 다양한 개성과 정서적인 반응을 건드리기 때문이다. 예를 들어, 2020년 여름, 포커스그룹 응답자들은 가끔 당시 영국의 노동당 대표인 케이 스타머에 관해 질문하면 종종 '독수리'라고 답했다. 독수리는 똑똑하고, 신중하게 기회를 찾아내는 동물이지만 귀엽기보다는 사심 없고 우아하다. 독수리는 판다도, 테리어도 아니다. 독수리를 골라낸 데에는 수많은 의미가 얽혀있을 것이다. 사람들에게 동물을 고르라고 요청하는 일은 표현에 자신 없는 사람들로부터 의미심장한 대답들을 끌어낼 수 있다. 단순히 사람들이 이성적이고 깊이 고민한 대답을 하도록 부추기기 보다는, 우리의 본능과 무의식에 와 닿는 대답을 알아내려고 애쓰는 질문이다. 포커스그룹은 오바마편지기법을 좀 더 세련되게 다듬은 방법이다. 두 방법 모두, 정해진 숫자의 개인들로부터 좀 더 심도 깊은 이야기를 듣는 것이 더 좋은 통찰력을 안겨준다는 개념이다. 표본이 작다는 것에서 나온 단점^{전형적이지 않은 답}은 깊이 있는 대답이라는 장점으로 상쇄된다.

포커스그룹에는 작은 수의 사람들을 초대하는 행위가 포함되며 한 시간 이상 논의가 지속된다. 가끔은 한자리 수이기도 하며, 스무 명 이상인 경우는 매우 드물다. 참여자들은 모두 표적틈새시장에서 선발되며, 예를 들어 부동층, 노인, 학생 등이다. 가끔은 응답을 얻기 위해 다양한 자극들이 주어지는데, 예를 들어 정치인에 대한 짧은 영상이나 포스터 디자인 등을 보여주는 것이다. 그리고 가끔은 무슨 동물을 연상시키는가와 같은 겉보기에 특이한 질문들도 있다.

포커스그룹의 결과는, 적어도 적합하게 행해졌을 때 숫자로 나타나는 경우가 거의 없다. 여덟 명으로 구성된 포커스그룹이 특정한 의견에 동의한다는 이야기를 들을 때, 표본이 작다는 점을 고려하면 정확성에 있어서 적절치 않다는 느낌을 준다. 포커스그룹에 관해 이야기할 때 퍼센테이지로 표현하는 일은, 이를 마치 작은 표본을 가진 여론조사로서 거대한 오차한계를 가진 것처럼 취급하는 것과 같다^{만약 8인 포커스그룹의 50퍼센트가 특정 질문에 동일한 응답을 했다면, 이 결과는 ±35퍼센트의 표준오차한계를 가진다. 이는 진실일 가능성이 15퍼센트에서 85퍼센트 사이라는 의미다.} 이런 식으로 숫자를 제시하는 것은 미국 정치에서 포커스그룹을 보고할 때 희한하게도 인기 있는 방식이지만 피하는 것이 좋겠다. 또한 누군가가 포커스그룹이 작동하는 원리를 이해하지 못하거나, 이해하더라도 그 숫자를 듣는 사람들이 알지 못하길 바랄 정도로 시니컬하다는 징조가 될 수도 있다.

포커스그룹은 소규모 여론조사가 아니며, 완전히 다르다. 포커스그룹이 훌륭해지기 위해서는 국민정서를 잘 담아낸 참여자의 예리한 한 마디이지, 상세한 통계의 생산이 아니다. 인용문은 종종 기억에 남을 만 하며, 몹시 강력할 수도 있다. 2019년 영국 총선에서 보수당의 승리를 이끈 슬로건인 '브렉시트를 완수하자Get Brexit done'는 포커스 그룹의 발언에서 나왔다. 그러나 대중의 관점을 이해하기 위해서는 언제나 여론조사가 말하는 것의 숫자적인 맥락과는 반대로 이야기하는 포커스그룹의 특질을 항상 확인해야 한다.

그렇기 때문에 정치를 이해하는 포커스그룹을 가장 잘 활용하는 방식은 여론조사와 함께 움직인다. 포커스그룹은 여론조사에 삽입될 최고의 질문들과 그 질문들을 어떻게 표현할 수 있는지를 알아내기 위해 쟁점들을 탐색하는 데에 도움이 될 수 있다. 그후 여론조사 결과를 얻게 되면 포커스그룹은 결과 뒤에 숨은 원인과 동기들을 설명하는 데에 도움이 될 수 있다. "여론조사만 본다면 심도 있게 이해하지 못할 수도 있어요." 영국 총리인 고든 브라운의 여론조사를 담당했던 드보라 매틴슨은 이렇게 설명했다. 게다가, 포커스그룹을 사용하는 일은 "더 정제된 표현을 사용한 설문지를 작성할 수 있게 할 뿐 아니라 결과를 더욱 잘 이해하게 해줄" 것이다.

이런 이점들을 누리기 위해 여러분은 자신들의 발견에 자신감을 지닌 충분한 포커스그룹이 필요하다. 단일 포커스그룹으로는 빗나갈 수도 있기 때문이다. 여론조사와 표본크기와는 달리, 포커스그룹에는 경험에 의거한 법칙이랄 게 없다. 그러나 단 하나의 포커스그룹을 기반으로 발견한 내용에는 의심을 품도록 하자. 예를 들어, 선거토론의 여파에 따라 포커스그룹 조사를 실시하는 언론사처럼, 포커스그룹은 납득할만한 시기나 예산의 제한을 받아 움직이기도 하며, 이는 매우 불확실한 정보가 된다. 신뢰를 얻기 위해서는 연속적인 포커스그룹이 여론조사와 병행되어야 한다. 모음이 자음의 대안이 될 수 없듯 포커스그룹이 여론조사를 대체할 수 없기 때문이다. 차라리 둘은 서로 결합되었을 때 최고로 잘 활용될 수 있다. 여론조사는 여러분에게 '무엇'을 알려줄 수 있다면, 포커스그룹은 '왜'를 알려준다.

트위터 여론조사

여러분이 표본추출과 오차한계를 전혀 이해하지 못한다고 가정하자. 그 경우에 2만 5천 명의 사람들이 참여한 트위터 여론조사는 고작 1000명의 사람들을 대상으로 제대로 실시한 여론조사보다 더 정확한 것처럼 보일 수도 있다. 그러나 우리는 이미 여론조사의 경우에 크기가 전부가 아님을 살펴보았다. 그러니 여러분과 나는 모두 더 잘 알고 있는 셈이다.

트위터 여론조사는 자기선택 표본의 위험을 잘 설명해준다. 아무리 대규모라도 자기선택 표본은 여전히 자기선택 표본이다. 여러분이 동네 맥도널드 입구에 서서 사람들에게 가장 좋아하는 패스트푸드 체인이 어디인지 묻는다면, 100명에게 묻든, 1000명에게 묻든, 10000명에게 묻든 간에 여전히 맥도널드 쪽으로 편중되고 서브웨이와는 거리가 먼 응답을 얻게 된다.

이를 보여주는 충격적인 사례에는 애시크로포트 경이 있다. 2017년 12월 그는 트위터 여론조사를 실시하면서 "브렉시트에 대한 두 번째 국민투표를 원한다면 투표하고 리트윗 해주세요."라고 썼다. 이 여론조사는 각기 다른 계정으로 투표한 180,480표를 얻었고, 그 결과 67퍼센트가 두 번째 국민투표에 찬성했다. 그러나 그는 뒤이어 1월 중순에 제대로 된 여론조사를 실시했다. 그러자 정확한 질문에 따라 38퍼센트에서 40퍼센트 사이의 응답자만이 두 번째 국민투표에 찬성하는 것으로 나타났다. 이 실험은 날짜와 질문법이 다르다보니 기대보다 명확하지는 않았으나 두 조사의 결과는 핵심을 나타내기에 충분할 정도로 차이가 났다.

단 한 번 있는 일이 아니었으며, 정치라는 주제로 넘어오면 트위터 사람들은 트위터를 하지 않는 사람들과 다르다는 단호한 근거가 존재한다. 예를 들어 2017년 여론조사는 보수당 41퍼센트, 노동당 28퍼센트라는 투표통계를 내놓았지만, 트위터 사용자들에게로 참여자를 제한할 때는 보수당 30퍼센트, 노동당 39퍼센트로 바뀌었다. 그 다음 해, 트위터 여론조사와 비슷한 온라인 개방형 설문조사는 이민에 대한 사람들의 의견을 평가하는 제대로 된 여론조사와 비교됐다. 전자는 후자보다 이민 찬성과 반대 모두 더욱 극단적인 의견을 내놓았다. 영국 BES British Election Study는 또한 트위터 사용자와 비사용자 간의 정치적 견해의 차이를 발견했는데, 유럽 국민투표에서 32퍼센트가 'EU 잔류'에 투표한 반면 트위터 사용자는 69퍼센트가 잔류를 선택했다. 또한 트위터 사용자들 사이에서 노동당은 2015년과 2017년, 2019년 총선에서 세 번 모두 보수당을 앞섰지만, 실제로 보수당은 세 번 모두에서 노동당보다 더 많은 지지를 얻었다.

이런 근거에도 불구하고, 트위터 여론조사는 분명 목표를 가진다. 여론조사의 대안이나 개선안으로서가 아니라, 어느 정도의 재미나 가벼운 통찰을 제공하기 위해서다. 내 트위터 팔로어들이 어느 비밀번호 관리 서비스를 사용하는지 알아내기 위해 간이 여론조사를 실시하는 일은 내가 어떤 서비스를 시험해볼지에 대한 좋은 근거가 된다. 트위터 여론조사는 또한 특정질문을 던졌을 때 응답자의 왜곡이 그다지 큰 문제가 되지 않는다는 자신감이 있을 때 또는 트위터 여론조사 전체에서 적어도 추이를 측정해볼 수 있게 시간의 흐름에 따라 꾸준하게 실시할 때 유용하겠다. 그러나 이렇게 사용하는 일은 상당히 틈새시장에 속하며 위험하기도 하다. 연설자가 연설을 하면서 비공식적으로 거수투표를 활용하는 것처럼, 신속한 트위터 여론조사는 가끔 한 줄기 빛을 비춘다. 아주 가끔...

트윗수 세기

아마도 정치여론조사의 뛰어난 대안으로서 트위터를 차별적으로 사용하는 데에는 트윗수를 세는 것이 있다. 이런 접근법은 트위터 초반에 매력적으로 보였다. 사람들이 트위터에서 의견을 표현할 때, 아마도 한 정당이나 후보를 지지하거나 반대하는 의견은 선거에서 앞서 있었거나 뒤쳐진 사람들에게 견고한 통계적 통찰력을 제공해줄 수 있을까?

확실히 SNS 모니터링 소프트웨어와 분석가의 전체시장은 성장하고 있으며, 이 업계는 사람들이 SNS에서 무슨 이야기를 하는지 들여다보면 신뢰할만한 동향과 정서수준을 파악할 수 있다고 주장한다. 트위터 데이터는 다른 사회연결망에서 나온 데이터와 비교했을 때 특히나 분석 툴의 접근성이 훨씬 더 좋기 때문에 인기가 높다. 나 자신도 이 분야에 종사하기도 한다. 제대로 사용됐을 때 트위터 데이터 분석도구와 그 결과는 어느 메시지에 응답할 것인지 개별적으로 식별하는 데에 유용해서, 일종의 고객서비스가 된다. 또한 초기 경고로도 작용할 수 있는데, 예를 들어 한 레스토랑 업체의 입구에 있는 고장 난 밀크셰이크 기계에 대한 트윗이 갑자기 조금씩 등장하기 시작했다면 내부적인 관리보고체계에서 뭔가를 아직 파악을 하지 못했다는 유용한 단서가 될 수도 있다실제로 내 경험이다. SNS 모니터링은 급조된 포커스그룹 연구의 역할을 할 수도 있는데, 제대로 됐다기보다는 빠르고 유연한 포커스그룹이면서 그로부터 얻는 결과가 퍼센테이지가 아닌 양적인 통찰이라는 면에서 비슷한 한계를 가진다.

SNS에서 봇과 가짜 프로필 그리고 대규모의 하위정보가 점차 증가한다는 점이 SNS 통찰의 매력을 크게 훼손하고 있다. SNS 기업들은 또한 SNS에서 입수할 수 있는 데이터의 양을 줄이는 방식으로 프라이버시의 문제에 대응하고 있다. 그러나 트위터가 무명의 서비스에서 벗어났고 다른 SNS에 널리 밀려나기 전까지 전성기에. 트위터 분석이또는 더 일반적으로는 SNS 분석 여론조사를 대체할수 있다는 증거가 결여되어 있었다. 칠레나 스웨덴, 미국 같은 국가에서 트윗 수를 세는 것이 여론조사 활동을 대체할 수 있는 실행 가능한 방법이 아니라는 개별적인 조사가 있으며, 좀 더 체계적인 연구의 평가에서도 동일한 결론을 내놓고 있다. 즉, 트위터 데이터는 여론조사의 신뢰도 있는 대안이 될 수 없다는 것이다.

그러니
기억하자

2010년 월드컵에서 문어 '파울'은 축구경기 결과를 예측하는 '기술'로 단시간 내에 유명해졌다. 그보다 덜 유명한 점쟁이 동물로는 타마린 원숭이 안톤, 고슴도치 레온, 피그미 하마 페티가 있다. 잉꼬앵무 파라킷은 처음에는 꽤나 높은 적중률을 보였지만 이후 틀리기 시작했다. '파울'은 아마 현명하게도 월드컵이 끝나고 몇 달 후 세상을 떠나서 자신의 성적을 박제해버렸고, 따라서 다시는 시험대에 오르지 못했다.

바꾸어 말하면, 정확한 것처럼 보이는 정반대의 지표가 표제를 장식하는 법이며, 다른 모든 것들은 밀려난다. 그리고 이 지표를 실제보다 훨씬 더 정확하게 보이게 만드는 것이 바로 한쪽으로 치우친 생존자 편향이다. 운이 좋아서 표제를 장식하는 일은 예외적이기 때문이다. 운이 좋다 하더라도 그 운은 잠시 스쳐갈 뿐인 경우가 잦다. 뛰어난 스포츠 예언가 동물들의 쇼는 예측이 틀릴 때까지 잠깐 동안만 지속되는 것과 마찬가지다.

따라서 다음의 보고에서 보듯, 정치와 닭 트럭도 마찬가지다.

제 81회 의회의 상원 서기인 레슬리 비플은 1948년 닭으로 가득 찬 트레일러를 끄는 닭장사로 분장하고 국토를 횡단한 뒤, 여론조사에서 보여주는 결과와는 반대로 농부들이 트루먼에게 표를 던질

것이라고 정확하게 예측했다.

닭 장수 속임수는 1948년에는 효과가 있었을지 몰라도, 그런 속임수의 성공은 일시적이다. 여론조사가 더 나은 내기이며, 장기적인 관점에서뿐 아니라 중기적이거나 단기적으로도 마찬가지다.

낱낱이 파헤치는 여론조사의 모든 것

제10장

훌륭한
여론조사도
틀린다

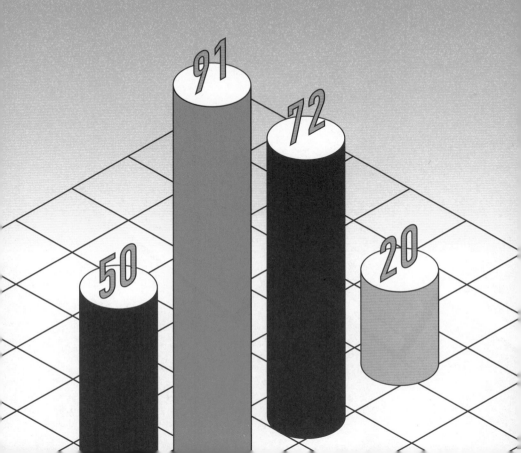

"동일한 언어라 할지라도, 동일한 단어로 표현된 동일한 질문이 어느 두 시점 또는 두 문화 내에서 똑같은 것을 의미하지는 않는다."

– 사이멀매틱스 코퍼레이션의 이디엘 드 솔라 풀, 로버트 P. 아벨슨,

새뮤얼 팝킨

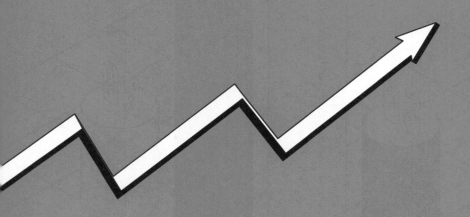

우리는 정치여론조사를 제대로 못하고, 그래서 잘못된 결과를 내놓는 경우들을 많이 보아왔다. 그러나 흠 잡을 데 없는 질문들과 영악한 표본추출 그리고 근면성실하게 적용한 가중치에도 여론조사는 여전히 잘못되고 허를 찌를 수 있다. 따라서 이번 장에는 안전장치를 잘 유지할 수 있는 도구들을 여러분에게 잘 갖춰드리려 한다.

불운

앞서 논의했듯 여론조사기관들은 진짜 임의로 표본을 추출하지 않는다. 그러나 이따금 여론조사기관들이 나쁜 표본을 얻을 수밖에 없게 임의적인 불운이 찾아올 수도 있다. <뉴욕타임스>의 여론조사 전문가인 네이트 콘은 이렇게 말했다. "그것이 게임의 본질이다. 완벽하게 실행된 여론조사조차도 가끔은 완벽하지 않은 결과를 내놓고, 가끔은 끔찍하게 형편없는 결과를 내놓기도 한다."

어떻게 동전 던지기가 그저 가끔은 연달아 열 번 내내 앞면이 나올 수 있는지도 마찬가지다. 버젓이 뒷면이 존재하는데도 말이다. 실제로 그런 불운이 때때로 반드시 일어나고야 만다. 이것이 무작위 확률의 특성으로, 그렇기 때문에 절대로 틀린 여론조사를 한 적이 없는 것 같은 여론조사기관을 경계해야 한다. 이는 마치 동전을 던졌을 때 언제나 다섯 번의 앞면과 다섯 번의 뒷면이 나오는 사람을 지켜보는 것과 같다. 그런 모습을 오래 보다보면 의심스러워지기 시작할 것이다. 따라서 똑같은 여론조사도 불운 때문에 틀릴 수 있음을 받아들이자. 그리고 그런 여론조사의 모습에 걱정하기보다는 안심하도록.

오차한계 안에서 변하기

나는 TV에서 희한한 주장을 들은 뒤 여론조사 결과를 수집하기 시작했다. 당시 사회민주당SDP의 당대표였던 데이비드 오웬은 SDP와 자유당 사이의 선거연합에 대한 여론조사 결과를 이야기하고 있었다. 그는 가을마다 연합에 대한 지지율이 떨어진다는 계절성 패턴이 있다고 주장했다. 지지율이 떨어지는 것에 대한 변명이 이어졌고, 계절성 효과를 주장하는 것은 인상적이기도 했고그는 정말로 세세한 부분까지 언급하는 것처럼 들렸다 당혹스럽기도 했다그 누구도 계절에 따라 정치 여론조사결과를 조정하지 않는다. 이해할 수 있더라도 짜증스럽게도, 조사원은 계절에 따라 달라진다는 변명을 예상치 않았고, 그 주장을 추궁하거나, 입증하거나, 헐뜯을 수 없었다.

나는 엑셀 파일을 펴놓고 그 주장을 바로잡고 싶었고, 동네 도서관에서 몇 시간 동안 마이크로필름을 가지고 씨름했다. 그 엑셀 파일은 이제 영국에서 전국적인 투표의향을 가장 대대적으로 수집한 결과로 커지고 있는 데이터 세트의 시작점이 됐다. 지금까지도 나는 그 계절적 유행이라는 주장의 진실을 알지 못한다. 1980년대 중반에서 후반까지 반복적인 가을의 패턴을 보여주는 잠정적인 지표가 있다. 그러나 통계에서 단순히 임의적인 잡음 이상의 것이라고 자신하기에 충분한 증거들이 너무나 부족하다.

　내 연구는 실패했지만, 의도는 적중했다. 정치여론조사에서 무슨 일이 벌어지는지 이해하기 위해, 우리는 승자들이 말하는 바를 액면가 그대로 받아들여서는 안 될 뿐 아니라 개별적인 여론조사 하나하나도 있는 그대로 받아들여서는 안 된다. 우리는 여러 개의 여론조사를 대조해서, 더 큰 그림을 봐야만 한다.

　여기에서 아주 흔한 실수가 생겨난다. 두 개의 여론조사만 살펴본 뒤 그 둘 사이의 변화에 너무 많은 가중치를 주는 것이다. 이 둘이 비교 가능한 여론조사라 하더라도 숫자의 변화는 여론이 현실적으로 변했다기보다는 표본추출의 변동일 수도 있다. 정당이나 후보가 지난 여론조사와 비교해서 2퍼센트 상승했다면, 이는 실제 변화일 수도 있고 그저 통계적인 잡음일 수도 있다. 여기저기서 1퍼센트가 변화했다는 의미는 여론조사 결과를 신나게 보도하는 기사들에서 보이는 것보다 별거 아닐 수 있다. 저널리스트 에이리얼 에드워즈-레비는 "어떻게 하면 다른 사람들의 컴퓨터를 해킹해서 '1퍼센트 앞선다/뒤진다'라는 표현을 '사실상 동률을 이룬다'라고 바꿔놓는 매크로를 심을 수 있나요?"라고 애절하게 말하기도 했다.

그러나 오차한계 바깥에서 벌어지는 변화에 그저 주목하기만 해야 한다고 단순하게 결론내리는 일은 잘못 이해한 셈이다. 이는 기준이 너무 높은 것으로, 작지만 진짜로 변한 것일 수도 있다. 그렇기 때문에 더 큰 그림을 봐야만 한다. 더 많은 여론조사를, 더 여러 차례 살펴보는 것이 진짜 여러분을 안내해줄 수 있다. 그러나 여전히 틀리기 쉬운데, 간단한 실험으로 이를 확인해볼 수 있다. 연속된 비슷한 여론조사에서 두 정당의 여론조사 결과를 한 번 살펴보자.

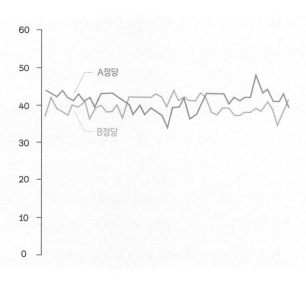

이 여론조사 결과가 진짜인 것으로 드러났다면 어떻게 생각하면 될까? 초기에는 A정당이 앞서 있지만 B정당이 따라잡을 것처럼 보이는 몇 차례 시점도 존재한다. 그리고 나서 A정당은 내리막

길에 접어들고, 지속적으로 뒤처진다. 실제로 시작점부터 A정당의 최저점까지 장기간에 걸쳐 꾸준하게 하락세가 이어지고, 그 후 추이가 바뀌면서 우상향의 움직임이 존재한다. 그렇게 A정당이 선두로 돌아오고 한동안 그 우위가 계속되다가, 결국에 갑자기 급격한 전세역전이 나타난다. 이 그래프의 격렬한 움직임은 여러 차례 흥분되는 순간을 제공한다. 또한 A정당이 꾸준히 하향세를 보이다 중간시점에서 저점을 찍고, 다시 반등하면서 새롭고 점점 더 탄탄하게 우위를 서다가, 마지막에 갑작스레 불확실해지는 모습이 보인다.

이제 여기 진실이 있다. 위의 그래프는 A정당과 B정당의 미리 할당된 지지율을 바탕으로 그려진 것이다. 그러나 우리가 여론조사에서 예상할 수 있는 임의적인 변동이 진짜 통계 주변에 잡음을 만들어낸다. 다음은 잡음을 제거한, 진짜 위치를 보여주는 그래프다.

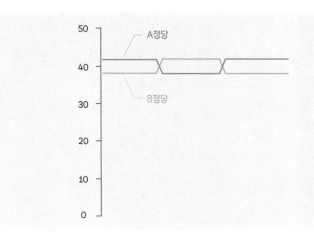

여론조사를 바탕으로 그려낸 그림을 현실과 어떻게 비교하면 될까? 그다지 나쁘지는 않다. 보다시피 잡음이 들어간 데이터도 여전히 A정당이 앞섰다가 B정당이 뒤떨어지고, 마침내 A정당이 다시 앞서는 기본적인 이야기를 보여준다. 우리는 시작지점에서 B정당이 A정당을 따라잡는 확실한 짜릿함을 어떻게 해석하면 될까? 이는 그저 환영일 뿐이다. 바로 마지막에 반전이 맡은 역할과 함께 극적인 급상승과 급하강은 무슨 의미일까? 이 역시도 모두 환영이다. A정당의 지지율에서 누가 봐도 명백한 더 장기적인 하락세와 그 뒤를 받쳐 주는 추이는 뭔가를 의미하는 것일까? 이는 그저 또 하나의 환영이다. 잡음은 전반적으로 안정적인 현실을 좀 더 신나게 만들어준다. A정당이 장기적으로 하락하는 동안 그래프 중간부에서 선회는 전혀 일어나지 않았다.

그러니 이는 그저 여러분은 개별적인 여론조사에서 한 걸음 물러나 생각해야 한다는 것이 아니다. 임의성이 여러 여론조사에 걸쳐진 상상속의 움직임을 만들어낼 수 있다보니, 단기간의 추이를 볼 때도 한 템포 쉬어서 생각할 필요가 있다. 또한 훨씬 더 대략적으로 그려지는 전체 그림도 계속 지켜볼 필요가 있다^{또는 수학적으로 다듬어서 환영을 지워버린 여론조사 평균을 보여주는 매우 정교화된 모델화에 충실해야 한다}.

모멘텀이라는
신기루

1980년 조지 H. W. 부시는 미국 대선에서 공화당 후보였다. 아이오와 주 코커스에서 이긴 후 그는 "이제 그들은 나를 따르며, 내 뒤에 바싹 붙어서 고함치고 울부짖을 것이다. 이제 우리에겐 모멘텀이 찾아올 것이다. 우리는 운동선수들이 말하듯 '빅 모멘텀'이 우리 편에 서길 고대할 것이다." 빅 모멘텀은 승리에 이를 수 있게 부시를 찾아오지 않았고, 부시는 뉴햄프셔 주 예비선거와 공화당 지명에서 지고 말았다. 그러나 그는 현대 정치계에 남을 멋진 말을 남겼다. 정당 또는 후보가 모멘텀을 만들어냈다는 주장은 이제 흔해졌다.

그러나 스포츠나 정치에서 모멘텀을 믿는 장점이 무엇이든 간에 여론조사에서는 모멘텀이 존재하지 않는다. 또는 좀 더 구체적으로, 여론조사에서 미래의 움직임은 여론조사의 과거 움직임으로는 예측할 수 없다는 증거가 존재한다. 예를 들어, 한 정당이 여론조사에서 상승세를 보인다고 해서 우리는 그 정당이 여론조사에서 계속 올라갈 것이라고 예측할 수 없다. 가끔은 일관적인 추이가 있다. 그러나 한 방향으로 움직이는 것을 보여주는 여론조사는 그 후 반대방향으로 움직이는 경우가 훨씬 더 자주 생긴다. 네이트 실버는 "보통은 후보가 여론조사에서 우위를 점하고 있다고 현재진행형으로 말하는 것은 잘못된 일이다. 대신, 후보가 우위를 점했다고 하거나 그의 위치가 향상됐다고 표현해야 한다."고 언급했다.

또 다른 예외들이 있을 수 있다예비선거와 보궐선거는 언뜻 예외일 수 있겠다. 휴, 그런데 제대로 조사해본 적은 없다. 그러나 일반적인 법칙으로서, 누군가가 고품질의 여론조사들을 연달아 언급한다면, 결론들은 현재시제'X가 여론조사에서 올라가고 있어'보다는 과거시제'X가 올라갔어'로 보는 것이 더 신빙성 있다.

여론 변화

사람들의 의견은 변할 수 있다. 한 여론조사 업계의 전설을 들어 보자.

최근에 텔아비브에서 광범위한 여론조사가 실시됐다. 여론조사에 응한 사람들 가운데 하나는 똑똑하고 고집 센 전업주부로, 가장 설득력 있는 태도로 자신의 의견을 밝혔다. 조사가 끝났을 때 조사원은 그녀에게 몇 번이고 감사인사를 한 뒤 자리를 떴다. "선생님, 잠시만요." 여자가 큰 소리로 외쳤다. "제가 생각이 바뀌었을 때는 어디로 연락드리면 되죠?"

의견은 바뀌기 때문에 그리고 최고의 여론조사조차 나이를 먹기 때문에, 여러분은 반드시 여론조사에 표시된 조사일자를 확인

해야 한다. 조사시점은 발표된 시점보다 훨씬 더 중요하다. 뉴스에 정치여론조사가 실릴 때 보통은 매우 신선한 상태일 것이다. 투표의향 여론조사는 심지어 표본추출이 끝난 날과 같은 날에 공개될 수도 있다. 요즘 현장조사와 발표시점 사이에 큰 차이가 있는 경우는 매우 드물다. 그러나 정치적인 쟁점에 관한 여론조사는, 특히나 압력단체와 학자들을 통해 제시되는 경우 상당히 오래된 조사일 수 있다. 갓 발표된 학술논문의 새로운 발견에 대한 새로운 보도기사는, 아마도 더 깊이 파보자면 몇 년 묵은 현장조사를 바탕으로 한 보도이자, 학술출판의 느릿한 구상에서 갓 나온 것으로 밝혀질 수도 있다.

게다가 선거일보다 너무 앞서서 현장조사를 끝내고, 따라서 막판 표심이동에 발목 잡히는 것이 여론조사 대재앙을 일으키는 가장 흔한 원인이기는 하지만막판 표심이동이란 기사가 표지로 쓰이기엔 매우 편리하기 때문에, 여론조사 대재앙을 변명하기 위한 더더욱 흔한 핑계가 된다, 특정 여론조사기관이 선거 며칠 전에 현장조사를 마무리한, 선거 전 마지막 여론조사는 심심치 않게 발견할 수 있다.

타이밍 문제는 그저 선거일에만 관련 있지 않다. 영국에 사는 사람들에게 "한 나라의 지도자가 병에 걸렸을 때, 대중들은 그 지도자의 건강상태를 전부 알 권리가 있다고 생각합니까?"라고 묻는 유고브 여론조사를 한 번 살펴보자. 보수당 지지자들의 경우 찬성 65퍼센트에 반대 25퍼센트였고, 노동당 지지자들의 경우 찬성 76퍼센트에 반대 14퍼센트라는 더 큰 격차를 보였다. 그러나 이 당파적인 차이를 뭐라고 생각해야 할까? 아마도 여기서는 진짜 좌파와 우파 간의 격차가 존재할 수 있다. 그러나 어쩌면 문제가 된 것은 여론조사의 타이밍이었을 수도 있다. 즉, 이때는 영국의 보수당 총리가 코로나19로 아픈 직후였던 것이다 그리고 아마도 미국의 공화당 대통령이 코로나19로 아팠던 시기라는 점도 관련 있을 것 같다. 같은 맥락에서, 만약 총리가 건강했고 대신에 노동당 대표가 코로나19에 걸렸었다면 아마도 여론조사는 당시 나왔던 이야기와 완전히 다른 이야기를 했을 수 있다. 여론조사의 연령별 분석을 살펴봤을 때 나이가 많을수록 대중에게 알 권리가 있다고 말할 가능성이 있음을 보여주는 단서가 있긴 하나, 우리는 알 수 없다. 나이 많은 사람들은 보수당일 가능성이 더 높은 만큼, 당파적인 효과가 강력하게 발생할 가능성이 있을 수 있다. 그러나 확실하게 단정내릴 수는 없다.

타이밍이 주는 맥락은 중요하다. 따라서 언제나 현장조사 일자를 확인하고 사건의 흐름상 어느 시점에 실시된 조사인지를 고심해보자. 그 날짜들이 뜻하는 바는 우리가 여론조사가 무슨 이야기를 하는지 정말로 모른다는 것이라고 결론 내리는 데에 주저하지 말자.

당파심의 지배

부족중심주의는 정치에만 국한된 문제가 아니다. 격렬하고 말썽 많은 축구경기, 특히나 라이벌전 후에 상대 축구팬들에게 심판에 대해 어떻게 생각하는지를 한 번 물어보자. 그러나 부족중심주의는 정치여론조사를 실시하고 이해하는 데에 문제를 분명 일으킨다. 2005년 실시된 한 실험에서 이 부분을 설명하고 있다.

퍼퓰러스가 <더 타임스>를 위해 실시한 여론조사에 따르면, 보수당이라는 명칭은 마음을 정하지 못한 부동층 유권자에게 이민정책을 선전하기 위한 정당의 능력을 약화시킨다.

지난 주말에 착수한 여론조사는 보수당 정책이 노동당 정책보다 더 인기가 높지만, 토리당이라는 명칭 때문에 지지율이 크게 떨어졌다. 이는 토리 브랜드가 매력적이지 못하다는 것을 암시한다.

여론조사 참여자들은 이민에 대한 보수당과 노동당의 입장을 설명한 짧은 요약본을 듣고, 그 입장에 동의하는지 아닌지 질문을 받는다. 그러나 참여자의 반은 어느 요약본이 어느 정당에 속하는지 이야기를 들었고, 나머지 반은 각 요약본이 '정당들 중 하나'에서 나온 것이라는 이야기를 들었다. 노동당의 정책은 정당명과 연계가 됐는지 여부와는 상관없이 거의 동일한 응답을 얻었다순수 찬성률이 노동당의 명칭이 붙었을 때는 34퍼센트, 붙지 않았을 때는 32퍼센트다. 그러나 보수당 정책은 매우 다른 결과를 보장한다. 즉, 사람들이 보수당의 정책인지를 모르고 요약본을 읽었을 때 찬성률은 55퍼센트지만 알

게 되었을 때는 43퍼센트로 뚝 떨어진다. 실질적인 변화는 사람들이 그 정책에 반대한다고 말할 때 나타났다. 즉, 보수당 명칭이 포함됐을 때 반대율은 18퍼센트에서 27퍼센트로 올라갔던 것이다. 이 데이터를 분석한 결론은 다음과 같다.

출처를 밝히지 않은 설명과 밝힌 설명 사이에서 찬성률이 하락하는 것은 여덟 명의 유권자 가운데 한 명 그리고 여섯 명의 부동층 가운데 한 명이 보수당의 브랜드에 부정적인 관점을 가지고 있음을 시사한다. 이들은 실제로는 자신들이 동의했던 토리당의 제안에 대해 지지하는 것이 아니라 반대의견을 밝혔다.

당파심은 강력한 약물과 같아서, 전문가가 실시한 여론조사에서조차 우리는 제시된 특정질문에 대한 답이 아닌 당파심에 대한 답을 얻게 되는 문제에 봉착할 수 있다. 그 결과, 특정 정책 또는 사고가 인기가 있없기 때문에 한 정당이나 정치인이 인기있없다고 생각하는 흔한 실수를 저지르게 된다. 가끔 인과관계는 다른 방향으로 흐른다. 사람들은 세금정책이 싫어서 정부를 싫어하는 것이 아니라, 정부를 싫어하기 때문에 세금정책이 싫은 경우가 많다. 따라서 자동적으로 그 정부가 하는 일의 대다수에 비호감을 표시하게 된다.

이런 당파심은 더욱 우스꽝스러운 극단으로 치달을 수 있는데,

다우닝가 10번가 길고양이들의 관점도 마찬가지다. 적어도 20세기 중반에는 다우닝 스트리트의 길고양이들이 총리의 관저에서 쥐의 개체수를 통제하라는 임무를 부여받고 서식했다. 좀 더 최근에 와서 이 고양이들은 셀렙이 되었고, 매체에 등장하거나 SNS에서 인기를 끌었다. 이 고양이들에 대한 시선은 당파심에 의해 갈렸고, 2014년 필립 카울리는 이렇게 설명했다.

설문조사기업 유고브가 실시한 실험에서 유권자의 대표성 있는 표본에게 그 유명한 험프리마가렛 대처와 토니 블레어의 보살핌을 받으며 살았던 옛 다우닝가 고양이의 사진을 보여주었다. 마가렛 대처의 고양이라고 설명한 사진과 토니 블레어의 고양이라고 설명한 사진이 임의적으로 다양하게 제시됐고, 그 후 피실험자가 고양이를 좋아하는지 싫어하는지를 물었다.

고양이 사진에 대한 사람들의 반응이 정치적 당파심에 의해 바뀌었을까? 그럼, 그랬을 것이다. "고양이 험프리에 대한 지지율험프리를 좋아하는 사람의 비율 - 싫어하는 사람의 비율은 평가한 응답자의 당파심 그리고 험프리와 관련 있는 총리에 따라 다양했다." 마가렛 대처의 고양이라고 이야기를 들은 보수당 유권자들은 토니 블레어의 고양이라고 이야기 들은 보수당 유권자들보다 고양이 사진을 더 많이 좋아했다. 노동당 유권자들 역시 일관성 없기로는 마찬가지

였다. 그리고 이 실험에서 주어진 것은 정책을 평가한다거나 정부 부처의 성과에 대한 질문이 아니었으며, 그저 고양이 사진 한 장 뿐이었다. 비非 고양이 실험에서도 드러났지만, 당파심은 응답에 과한 정치색을 입힌다.

실제로, 당파심은 그보다 더 한 영향력을 미친다. 당파심은 2020년 여름에 분명히 드러났듯, 질문에 대한 답을 도박에 거는 이유를 제공한다. 영국이 EU에서 탈퇴하는 시기 동안 의회의 한 장관은 브렉시트에 관련되어 제의한 법안의 일부가 '아주 구체적이고 한정된 방식으로' 국제법을 위반할 수 있다고 발표해서 자신의 당파를 놀라게 했다. 이 발언으로 인해 여러 논란과 트위터 유머짤, 법률적 해석이 일파만파로 번졌을 뿐 아니라 여론조사도 실시되는 계기가 됐다. J.L.파트너스는 영국 사람들에게 정부의 이 발표로 인해 "영국은 중국과 러시아 같은 국가에게 국제법을 위반하지 말라고 확실하게 말할 수 있을" 가능성이 있다고 생각하는지 물었다. 당연하게도 응답자의 57퍼센트가 그렇지 않다고 생각하는 것으로 나타났고, 21퍼센트는 달라지는 부분이 없다고 그리고 16퍼센트는 잘 모르겠다고 답했다. 그러나 남은 5퍼센트는 그럴 가능성이 높아진다고 답했다. 지구가 평평하다거나 파충류 인간이 세계의 정부들을 조종한다고 믿는 사람들을 포함해서, 인류의 불가사의를 감안하더라도 뭔가 믿기 어려운 답이다.

두 가지 요인이 그 여론조사의 결과를 설명한다. 하나는 모든 여론조사에는 작지만 이상한 응답들이 포함되어 있다는 것이다. 예를 들어, 온라인 설문조사는 누군가가 설문조사를 빨리 끝내버리고 싶어서 단순히 모든 질문에 똑같은 답을 신속하게 기입하지 못하게 막고 있다_{특히나 설문을 완료할 때마다 패널들이 소정의 금액을 받는 경우에 그런 유혹에 빠질 수도 있다.} 그럼에도, 실수나 게으름, 취기, 정보를 오해하거나 장난을 치고 싶은 마음 때문에 매우 이상한 응답 몇 가지가 생길 수 있다. 이 경우, 아마도 몇몇 사람들은 질문을 잘못 읽고, 정부가 "아주 구체적이고 한정된 방식으로 국제법을 위배할" 계획을 세우고 있다고 인정한다는 앞의 별언보다는 정부의 "영국은 중국과 러시아 같은 국가에게 국제법을 위배하지 말라고 확실하게 말할 수 있다"라는 부분에만 초점을 맞췄을 수도 있다. 그 결과, 아마도 사람들은 정부가 국제법을 위배하겠다는 정부의 결정이 미치는 영향에 대한 동의가 아니라, 그 진술에 대한 동의 여부를 묻는 질문이라고 잘못 생각할 수도 있다. 단호하게 브렉시트와 정부에 찬성하는 사람이 이 설문조사에 응한다고 상상해보자. 그 사람은 정부의 행위에 될 수 있는 한 강력하게 지지를 표하고 싶다. 따라서 이 질문을 마주했을 때, 법을 위반하는 정부가 다른 국가들이 법을 위반하는 것에 대해 더 쉽게 질책할 수 있다고 말하는 것은 납득이 간다. 엄밀히 말하자면 진실이 아니겠지만, 정부를 가능한 한 좋게 포장할 수 있는 퍼센테이지의 결과를 만들어내는 의미에서는 옳은 답이다_{당파심은 사람들이 엄밀히는 믿지 않지만 정서적으로 만}

족스러운 답을 하게 만드는 원인 가운데 하나다. 또한 가끔은 사람들이 웃기는 대답을 골라서 일부러 설문조사를 낚는다는 증거도 존재한다. 예를 들어, 실제로는 믿지 않는 음모론을 믿는다고 주장하는 식이다.

한번은 내가 당시 속한 정당의 대표가 이룩한 성과에 대한 질문이 담긴 설문조사를 완성해가면서 비슷한 딜레마에 빠진 적 있다. 나는 그 사람의 성과가 눈부시게 뛰어나다고 생각하지 않았다. 또한 언론이 될 수 있는 한 우리 정당에 비판적으로 여론조사 결과를 다루기 좋아한다는 사실도 알고 있었다. 따라서 정직한 응답은 여론조사를 다룬 언론보도를 더욱 손상시킬 수 있었다. 내가 결국 될 수 있는 한 긍정적인 응답을 내놓기 위해 하얀 거짓말을 선택했는지는 기억이 나지 않는다. 하지만 그 상황에서 내가 어떻게 했든, 왜 사람들이 나와 비슷한 행동을 하는지는 쉽게 알 수 있다.

2020년 10월 21일에 실시한 레드필드와 윌튼의 여론조사에 대한 응답들은 이 요인이 작동하는 모습을 직접 보여준다. 이 여론조사에서는 "다음 번 영국 총선은 2024년에 열릴 예정이다. 어느 정당이 다음 선거에서 가장 높은 수의 의석을 획득할 것이라고 생각하는가?"라고 묻는다. 총 4퍼센트의 사람들이 SNP_{Scottish National Party, 스코틀랜드 국민당은 650개 선거구 가운데에 오직 59개 선거구만 차지한 정당이다}를 꼽았다. 이는 단 한 번의 우연이 아니고, 이 회사가 행한 다른 설문조사에서도 동일한 질문을 던졌으며 비슷한 결과를 얻었다. 이 여론조사에 참여한 사람들은 가장 큰 정당이 하원의원 열 석 가운데

낱낱이 파헤치는 여론조사의 모든 것

한 석도 차지하기 어려운, 화끈한 다수당의 결과를 예상하지는 않았을 것이라 말해도 거의 문제가 없다. SNP 지지자들은 자기 당을 강력추천하고 싶은 욕망을 반영해 자기네 당을 답으로 고를 가능성이 훨씬 높다몇몇 소수의 사람들도 SNP를 뽑았다는 점은 당파심조차도 모든 이상한 결과를 설명해주는 것은 아님을 보여준다. 당파심은 강력한 힘이며, 정치여론조사에서 나온 결과들을 해석할 때는 지지자들이 응답 중 다수를 내놓았을 것임을 염두에 두어야 한다.

모든 견해가 동등하게 드러나지는 않는다

2003년 갤럽이 실시한 실험에서는, 이라크에서 군사행동을 시작하려는 조지 W. 부시에 대한 대중적 지지율을 보여주는 표제 상의 통계가 어떻게 이야기의 전부가 아닌지를 보여줬다. "이라크에서 사담 후세인을 축출하기 위해 미국 지상군을 페르시아 만에 파견하는 것에 찬성하는가, 반대하는가"라는 질문에 59퍼센트는 찬성했고 38퍼센트는 반대했다. 그러나 그 다음으로는, 응답자들이 각기 선택한 것과 반대되는 행위를 정부가 했을 경우 분노할 것 같은지 여부를 질문했다. 그 결과를 곰곰이 생각해보면 명백하고 강력한 대중적 지지는 다음과 같이 분석할 수 있다.

29퍼센트는 군대 파견에 찬성하고 파견하지 않으면 분노한다.

30퍼센트는 군대 파견에 찬성하지만 파견하지 않아도 괜찮다.

30퍼센트는 군대 파견에 반대하고 파견하면 분노한다.

8퍼센트는 군대 파견에 반대하지만 파견해도 괜찮다.

3퍼센트는 군대 파견에 찬성하는지 아닌지 잘 모르겠다.

이 통계는 '오직 30퍼센트만 전쟁에 단호하게 반대한다^{군대파견에 반대하고, 파견한다면 분노하는 경우}'라고 말하는 것부터 '오직 29퍼센트만이 확실하게 찬성한다'라고 말하는 것까지 여러 방식으로 분리될 수 있다. 전반적인 상황을 보자면, 군대파견을 기꺼이 지지하는 대중^{이 기차 하에 29퍼센트+30퍼센트+8퍼센트가 존재한다}이 긍정적으로 찬성하는 대중^{이 기치 하에 오직 29퍼센트만 존재한다}보다 훨씬 더 많다.

가지각색의 강도를 보여주는 또 다른 버전으로는 감정의 강도가 한 쟁점의 입장에 따라 달라지는 것이다. 일반적으로 한쪽 사람들이 숫자상으로는 많지만 정책을 지지하는 정도가 미미할 때 적용되는 이야기다. 다만 숫자가 작아질수록 그 쟁점에 대해 더 예민하게 느끼는 수는 있다. 이 경우 대다수가 찬성하더라도 정치역학은 반대 입장에 있는 소수들에게서 생겨난다. 이 열정 덕에 이들의 견해에는 좀 더 정치적인 반응이 더해지고^{이들은 로비나 시위를 하고 투표를 바꿀 가능성이 더 높다} 의견의 전환은 본래의 입장에서 멀어지는 쪽이 아니라 더 가까워지는 쪽으로 이뤄질 가능성이 더 높아진다.

쟁점에 관한 여론조사에서 응답을 '매우 동의한다'와 '동의한다'로 세분화해서 정서적인 강도를 넌지시 언급하는 경우는 흔하다. 다만 우리가 보았듯, '동의한다/동의하지 않는다' 질문에는 자체적인 문제들이 잔뜩 따라온다. 그럼에도 불구하고, 정서적인 강도가 합쳐졌다면 세세한 부분까지 항상 잘 살펴보도록 하자. 여기에서 매우 많은 것들이 드러날 수 있기 때문이다.

여론조사 보도는 무조건 엉터리일 수밖에 없는 이유

평판 좋은 매체들조차 특정 이야기를 잘못 보도하는 경향이 있는지에 대해서는 할 말이 많다. 나는 확실히 이 부분을 가지고 책도 한 권 만들 수 있을 정도다.

정치 여론조사는 특히나 두 가지 이유에서 매체의 부정확한 보도로 인해 심각하게 고통 받는다. 하나는 상업적인 이유, 또 다른 한 가지는 연대순의 이유에서다. 상업적인 문제는 여러 여론조사들이 대중매체의 의뢰를 받아 실시된다는 것이다. 매체가 여론조사를 위해 돈을 지불했다면 당연하게도 조사결과가 그만큼 값어치를 하길 바란다. 따라서 매체, 특히 여론조사 예산안에 서명을 한 사람은 흥미진진한 결과가 나오도록 밀어붙이고, 가능한 한 표제로 세간의 이목을 끌만한 가치를 가지게 만들고 싶어 한다. 그 누가 "이 여론조사는 좀 지루하군요. 우리가 돈을 내긴 했지만 그냥 버리고 아무 얘기도 내지 맙시다."라고 말하고 싶겠는가? 지루한 여론조사의 구석구석에서 주요 표제를 찾아야 한다는 금전적 압박은 여론조사를 위해 돈을 쓰는 일이 청중을 모으기에 효과적인 방식이라는 매체에 대한 회의론을 한 차례 겪으면서 더욱 강화됐다.

설상가상으로, 대중매체에게는 자기네 여론조사를 부풀려야 한다는 동기뿐 아니라 그 여론조사에 반박하는 다른 여론조사를 깎아 내려야 한다는 동기도 있다. 어떤 매체가 "우리의 여론조사가 아웃라이어인 것으로 밝혀졌고, 그러니 무시해주세요"라고 말하면서 자신의 보도를 무효화하려 할까? 다시 한 번, 제도적으로 여론조사를 더욱 강화하고, 가능한 한 흥미진진하게 들리도록 손을 보며, 그 신뢰성이나 타당성을 저해할 수 있는 맥락을 최소화하려는 유인이 존재한다. 단 하나의 측정점을 기반으로 한, 자신만만한 자칭 '확실성'은 신중하고 미묘한 해석을 제치고 승리한다.

이런 이유로 정치학 및 행정학 교수 아이버 크루는 이렇게 결론짓는다. "여론조사의 결과가 더 일어날 리 없을 것처럼 보일수록 매체가 대서특필할 가능성은 더 높아진다."

물론, 훌륭한 저널리스트와 기자들은 이 사실을 알고, 여론조사를 부풀리려고 굴복하는 법이 절대 없다. 그러나 여전히 압력은 존재한다. 그렇기 때문에 여론조사를 실시한 결과 별 거 없었다는 식으로 표제가 나는 경우는 충격적일 정도로 드물며, 다만 장기적

날날이 파헤치는 여론조사의 모든 것

인 여론조사 평균을 살펴본다면 별 거 없는 경우가 상당히 잦다. 또한 그렇기 때문에 여러 여론조사기관이 대부분 "여론조사 하나에만 주목하지 마세요. 여론조사 하나에만 주목하지 마세요. 여론조사 하나에만 주목하지 마시라고요."라고 말하는 모습을 발견할 수 있다. 그러면서도 여론조사기관들은 최신 여론조사를 발표하면서, "우리 여론조사 좀 보세요! 우리 여론조사 좀 보세요! 우리 여론조사 좀 보시라고요!"라고 태세를 전환하고 싶은 유혹에 저항할 수 없다.

영국 정치 여론조사에 관해 가장 정보가 풍부한 트위터 계정이자 여론조사원 당사자인 케이런 페들리가 이를 증명해보였다. 그의 트위터 프로필 위쪽에 오랫동안 고정되어 있는 트윗은 "또 다시 여론조사 하나에 과잉반응을 보이고 있구만."이다. 그러나 페들리는 이런 트윗을 올려놓고도 특히나 여론조사 고용주가 내놓은 개별적인 여론조사에 대해 긴 스레드^{한 사람이 작성한 두 개 이상의 연결된 트윗 - 옮긴이}를 쓰고야 말았다.

이는 대중적인 정치 여론조사 대부분의 핵심에 자리한 좌절적인 비극이다. 결과를 존재할 수 있게 함과 동시에 왜곡시킬 수 있는 비즈니스 모델^{매체의 자금지원}을 갖췄기 때문이다.

여론조사와 매체의 또 다른 문제는 연대순이라는 점이다. 정의에 따르면 뉴스란 새로운^{New} 소식을 다루는 것이다. 단순히 최신식 여론조사나 그날 실시된 새로운 여론조사에 초점을 맞추는 일은 여론조사가 무슨 이야기를 하는지 이해할 수 있는 최선의 방식이 아니다. 이를 위해서는 맥락이 필요하다. 즉, 장기적인 관점에서 추이가 어떤지를 봐야할 필요가 있다. 만약 예전에 도출된 결과와 상당히 어긋나는 '충격적인' 여론조사 결과를 얻게 됐다면, "아마 불량 여론조사일 수도 있고, 극적인 변화일 수도 있겠어. 판단하기 전에 몇 가지 여론조사를 더 살펴보자."라고 말하는 것이 합리적인 반응이다. 그러나 그 과정을 거치기 위해 뉴스를 보류해둘 수는 없다. 다시 한 번, 훌륭한 저널리스트는 이것이 문제임을 인식하고 어떻게든 자신들의 기사에 경고를 더한다. 그러나 "새로운 여론조사에 따르면 지난주 우리 기사는 틀렸으니까 반드시 잊혀야 한다."라고 말하는 기사는 사실상 들어본 적이 없다. 뉴스 생산의 또 다른 압박은 너무나 크다.

좋은 저널리스트와 좋은 여론조사기관은 둘 다 이 문제점들을 이해하지만, 서로에 대한 의존성과 압박은 보도를 잘못된 방향으로 밀어낼 수도 있다.

여론조사와 매체는 적어도 선거기간 동안 서로가 서로에게 없어서는 안 될 존재다. 여론조사는 돈을 지불하고 홍보해주는 언론과 방송에 의존한다. 그리고 매체는 기사거리를 제공해주는 여론조사에 의존한다. 그러나 여러 커플들도 그렇듯, 함께 산다는 것은 떨어져

사는 것만큼 어려운 일이다. 매체와 여론조사가 서로에게서 가장 크게 바라는 것은 각자가 제공하기에 가장 어렵다고 깨닫는 부분이다. 언제나처럼 매체는 속도…단순함, 확실성, 간결성을 바란다. 그러나 여론조사의 결과는 가끔 애매하고, 그 정확한 해석에는 균형과 단서, 정교화 등이 필요하다. 여론조사는 진실을 추구하려고 애쓰지만 진실이 언제나 뉴스적인 가치를 지니는 것은 아니다.

교차표 : 어리석은 결론으로 통하는 현명한 길

정치 여론조사가 공개됐을 때 보통은 결과를 남성, 여성 또는 젊은 층 등으로 쪼개어 보여주는 표들이 함께 제시된다. 이 표를 '교차표크로스탭. 'Cross-tabulation'의 줄임말'라고 한다. 교차표에는 지혜와 위험성이 함께 담겨 있다. 지혜는 표제로 실린 결과들을 야기한 원인들을 깊이 이해하는 데에서 나온다. 예를 들어, 새로운 정당이 갑작스레 인기를 얻었을 때 교차표를 살펴보고 여성이나 정부의 예전 지지자들 또는 서부 사람들로부터 특별히 지지율을 끌어냈는지 확인해보자. 그러한 세부사항들은 표제 뒤에 숨은 이야기를 하는 데에 도움이 된다.

그러나 교차표에서 발견된 숫자가 여론조사의 전부는 아니다. 예를 들어 1000명의 표본이 있을 때 아마도 550명은 여성이고,

그 가운데에 235명은 지난 선거에서 여당을 뽑았다고 기억할 것이며, 또 그 가운데에 75명은 서부 사람들일 수 있다. 표본 크기가 줄어듦에 따라 오차한계는 높아진다. 이는 누가 봐도 재미있는 차이를 의미하는데, 이를 테면 서부에 사는 옛 여당 지지자 중에서 여성과 남성 간의 차이는 실질적인 차이를 드러낸다기보다는 그저 통계적 잡음일 가능성이 더욱 크다. 게다가 더욱 어려운 점은, 교차표 통계는 일반적으로 여론조사기관이 표제에 쓸 투표의향 결과를 정확하게 만들려고 시도하면서 개발한 방법에 따라 가중치를 완전히 적용하지 않는다는 데에 있다. 이들은 여론조사를 위한 통계적 생산라인을 통해 뽑아낸 상세하고 부분적인 추출물이다.

따라서 교차표에서 정보를 캐내기 위해서 두 가지 기술이 필요하다. 하나는 단 하나의 여론조사가 아닌 여러 개의 여론조사를 다룬 교차표를 살펴보는 것이다. 과거에 정부를 지지했던 남성 서부인과 여성 서부인 사이에는 분명한 차이가 존재하며 그 차이가 여러 여론조사에서 반복적으로 나타난다고 가정해보자. 이 경우, 표본이 작고 가중법이 적용되지 않았다는 경고는 거기에 뭔가가 있다는 자신감과 자리를 바꿀 수 있다.

또 다른 기술은 여론조사 내에서 일관적인 패턴을 찾아보는 것이다. 연령대에 따라 응답이 얼마나 다양해지는가를 보여주는 교차표는 대개 좋은 예가 된다. 위의 경고는 여러분이 18세-24세 연령대와 25-49세 연령대 간의 응답이 명백하게 다르지만 그 응답에 가중치를 주기 싫다는 의미가 될 수 있다. 그러나, 예를 들어 25세-49세 연령대는 더 젊은 사람들보다 새로운 정당을 지지할 가능성이 조금 높고, 50세-64세 연령대는 가능성이 조금 더 높으며, 65세 이상은 계속해서 가능성이 더 높아지므로, 그렇게 우리는 연령대를 가로지르는 추이를 파악하게 된다. 각 차이는 작을 수 있으나 패턴은 그 차이가 실제로 존재한다는 자신감을 더해준다.

그러나 두 기술 모두를 사용한다 하더라도 교차표는 오해의 소지가 있다. 오직 일부 교차표만 제시되기 때문이다. 어느 교차표를 보여줄 것인지 그리고 애초에 무엇을 종합할지를 선택하는 과정은 자동적으로 돌아가는 기술공정이 아니다. 오히려, 세상을 바라보는 방식을 암호화하며, 그 방식은 여러 선택지 가운데 하나를 고르는 것이다. 예를 들어, 정치학자 폴라 서리지는 가끔 영국 정치여론조사의 교차표가 대체적으로는 연령을 포함하며 대체적으로는 교육수준을 포함하지 않는다고 지적한다. 결과적으로 사람들은 연령대에 따른 정치적 견해의 패턴을 찾아내고, 사실은 교육이 결정적인 요인일 수도 있지만 패턴의 원인이 연령에 있다고 귀인하게 된다. 또 다른 사례로는 솔깃한 결론을 내리기 위해 숫자를 제시하는 과정에서, 인종이 영국의 교차표에는 거의 등장하지 않기 때문에 항시 존재하는 요인임에도 덜 중요하게 보인다는 것이다.

교차표에서 유발요인이 어떻게 빠질 수 있는지를 보여주는 사례로는 2021년 미국의 CBS 뉴스를 위해 실시한 여론조사가 있다. 이 조사는 사람들이 시간여행을 어떻게 사용할 것인지를 두고 당파적으로 나뉘었음을 보여준다. 자유당은 과거보다는 미래를 향해 여행하고 싶어 할 가능성이 더 높았고61퍼센트 대 36퍼센트, 반면에 보수당은 과거를 향한 여행을 더 선호했다47퍼센트 대 44퍼센트. 그러나 이 교차표가 올바른 이야기를 들려줄 것 같지는 않다. 보수당이라고 해서 과거로의 여행을 원할 가능성이 더 높다는 의미가 아니라, 특정한 가치관으로 인해 일부 사람들은 과거를 선호하고 미래에 관해 덜 낙천적이 될 수 있으며, 따라서 사람들은 보수당이 되고 시간을 거슬러 여행하기를 선호할 가능성이 더 높아진다. 교차표는 가끔 설명을 제공하는 것처럼 유혹적으로 보이지만, 이 경우에서와 마찬가지로 다른 어딘가에 숨어 있는 원인의 또 다른 증상을 제시하기도 한다. 따라서 교차표를 주의하자. 교차표는 설명에 도움이 되기도 하지만, 가끔은 오해를 자아낸다. 그리고 표제는 고사하고, 교차표 자체로 결론을 정당화하기에 충분한 경우는 드물다.

'잘 모르겠다'를 무시하지 말라

앞서 언급했듯, 한 여론조사에서 '잘 모르겠다' 또는 '의견이 없다' 집단을 언제 표제에 포함할지 또는 언제 제외할지와 관련해 관습들이 존재한다. 실제 사례들은 질문의 유형과 국가에 따라 다르게

날날이 파헤치는 여론조사의 모든 것

나타나며, '관례'가 최고의 기술자가 되는 이유가 여기에 있다. 예를 들어, 미국과 영국에서 투표통계가 이렇게 다르게 제시되는지 그 이유 너머로 신중한 방법론적 사고가 존재하긴 하는지는 아무도 알 수 없다. 그러나 관례는 진화하고 살아남는다. 한 국가와 질문의 유형 내에서 일관성을 주고 의미 있는 추이를 만들어주는 기본적인 능력이 있기 때문이다. 관례는 또한 한 사람이나 정책에 대한 승인이나 지지에 관한 질문에도 적용된다. 여러분은 동의율을 보도하는가, 아니면 실수치_{동의율-비동의율}를 보도하는가? 보통은 우리의 관심을 사로잡는 표제에는 실수치를 넣는 것이 관례다.

그러나 가끔은 그런 통계에는 폐기가 필요하고, 모든 숫자의 전체 맥락을 연구할 필요가 있다. 2020년 델타폴이 영국에서 실시한 여론조사를 보면 이 점이 명확하게 드러난다. 더 젊은 사람일수록 "코로나바이러스 때문에 죽을 것이라 생각하는가?"라는 질문에 '그렇다'라고 대답할 가능성이 더 높았다. 언뜻 보았을 때는 놀랍고도 직관에 어긋나는 결과였다. 어쨌든 과학적으로 나이 많은 사람들이 더 위험에 빠질 가능성이 높았기 때문이다. 마찬가지로, 매체보도는 젊은 사람일수록 문제를 그다지 심각하게 받아들이지 않는다는 우려를 광범위하게 다루는 경향이 있었다. 그러나 여론조사에 따르면 젊은 층에게서 죽음에 대한 두려움이 가장 낮게 나타나는 것이 아니라 가장 높게 나타나는 것으로 밝혀졌다. 게다가 다양한 연령대 전체의 추이는 일관성 있었다_{앞서 언급한 교차분석을 거쳤다}.

그러나 가장 낮은 연령층과 높은 연령층의 전체 통계치는 다음과 같이 나타났다.

코로나 바이러스 때문에 죽을 것이라 생각하는가?

18-24세: '그렇다' 14퍼센트, '아니다' 70퍼센트, '잘 모르겠다'
16퍼센트

실수치: -56퍼센트

65세 이상: '그렇다' 6퍼센트, '아니다' 50퍼센트, '잘 모르겠다'
44퍼센트

실수치: -44퍼센트

다른 연령대의 수치는 두 종말점 사이에 분명한 추이가 존재한다는 것을 보여준다. '그렇다'와 '아니다'가 나이에 따라 감소하고 '잘 모르겠다'는 나이에 따라 증가한다.

따라서 여러분은 이 통계로부터 상당히 다른 두 가지 이야기를 끄집어낼 수 있다. "죽음에 대한 두려움이 젊은 사람들 사이에서 가장 크다'그렇다'가 14퍼센트인 것을 보자"와 "죽음에 대한 두려움이 나이 든 사람들 사이에서 가장 크다'아니다'의 비율과 실수치를 보자"다. 각 이야기는 저마다 진실이며, 따라서 각 이야기는 저마다의 방식으로 도움이 되지 않게 오해를 불러일으킬 수 있다.

'잘 모르겠다'를 포함해 전체 숫자들을 들여다봐야하는 중요성은 질문에 따라 성별격차가 존재할 때 더욱 커진다. 적어도 정치 여론조사에서 남성이 '잘 모르겠다'라고 대답할 가능성이 여성보다 높은 지속적인 패턴이 존재하기 때문이다. 예를 들어, 성별 사이에서 오직 동의하는 비율만 또는 실수치만 비교한다면 잘못된 인상을 심어줄 수 있다.

따라서 '잘 모르겠다'를 아는 것은 사람들의 관점이 얼마나 굳건한지, 혹은 아닌지를 이해하는 데에 도움이 될 수 있다. '잘 모르겠다'라고 응답한 비율이 5퍼센트일 경우_{의견들이 상당히 확고하고 변할 가능성이 적음}와 75퍼센트일 경우_{대부분의 사람들이 쟁점을 아직 파악하지 못했으며 의견은 변하기 쉬움}에 따라 여러 지역에 대한 새로운 정부세를 지지하는 쪽이 20퍼센트 앞서 있음을 인식하는 것이 달라진다.

얼마나 많은 사람이 잘 모르는지를 아는 것은 상당히 유용하게 활용될 수 있다.

숫자를 비교하는 위험성

매체에서 숫자를 보여줄 때 자주 발생하는 문제는 근본적인 숫자를 주지 않고 비율을 사용하는 것이다. 예를 들어, 특정 육류가 암 발생율을 두 배 올릴 가능성이 있다고 하는 뉴스를 생각해보자. 어마어마하게 들리지만, 아마도 암에 걸릴 확률이 천만 분의 일에서 5백만 분의 일로 증가했다는 의미일 수도 있다. 확률은 두 배

지만, 여전히 극도로 드문 일이다

비슷한 문제가 정치 여론조사를 보도할 때도 발생할 수 있다. 스코틀랜드 여성이 스코틀랜드 의회를 웨스턴아일스로 이전하는 데에 찬성하는 비율은 스코틀랜드 남성이 찬성하는 비율보다 두 배 높을 수 있나? 이 이야기는 만약 그 숫자가 각각 2퍼센트와 1퍼센트라는 것이 밝혀진다면 전혀 극적이거나 중대하게 들리지 않는다.

그러니 기억하자. 실제 숫자를 확인해봐야 한다.

'왜냐하면'에 주의하자

여론조사에 관한 매체보도에서 중간 중간에 자리 잡은 '왜냐하면'을 찾아내는 일은 묘하게 마음을 끄는 덫이 여러분을 덮치려 함을 나타낸다. 이 덫은 두 가지 버전으로 등장한다.

첫 번째 덫은 이전의 여론조사로부터의 움직임을 살펴보고 그 변화가 조사와 조사 사이에 벌어진 어떤 사건 때문에 생겨난 것이라고 보는 것이다. 그러나 대중들은 대개 정치에 거의 주의를 기울이지 않는다. 따라서 여론조사에서의 변화가 단순히 잡음이 아니라 진실로 의미 있을 수는 있지만, 대중들이 대부분 무시하는 어떤 계기로 인해 변화가 일어난 경우는 없다. 뒷받침하는 근거가 없을 때, 정치적 사건의 결과로 여론조사 결과에 변화가 생겼다고 보는 것은 매우 유명한 사건에만 한정되어야 하며, 어린이들마저 이해할 수 있을 만큼 중대하게 보도된 사건이어야 한다. 만약 어린이들이 이 사건을 눈여겨봤다면, 아마도 충분한 수의 유권자들도 주목했을 것이다.

또 다른 덫은 여론조사에서 다양한 수치 사이에 인과관계가 존재한다고 가정하는 것이다. "녹색당은 젊은 층의 지지율 상승 덕에 앞서 나가게 됐다"와 그 외에 다른 논평들은 여론조사의 결과 표에 존재하는 다양한 숫자들을 골라내고 이 숫자들이 이야기를 들려준다고 가정하는 것에 의존한다. 그러나 여론조사의 숫자를 놓고서도 파악되지 않는 인과적인 설명이 잔뜩 존재한다. 어쩌면 문제가 되는 것은 여론조사 표에 삽입되어 있는 연령이 아니라 삽입되어 있지 않은 종교일 수도 있다.

과거의 여론조사와 여론조사 표에서 제시하는 한정된 수의 잠재적인 요인을 바탕으로 설명하고 싶은 유혹이 항상 존재한다. 그러나 그 무엇도 추측 이상의 것을 내놓을 수 있는 견고한 기반이 되지는 못한다.

의향과 행동 사이

2015년 총선이 끝을 향해 달려가면서 나는 오랜 시간을 들여 예전에 자유민주당을 지지했던 케임

브리지의 우편투표자들과 대화를 나눴다. 대화들은 놀라울 정도로 비슷했다. 응답자들은 2010년 이후 연립정부에서 자유민주당이 한 활동들이 못마땅했다. 그러나 그 이후 내가 현직 자유민주당 하원의원인 줄리안 허퍼트를 언급하자, 그 의원에 대한 긍정적인 이야기들이 쏟아져 나왔다. 나는 그가 이 유권자 집단 안에서는 걱정이 없겠다고 생각하며 그 지역을 떠났다. 결과가 발표되자 그렇지 않음이 분명해졌다. 허퍼트는 선거에서 떨어졌다.

허퍼트의 선거는 패배한 다른 자유민주당 현직자들보다는 훨씬 접전이긴 했지만 나는 실수를 저질렀다. 사람들은 나로 인해 "나는 누가 하원의원이었음 좋겠지?"라고 생각하게 됐고 그에 대한 답은 '줄리안 허버트'였다. 그러나 투표장에 가서는, 이 총선이 얼마나 치열하게 보이는지를 다룬 전국 매체보도들을 배경으로 많은 이들이 "나는 누가 총리였음 좋겠지?"라고 생각했던 것이었다. 총리로 출마하지 않은 줄리안 허퍼트를 좋아하는 마음으로는 사람들 머릿속에 다른 질문이 자리했을 때 선거에서 이기기에 충분치 않았다.

이 사건이 설명하는 것은 투표의향과 투표행동 사이에서 벌어지는 차이다. 투표행동이 가까워질수록 사람들 머릿속의 질문은 바뀔 수 있다. 이를 보여주는 또 다른 사례는 2017년 영국 총선의 초기단계에서였다. 이때 UKIP^{영국독립당}의 지지율이 급격하게 떨어져서 보수당에게 유리해졌다. UKIP 지지자들이 정당을 저버렸다는 의미가 아니었다. 그보다는 이들 머릿속 질문이 "나는 어느 정당을 가장 좋아하지?"에서 "어느 정당이 이 특정한 선거에서 내 의견을 가장 잘 전달할까?"로 바뀌었던 것이다. 브렉시트 지지자들에게 이 질문의 답은, UKIP를 좋아하지만 브렉시트를 확실히 실현하기 위해서는 보수당에게 표를 던질 필요가 있다는 것이었다.

여론조사기관들은 2017년에 운이 좋았다. 선거일보다 한참 전에 전반적인 구조가 바뀌어서, 여론조사가 그 변화를 잡아내고 보고할 수 있었기 때문이었다. 그러나 여전히 상황이 어떻게 변하는지를 보여주는 사례로 남아있으며, 특히 이론적인 개념을 묻는 맥락에서 그 개념을 도입한 현 정부가 여러분의 인생을 어떻게 바꿀 것이라 생각하는지를 묻는 맥락으로 바뀌었을 때 정책적 쟁점에 대한 여론조사를 실시하는 경우를 보여준다. 항상 이런 식의 전환으로 인해 손상을 입을 것으로 보이는 여론조사 답을 경계하자. 특히나 여론조사의 답들이 언뜻 보기에 인류의 상황에서 우울함을 자아내는 원인 같을 때는 더욱 그렇다.

2016년의 사례를 살펴보자. "미국 청년층은 이번 대선에서 자신들의 선택에 너무나 불만족스러워서, 거의 네 명 가운데 한 명은 여론조사에서 도널드 트럼프나 힐러리 클린턴이 백악관에 있는 모습을 보느니 거대운석이 지구를 파괴하는 게 낫다고 대답할 정도였다." 미국 젊은이들은 정말로 지구상 수십 억 사람들이 죽기를 바라는 것이 아니었다. 그보다 이들은 질문을 문자 그대로 받아들이지 않았으며, 실질적인 선택을 하기 위해서가 아니라 자신들의 감정을 표현하기 위해 이론적 질문을 사용하고 있었다. 결과적으로, 선거일이 다가오자 상당히 적은 수의 젊은이들이 투표를 했고, 나머지는 집에 머물렀다. 그리고 우리가 아는 한, 그 누구도 선거결과를 피하기 위해 수십 억 인류의 죽음을 초래하려 애쓰지 않았다.

첫 인상이 중요해

다양하게 구비한 물고기들이 어느 호수에서 잡힌 것인지 추측해보라고 사람들에게 물어보는 실험은 정치 여론조사와는 당장 관련 있어 보이지는 않는다. 연구원 제니퍼 C. 휘트먼과 토드 S 우드워드는 우리가 하나하나 조금씩 증거를 얻게 되는 경우에는 한꺼번에 얻게 되는 경우와 비교해서 어떻게 그 증거를 판단하는지 연구했다. 이들은 점진적으로 증거를 축적해갈 때, 한꺼번에 동일한 증거가 밝혀졌을 때보다 좀 더 설득적으로 받아들이게 된다는 것을 밝혀냈다.

정치 여론조사에 적용해보면, 우리는 새로운 정치 여론조사를 한꺼번에 묶어서 볼 때보다 한 번에 하나씩 맞닥뜨린다면 그로부터 도출해낸 결론에는 더 많은 비중을 두게 된다는 의미가 된다"봐봐, 우리 정당 지지율이 올라가고 있어". 특히나 SNS를 하다보면 여론조사를 하나씩 마주치게 되는 일은 흔하다. 더 전통적인 매체에 의존한다

하더라도, 정치적으로 가장 바쁜 철을 제외하고는 여론조사들이 동시에 공개되는 경우는 드물다. 따라서 우리는 여론조사들이 우리에게 전하는 이야기라고 생각되는 것에 더 가중치를 주고 싶은 유혹에 빠진다. 그렇다면 여기에서의 교훈은 무엇일까? 함께 제시되는 한 무더기의 여론조사에서 결론을 끌어내려고 노력해보자. 예를 들어, 최신식 투표의향 여론조사의 표를 한꺼번에 찾아보거나 또는 시사관련 쟁점에 관한 최신 여론조사를 찾아보기 위해 인터넷 검색엔진을 사용하면 된다.

여론조사 비교의 위험성

지금까지 읽은 내용에서 도출할 수 있는 한 가지 결론은 여러 다양한 여론조사 결과들을 비교하는 것이 상황을 이해하는 것에 도움이 되리라는 점이다. 맞는 말이지만 몇 가지 경고와 함께 특이한 국제적인 차이를 드러낸다. 우선, 결과에 대한 질문 표현법의 효과에서 보았듯, 비슷한 것은 비슷한 것끼리 비교를 하는 것이 중요하다. 다양한 표현법은 다양한 결과를 만들어낸다. 이를 보여주는 훌륭한 예시로는 정당대표 순위가 있는데, 질문 표현법이 달라지면 지속적으로 다른 답이 나온다. 2018년 영국 여론조사기관들은 다양한 당 대표들을 평가하는 질문들을 던졌는데, 그중에서 영국 보수당 대표인 테레사 메이의 사례를 살펴보자. 2018년은 총선이 열리지 않은 해로, 모든 정당이 그해 내내 비교적 동일한 수준의 지지율을 유지했다. 따라서 1년 동안 각기 다른 질문 표현법에 대해 평균적인 대답들을 살펴보는 것이 타당하겠다.

[인물]이 [지위]로서 잘하고 있다고 생각하는가, 잘 못하고 있다고 생각하는가? 유고브

: '잘하고 있다' 31퍼센트 대 '잘 못하고 있다' 58퍼센트

[인물]이 [지위]로서 임무를 수행하는 방식을 어느 정도까지 찬성하거나 반대하는가? 오피니움

: '찬성한다' 31퍼센트 대 '반대한다' 46퍼센트

[지위]로서 [인물]의 성과에 만족하는가, 만족하지 않는가? 스카이

: '만족한다' 32퍼센트 대 '만족하지 않는다' 63퍼센트

[인물]이 [지위]로서 임무를 수행하는 방식에 만족하는가, 만족하지 않는가? BMG

: '만족한다' 32퍼센트 대 '만족하지 않는다' 53퍼센트

[인물]에 대해 호의적인 의견을 가졌는가, 비판적인 의견을 가졌는가? 유고브

: '호의적' 33퍼센트 대 '비판적' 56퍼센트

그들이 자신의 임무를 매우 잘 수행하고 있다고 생각하는가, 꽤나

잘하고 있다고 생각하는가, 꽤나 형편없다고 생각하는가, 매우 형편없다고 생각하는가? 델타폴

: '매우/꽤나 잘 수행한다' 35퍼센트 대 '매우/꽤나 형편없이 수행한다' 56퍼센트

[인물]이 [지위]로서 임무를 수행하는 방식에 만족하는가, 만족하지 않는가? 입소스 모리

: '만족스럽다' 35퍼센트 대 '만족스럽지 않다' 58퍼센트

모든 다양한 표현법이 메이 총리를 위해 비슷비슷하게 암울한 그림을 그려냈다. 표현법에 따라 비슷하지만 뚜렷한 차이점이 드러나서, 1년 동안 평균적으로 긍정적인 평가는 31퍼센트에서 35퍼센트였지만 더욱 눈에 띄는 것은 평균적으로 부정적인 평가가 46퍼센트에서 63퍼센트에 이르렀다는 것이다. 이는 단순히 여러 여론조사기관이 보수당에 더 호의적이거나 덜 호의적인 표본이나 가중법을 사용했다는 문제가 아니다. 유고브는 역시나 현저한 차이를 나타내는 두 개의 다른 단어선택법을 사용했다. 따라서 이는 비슷한 것끼리 비교해야 한다는 가치를 분명하게 보여준다. 그렇지 않다면, 예를 들어 그 해의 어느 달에 스카이가 찾은 결론을 그 다음 달에 오피니움이 찾은 결론과 비교한다면, 아마도 테레사 메이에 대한 부정적인 평가가 떨어지고 있다고 생각할 수도 있다. 사실 이 시점에서 여러분이 배울 것은 그저 여론조사기관의 질문

이 표현되는 방식의 변주가 미치는 영향뿐이다.

더욱 흔하게는 '하우스 효과House Effect'라는 현상이 있는데, 예를 들어 한 여론조사기관에서 조사한 결과에서는 다른 여론조사기관보다 녹색당 지지율이 더 높은 것으로 꾸준히 나타나는 것이다. 이 사례가 반드시 어느 기관이 옳고 다른 기관이 틀렸다는 의미는 아니다. 좌절스럽게도, 가끔 이 하우스효과는 선거일에 가까울수록 사라진다. 따라서 선거결과로 봐서는 하우스효과가 유리하게 작용했는지 불리하게 작용했는지를 구분하기 어렵다. 그럼에도 하우스효과가 의미하는 바는, 다양한 여론조사기관을 비교하는 것은 아무런 변화가 없을 때도 마치 변화가 있었던 것 같은 인상을 또 한 번 줄 수 있다는 것이다.

그렇다면 첫 번째 교훈은, 여론조사를 비교하기 위해서 비슷한 것끼리 비교해야 한다면, 이상적으로 비슷한 것끼리 완료하도록 하자. 실제로, 동일한 여론조사기관에서 나온 동일한 질문 표현법을 비교해야만 실용적이면서도 충분히 의미 있는 비교가 가능해진다. 예를 들어, 질문의 순서가 동일하지 않았다 하더라도 마찬가지다. 다만 여기에는 한 가지 함정이 있다. 한 가지 이상의 설문조사 형태를 사용하는 여론조사기업에 주의하자. 그리고 반드시 동일한 형태를 사용해 실시된 여론조사들을 비교하도록 하자.

시간의 흐름에 따라 여론조사를 비교하는 일은 여론조사기관이 방법론을 바꿔버리는 현실로 인해 더 까다로워질 수 있다. 이는 2020년 여름과 가을에 미국 대선의 기록에서 찾아볼 수 있다. 2016년 공화당 도널드 트럼프의 승리가 지녔던 놀라운 특성으로 인해 많은 사람들이 2020년 대선을 앞두고 여론조사에서 민주당 후보 조 바이든이 앞서 있다는 점에 불안해했다. 어쨌든 2016년 선배 대선후보였던 힐러리 클린턴도 여론조사에서는 앞서 있었기 때문이었다. 따라서 여론조사에서 전국적으로나 경합주 모두 바이든이 앞서 있는 상황을 4년 전 동일한 시점의 힐러리 클린턴과 어떻게 비교할 것인지 질문이 나오는 것은 이해할만 했다. 그러나 그 질문은 대답을 찾기가 쉽지 않았는데, 미국의 여론조사 기관들이 2016년 이후 방법론을 바꿨기 때문이었다. 정치학 교수 로버트 포드는 이렇게 덧붙였다.

여론조사 방법은 2016년 이후 특히 주 단위의 여론조사에서 상당히 크게 변했다. 특히 여기에서 주 단위의 여론조사가 클린턴에게 그토록 유리하게 보였던 한 가지 이유는 2016년의 여론조사기관들은 교육수준에 따른 가중치를 주지 않았기 때문이었다. 이들의 표본에는 트럼프에게 매우 치우친 대졸 백인들이 너무 많이 포함되어 있었다…2020년의 여론조사들은 거의 항상 교육수준에 따라 가중치를 적용하고 있으며, 그로 인해 조사결과는 반드시 정확해져야 한다물론 다른 오차의 원인이 있을 수 있다. 그러나 이를 2016년 주 단위의

제10장 훌륭한 여론조사도 틀린다

여론조사와 비교하는 것은 사과와 오렌지를 비교한다는 의미다.

물론 사과와 오렌지는 비교 가능하다. 내게 사과가 하나 있고, 당신에게 오렌지가 72614개 있다면 누가 과일을 가장 많이 가졌는가 결론을 내릴 때 우리 둘 다 어렵지 않을 것이다. 루마니아에 이와 비슷한 관용구가 있는데, 할머니와 기관총을 비교한다는 점에서 훨씬 낫다.

포드의 주장은 <파이낸셜 타임스>가 보고한 분석으로 뒷받침되는데, 이 기사에 따르면 2020년 여론조사에서 바이든이 앞선 이유는 2016년과 마찬가지로 교육수준에 따른 가중치를 적용하지 않기 때문이라고 보았다. 2020년 세 곳의 경합주 여론조사에서 바이든은 4퍼센트에서 6퍼센트 사이로 앞섰다. 교육 가중치를 제거하면 그의 우세는 6퍼센트와 11퍼센트 사이로 바뀐다. 2020년의 여론조사를 2016년과 비교하는 것은 비슷한 것끼리 비교하는 것이 아니었다.

판단이 필요하다는 것 외에 여기에 대한 간단한 답은 없다. 가장 비교 가능한 여론조사들을 비교할 때조차도, 조사방법이 바뀌었다면 또는 새로운 정당이 등장했다든지 하는 다른 환경이 바뀌었다면 '아마도'와 '어쩌면'을 충분히 염두에 두며 현명한 결론을 내려야 하겠다.

두 번째 교훈은 앞서 언급했듯 오차한계 내에서의 변화에 대해 토의해보라는 것이다. 가장 좋아하는 정당이 한 여론조사에서 40퍼센트 지지율을 보이고 그 다음에는 41퍼센트가 되었다면 그저 숨죽여 축하해야 할 일이다. 잡음 때문에 일어난 변화인지, 본질적인 움직임인지 알 수 없기 때문이다. 그러나 모든 여론조사기관들이 여러분 최애정당의 지지율이 상승했음을 보여준다면 이는 진짜 변화일 가능성이 훨씬 높으며, 그 상승세가 비교용 여론조사 여러 개에서 계속되면 그때가 바로 믿기 시작할 시점이다.

마지막으로, 새로운 여론조사를 보고할 때 영국과 미국의 일반적인 관례가 보여주는 기묘한 차이를 경고하려 한다. 다음 한 쌍의 여론조사 표제 또는 트윗이 각각 미국과 영국에서 실시된 가상의 여론조사를 보고한다고 상상해보자.

포괄적인 의회 비밀투표

민주당 44퍼센트 +4

공화당 40퍼센트

새로운 여론조사

보수당 44퍼센트 +4

노동당 40퍼센트 -4

이 4퍼센트는 미국과 영국에서 뭔가가 차이 남을 의미한다. 미

국에서 +4는 우세함을 의미한다. 즉, 민주당이 공화당을 4퍼센트 앞서 있다는 의미다. 영국에서는 그 여론조사기관이 실시했던 이전의 비교용 여론조사로부터의 변화를 의미한다. 즉, 지난번의 비교용 여론조사에서 보수당의 지지율은 40퍼센트였다.

두 접근법 모두 문제점을 지닌다. 미국의 접근법은 갈피를 잡기 어렵다. 우리는 44퍼센트에서 40퍼센트를 빼는 초등학교 산수를 가지고 민주당이 4퍼센트 앞선다고 말할 수 있으며, 따라서 미국의 관습이 말해주는 내용은 어쨌든 모두 소소하게 보기 쉽다. 그러나 너무 확실한 관습이라, 만약 여러분이 다른 국가에서의 여론조사 보고서를 보는 데에 익숙해져 있다면, 더하기 빼기의 기호가 다른 상황을 의미할 수 있으므로 주의해야 한다.

그러나 이 글을 읽는 영국인들이 우월감을 느낄 필요는 없다. 영국의 관습에서 더하기 기호는 추가적인 정보를 더해준다는 의미이지만, 지난 비교용 여론조사로부터의 변화를 마치 특별한 관심을 기울일 가치가 있는 양 과하게 강조하게 된다. 그러면서 그 변화가 중요한 것처럼 생각하게 유도한다. 가끔 스포츠에서 제공되는 것과 비슷한 맥락이 훨씬 나은 방식일 수도 있다. 어느 팀이 다섯 번의 시합을 가졌을 때 승리와 패배, 무승부 등의 결과 요약은 아마도 '승승무패승'이란 식으로 주어졌을 수 있으며, 이는 팀의 성적표가 어떻게 형성되는지에 대한 맥락을 제시한다.

위의 여론조사를 보고하는, 까다롭긴 하나 더 좋은 방법은 다음과 같다.

다섯 번의 옛 지지율을 제시했을 때 현재 보수당이 급상승한다기보다는 정당들이 막상막하의 경쟁을 하는 상황임을 확실히 밝혀준다. 실전에서 이런 접근법은 물론 여론조사가 얼마나 자주 실시됐는지, 다섯 번의 여론조사가 5일 동안 이뤄진 것인지, 다섯 달 동안 이뤄진 것인지 등의 쟁점을 불러일으킬 수 있다. 그렇기 때문에 무슨 일이 벌어지고 있는지를 알아내려고 여론조사를 비교할 때면 거의 대부분 깔끔하고 커다란 표가 트윗이나 표제 하나보다 훨씬 낫다.

정책 여론조사는 하나씩

세 번의 영국 총선 승자이자 제1차 세계대전 이후 태어나 승리를 거둔 유일한 노동당 대표인 토니 블레어는 개별적인 정책을 여론조사하는 것의 오류를 언급했다. "개별적인 정책들을 고르면 그 하나하나는 인기가 있을 지도 모른다. 하지만 그 정책들을 모두 모아놓으면 인기가 있을 수 없다." 그는 경고했다. 노동당은 세 번 연달아 총선에서 이기기 전_{1997년-2005년} 네 번을 연달아 졌다_{1979년-1992년}. 패배의 쓴맛을 보는 동안 각 쟁점을 다룬 여론조사들을 살펴본다면, 여러 노동당 정책들은 승자였고_{단, 일방적 군축은 제외한다} 현직 보수당의 정책들은 다수가 패배자였다. 그러나 노동당은 계속 선거에서 졌다. 문제는 사람들이 개별적인 정책을 두고 투표하지 않는다는 것이다. 사람들은 정책, 지도자, 가치, 능력 등 제시되는 전체 꾸러미에 투표한다.

2017년 노동당도 비슷한 문제를 겪었다. 여론조사원 드보라 매틴슨은 이렇게 설명했다. "여러 _{노동당의} 정책들이 개별적으로 블라인드 테스트를 해볼 경우 좋은 성적을 보이는 반면에, 그 정책이 노동당과 연계되는 경우 지지율은 급락한다. 그리고 정책들이 하나의 꾸러미처럼 통째로 제시될 때 지지율은 더더욱 곤두박질친다." 무엇이 사람들의 투표를 결정하는지를 두고 정치학 연구와 논쟁이 활발하게 벌어지고 있다. 그러나 서로 대비를 이루는 이론들도 단순히 유권자들이 각각의 주요 정책들에 점수를 매긴 후 총점이 가장 높게 나온 정당을 고른다는 데에는 의견을 같이 한다.

개별적인 정책의 여론조사는 유용할 수 있다. 위에서 언급한, 이야기의 오직 한 면만 제시하는 실수만 피한다면 말이다. 그러나 정당이나 정치인의 인기에 무슨 일이 벌어질 것인지를 이해하기에는 몹시도 제한적일 수 있다. 이는 단순히 정책이 아닌 정치의 문제이기 때문이다.

여담 :
후진 데이터가
여전히 유용할 때

칼 마르크스는 형편없는 데이터의 예비 개척자였다. 1880년 그는 프랑스의 노동환경과 관련해서 <라 르비 소시알리스테La revue socialiste>용 설문조사를 작성했다. 다량의 설문조사지가 배포됐고, 첫 장에는 '자신들이 견디는 폐해'를 가장 잘 알고 있는 노동자들이 설문조사를 완료하도록 격려하면서 특히나 사회주의자들이 설문지를 완료하도록 촉구하는 머리말이 들어갔다. "당신이 개수불임금노동 시간의 장단에 관계없이 생산량에 따라 치르는 임금을 지급받는 경우, 제품의 질이 임금을 부정하게 삭감하기 위한 구실로 쓰이는가?" 같은 대표질문들이 등장했다. 이 설문조사에서 편향되고 질 나쁜 데이터를 만들어지지 않도록 막아준 유일한 방법은 조사에서 거의 아무런 데이터도 나오지 않았다는 것이다. 완료된 설문조사는 거의 돌아오지 않았고, 이 제안은 탈락했다.

그러나 선구적인 선거운동 여론조사원인 에밀 허자와 질 나쁜 데이터를 보정하기 위한 그녀의 접근법이 보여주듯, 나쁜 데이터를 좋게 사용하는 것은 가능하다이것이 내 항변이기도 하다. 몇 년 동안 내 활동에 집착하며 샅샅이 뒤져본 사람이라면 내가 이 책에서 다룬 결점들을 가진 데이터들을 여러 차례 사용했음을 발견했겠지만, 나는 그래도 그로부터 유용한 통찰을 추출해낼 수 있다고 주장하는 바이다.

허자가 발견했듯, 나쁜 데이터는 문제가 통계를 집요하게 왜곡한다면 구제될 수 있다. 그 문제점을 식별하고 측정해보면, 그 왜곡을 바로잡기 위해 통계를 보정할 수 있는 것이다. 이는 앞서 설명한 '하우스 효과'를 거둬내는 데에도 유용하게 사용할 수 있다. 예를 들어, 미국의 여론조사기관인 라스문센을 보자. 라스문센은 공화당이 3퍼센트 앞선다고 보았고, 이는 퓨 리서치가 조사한 결과와는 사뭇 달랐다. 평균적으로 라스문센은 2012년 조사에서도 퓨 리서치보다 공화당에게 4.5퍼센트 좀 더 호의적인 하우스 효과를 드러냈다. 따라서 여론조사 데이터를 분석했을 때, 그런 하우스 효과를 염두에 두고 그에 따라 숫자를 보정하는 것이 유용할 것이다. 그러나 하우스 효과를 보정하는 것은, 그 여론조사기관이 여러분의 선호정당을 더 낮게 측정했기에 틀렸다고 가정하기 시작한다면 위험할 수도 있다. 이는 반드시 여론조사기관이 틀렸다는 의미가 아니며, 특히나 아웃라이어적인 여론조사기업이 가장 정확한 경우가 왕왕 있음을 고려한다면 더욱 그렇다.

　질 나쁜 데이터로부터 만들어낼 수 있는 그 다음 용도는 내가 운영했던 것 같은 일종의 부두 여론조사다^{제 2장 참고}. 부두 여론조사를 통해 당 내부 선거에 참여한 자유민주당원들을 조사한 기록_{본래 자유민주당 목소리 팀과 함께 했다}은 상당히 훌륭하다. 나는 2015년 당 지도자 설문조사에서도 작고 소중한 갤럽식 순간을 겪었는데, 다른 사람들이 예상했던 것보다 경쟁결과를 더 근소하게 예측했고 내 예측이 맞았던 것이다. 나는 팀 패런이 58퍼센트, 노먼 램이 42퍼센트를 득표할 것이라 예측했고, 실제 결과는 각각 56.5퍼센트 대 43.5퍼센트였다. '적절하게 진행된' 조사는 아닐망정 그런 설문조사가 실제 결과 또는 적절한 여론조사와 비교했을 때 꽤나 잘 맞아떨어지는 경우가 있기 때문에, 어느 정도는 가치가 있다고 생각해야 할만 했다. 나는 설문조사의 범위가 확대되도록 상당히 많은 노력을 기울였고, 따라서 내 조사를 통해 당론의 단면을 괜찮게 들여다볼 수 있었다.

온라인으로 설문조사에 참여하는 사람들로 이뤄진 자기선택 표본이 더 광범위한 당원들을 대표할 수 있는지 여부가 핵심이었다. 이 질문은 가끔은 맞고, 가끔은 틀리다. 내가 다뤘던 모든 선거들 가운데서 이를 보여줄 수 있는 사례로는, 활동가 대 비⾮활동가가 특별히 강력하게 갈라지지 않았고, 내 표본이 잘못될 활동적인 당원들 쪽으로 치우치는 위험성이 최소화된 경우다. 게다가 성별과 당원 가입기간 같은 설문조사의 질문들은 그 표본들이 왜곡됐음을 일관성 있게 드러냈다. 그러나 결정적으로, 데이터는 재가중치를 적용한다 하더라도 전체 숫자가 그다지 크게 변하지 않다는 것을 보여 주었다. 다시 말해, 표본들은 총 당원수를 상징하지 않았지만, 이들이 왜곡된 방식들은 투표 선호도의 균형에 영향을 미치지 않는 것으로 보였다. 남성 대 여성의 경쟁이 치열한 선거에서조차, 표본에 너무 많은 남성들을 포함하는 것은 투표통계를 유의미하게 바꿔놓지 않는다. 따라서, 잘못된 데이터도 여전히 통찰력 있는 데이터임을 다시 확인하게 된다.

좀 더 널리 적용될 수 있는 교훈으로는, 데이터를 확인하고 손보는 과정에서 내가 특별히 선호하는 결과가 없었다는 사실이 내게 유리하게 작용했다는 것이다. 나는 경쟁에서 중립적인 입장에 머물렀을 뿐 아니라 언제나 놀라운 여론조사 결과들에 복잡미묘한 감정을 가졌다. 이런 결과들은 흥미진진할 가능성도 높지만 틀릴 가능성은 더욱 높았다. 모든 것을 감안할 때 나는 예상했던 것이든 예상 밖의 것이든 결과에 대해 특별한 호불호가 없었다. 이경우 편향을 막기에 훨씬 쉬운 상황이 된다. 다른 사람들이 데이터를 어설프게 만지는 모습을 볼 때 기억해야 할 중요한 핵심이기도 하다.

나는 또한 운이 좋게도, 2020년 정당대표 선거에서 방법론적으로 실패하는 모습을 보게 되리라 의심이 들 때 내가 하던 설문조사를 중단할 수 있었다. 그러나 선거가 여전히 계속되는 와중에, 설문조사에 따르면 흠결 있는 데이터도 조심스레 다룬다면 통찰을 안겨줄 수 있음이 드러났다.

엉터리 데이터를 유용하게 사용하는 또 다른 사례는 정당이 내놓은 설문조사에서 찾아볼 수 있다. 정당 내에서 종이로든 온라인으로든 설문조사를 하자고 결정하는 사람들을 들여다보면 그 단면은 대표성이 매우 떨어지고, 특히나 그 정당의 지지자들에게 편향되어 있다. 그러한 점에서 이런 형태로 사람들의 견해를 들여다보는 연구는 여론조사보다 열등하다. 그렇다고 가치 없는 것은 아니다. 일부 가치는 개인들의 의견에서 만들어지며, 개개인이 정치인들에게 의견을 표현해줄 수 있게 해준다는 것은 좋은 일이다. 대신에 정치인들은 개별적인 답변으로 후속조치를 취한다. 추가적인 가치는 이례적인 패턴을 파악하는 능력에서 나온다. 내가 분석했던 한 가지 설문조사에서는 대중교통에 관한 몇 가지 질문이 주어진 뒤, 지역 버스 서비스에서 어떤 부분이 개선되기를 가장 바라는지를 묻고 사람들이 진술할 수 있도록 하는 개방형 질문을 했다. 질문에 대한 답들 사이에서 여러 사람들이 두 지역 사이에 새로운 버스 노선이 생기기를 바란다고 언급한 내용들이 두드러졌다. 다만 이 특정한 노선은 과거의 공개적인 토의에서 표면화되지 않았던 내용이었다. 그 여러 명의 사람들이 독립적이면서도 자발적으로 동일한 제안을 했다는 점은 어떤 일이 벌어지고 있다는 반증이었다. 실제로 그랬다. 여론조사는 한 지역 정치인인 린 피더스톤이 실시한 것으로, 그녀는 이 쟁점을 받아들였다. 더 많은 연구를 통해 새로운 버스노선에 대한 욕망과 타당성을 확인되었다. 그리고 6년 동안의 활동 결과 새로운 노선이 시범운행 되기 시작했다. 오늘날에도 여전히 동일한 노선이 운영되고 있다.

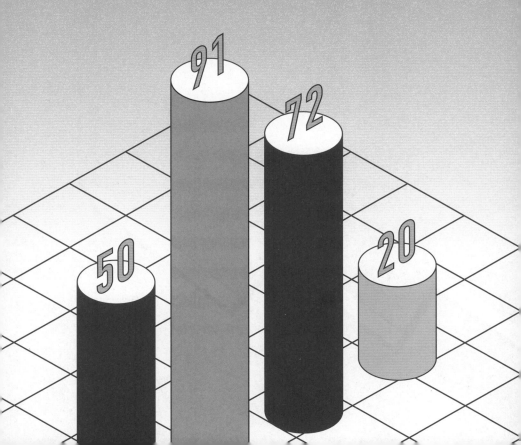

제11장

여론조사기업 판단하기

"우리 모두는 가끔 갤럽의 여론조사를 의심한다. 특히나 우리에게 호의적이지 않을 때는 더욱 더."

— 하원의원 허버트 모리슨

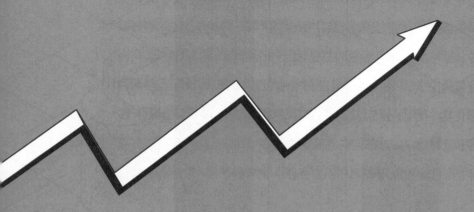

여론조사 실패의 혐의를 받는 듯한 기운이 감도는 압박 속에서 정치 여론조사기관들은 뒤로 물러선다. 이들은 정치 여론조사가 당선인을 예측하는 역할이라든가 양대 정당의 격차를 제대로 파악한다고 말하는 것에서 한 발 후퇴하며, 그보다는 각 후보나 정당의 득표율에서 얼마나 근접한 통계를 내놓는지가 관건이라고 말한다.

우리는 이미 승자를 정확히 선언하는 능력을 바탕으로 정치 여론조사를 판단하는 것이 공정한지에 대해 논의했다. 그러나 영국 여론조사 기업들이 최근 총선에서 어떤 성과를 보였는지 살펴보기 전에, 다시 한 번 승자의 우위나 득표율을 바탕으로 여론조사기관을 판단하는 장점을 생각해보자. 여론조사기관들은 후자에 따라 판단 받는 것을 더 선호한다. 득표율에서의 오류는 선두주자를 보았을 때 더욱 커지기 때문이다. 여론조사에서 잘나가는 도전자들 두 명이 42퍼센트 대 39퍼센트라는 경쟁을 하는 것으로 나타났고 실제결과는 44퍼센트 대 37퍼센트로 드러난 경우를 생각해보자. 득표율로 판단할 때 여론조사는 두 후보 모두 2퍼센트 이내로 예측했기 때문에 상당히 잘 한 셈이다. 그러나 우세함으로 보자면? 여론조사는 3퍼센트 격차라고 보았지만 실제로는 7퍼센트 차이의 여유 있는 승리였다^{또한 선거제도는 의석 또는 선거인단투표의 관점에서 3퍼센트 격차는 승자를 결정하기에 매우 근소한 차이로 만들 수 있지만 7퍼센트는 편안한 승리가 된다}.

그러나 선거에서 정말로 중요한 것은 우세함 그리고 승자다.

1945년의 클레멘트 아틀리가, 1951년의 자와할랄 네루가, 1994
년의 넬슨 만델라가, 2016년의 도널드 트럼프가 그렇다. 누가 이
겼는가는 어느 정도 득표율을 확보했는가보다 훨씬 중요했다. 누
가 우세한지를 제대로 파악하고따라서 승자도 올바르게 파악할 수 있다 **최상**
위 두 명의 득표율을 몇 퍼센트 빗겨나가는 것은 득표율은 맞았지
만 승자가 틀렸을 때만큼 문제가 되지 않는다. 또는 득표율은 맞
게 예측했지만 무기력하게 이겼는지 압도적으로 이겼는지를 혼
돈할 경우도 난감해진다.

따라서 여론조사기관들에게 그저 가벼운 사과의 말씀을 전하면
서, 노동당에 대한 보수당의 우세로 판단하건대 이들이 최근 영국
총선에서 어떻게 활약했는지를 다음에서 살펴보자. 각 선거에서
보수당 **빼기** 노동당의 우세음수는 노동당이 앞선 상태로 이겼다는 의미다는 맨
윗줄을 따라 표시되며, 그 아래로는 해당 선거에서 활동 중인 모
든 여론조사기관의 절대적인 평균오차가 드러난다다시 말해, 위아래의
오차들이 상쇄되지 않는다. 선거 전 마지막 여론조사에서 각 여론조사기관
이 저지르는 평균절대오차가 왼쪽 세로단에 표시되어 있으며, 표
의 본문 상에 활동한 모든 선거에서 어떻게 성과를 드러내는지가
나타난다.

이 표는 보기에 그럴듯한 기준을 사용해서 여론조사기관을 잘
못 평가하는 것을 주의해야 한다는 경고로 가득 차 있다. BPIX를
한 번 보자. BPIX는 두 번의 선거에서 활동했고, 업계 자율규제기
구의 일원이 아니며, 자신들이 실시한 조사에서 아주 빈약한 부분

만을 발표했다. 또한 몇 년 째 웹사이트에는 '점검중' 표시가 되어 있으며 내 이메일에는 단 한 번도 답하지 않았다. BPIX의 여론조사를 의뢰한 곳은 정확성으로 인해 상당히 논란이 된 적 있는 신문 가운데 하나<메일 온 선데이>였다. 이 모든 것들로 따져보면 BPIX는 조사결과에 엄청난 회의론을 깔고 다루기에 딱 좋은 사례로 들리며, 2005년에는 가장 부정확한 여론조사기관이기도 했다. 그럼에도 BPIX는 누가 앞섰는지는 올바르게 예측했고, 2010년에는 여러 기관들 중에서 가장 정확한 여론조사기관으로 공동 1위였다. 2020년 미국 대선에서 트라팔가 그룹에게도 비슷한 일이 벌어졌다. 파이브서티에잇과 트라팔가 그룹 간에서 후자의 투명성 부족을 문제로 여러 차례 언쟁이 일었지만, 그래도 트라팔가 그룹은 그 해 대선에서 최고의 성과를 보인 여론조사기관 가운데 하나였다. 또는 유고브를 생각해보자. 2001년과 2005년 그리고 2010년 영국 선거에서 유고브는 상당히 정확했을 뿐 아니라 모든 여론조사기관 중에서 평균보다 뛰어났다. 그리고 나서 2015년과 2017년 두 번에 걸쳐 끔찍한 성과를 냈다. 다만 업계의 나머지 기관들과 비교했을 때는 그다지 나쁘지 않았고, 그러다가 2019년 강력한 결과를 가지고 돌아왔다. 금융시장과 마찬가지로, 과거의 성과는 미래의 성과와 일치하는 가이드는 아니다.

	기관의평균오차	총선					
		2019	2017	2015	2010	2005	2001
보수당-노동당 우세		11.8	2.4	6.5	7.2	-3.0	-9.3
업계의 평균오차		2.3	5.3	6.4	1.4	2.4	4.1
앵거스 레이드	4.8				+4.8		
BMG	6.6	-2.8	+10.6	-6.5			
BPIX	2.1				-0.2	-4.0	
컴레스	5.4	-6.8	+7.6	-5.5	+1.8		
델타폴	1.8	-1.8					
갤럽	6.7						-6.7
해리스	2.1				-1.2	-3.0	
ICM	4.7	-5.8	+9.6	-7.5	+0.8	-3.0	-1.7
입소스 모리	3.1	-0.8	+5.6	-5.5	-0.2	-2.0	-4.2
TNS	2.4	+0.2	+2.6	-5.5	-1.2		
로드 애시크로프트	6.5			-6.5			
NOP	3.9					0.0	-7.7
넘버 크런처 폴리틱스	1.8	-1.8					
원폴	1.8				+1.8		
오피니움	2.9	-0.5	+4.6	-5.5	+0.8		
패널베이스	5.6	-2.8	+5.6	-8.5			
파퓰러스	3.8			-6.5	+1.8	-3.0	
큐리오슬리	2.8	+1.2	-4.4				
라스무센	3.7						-3.7
RNB	1.8				+1.8		
서베이션	3.0	-1.0	-1.4	-6.5			
서베이몽키	1.6		+1.6				
유고브	2.6	-1.8	+4.6	-6.5	-0.2	-2.0	-0.7

각 선거에서 가장 뛰어난 여론조사기관가 그에 가장 근접한 경쟁자 간의 아주 작은 차이를 고려한다면, 가장 근소한 차이로 예측을 한다는 것은 어느 정도 운의 문제로 보인다. "당신은 몹시도 재수가 없는 여론조사기관을 만나게 될 수도 있어요. 하지만 일단 특정한 수준에 도달했다면, 여론조사기관의 성과는 상당히 임의 분포를 이루게 됩니다." 여론조사 사후점검 전문가 패트릭 스터지스는 이렇게 설명했다.

표에 실린 데이터의 난잡함에서는 오직 한 가지 실질적인 결론만 끌어낼 수 있다. 즉, 누가 최고의 여론조사기관인가를 보여주는 데에는 단순한 패턴이 존재하지 않으며, 따라서 다음 총선에 앞서 어느 여론조사기관이 누구에게 가장 큰 관심을 기울일 것인가에도 단순한 패턴이 존재하지 않는다.

그러나 위의 표에서 한 가지 세부내역에 주목해볼 필요가 있다. 두 번 이상 총선을 연구한 여론조사기관 가운데 보수당-노동당 격차에 있어서 작지만 가장 낮은 평균오차를 보인 곳은 TNS였다. TNS는 꾸준히 잘해왔으면서도 지명도가 가장 낮은 곳 가운데 하나로, 표에 등장하는 몇몇 기관들이 하듯 매체보도를 끌어오는 매체 친화적 인물들이 내세우는 기관이 아니다. 그러나 다시 한 번 이곳은, 표제가 전부가 아니라는 리마인더가 된다특히나 2020년 대선에서도 비슷한 상황이 펼쳐졌는데, 가장 정확한 예측을 한 여론조사기관이 가장 낮은 지명도를 가진 아틀라스 인텔리전스였던 것이다.

표제가 전부가 아니라는 것은 여론조사기업들이 편향될 수 있다는 제도적인 이유를 생각해볼 때도 필수적이다. 영국 정치에서 유고브의 여론조사를 가장 따분하게 비판하는 내용 중 하나는, 그 기업이 보수당원에 의해 설립됐기 때문에 노동당에 호의적이지 않은 통계는 무시해야 한다는 것이다. 일부 비판들은 노동당 인물인 피터 켈너가 몇 년 간 이 기업에서 핵심적인 역할을 맡아왔으며, 선거 전 최종조사와 선거결과를 비교해봤을 때 반 노동당적인 편향의 증거를 찾아볼 수 없다는 사실을 간과하고 있다.

게다가, 영국의 여론조사기업들 대부분에게는 편향되지 말아야 할, 날 것 그대로의 금전적 사욕이 있었다. 정치 여론조사는 이들 사업의 일부였지만, 가장 주목 받는 부분이기도 했다. 따라서, 성공적인 기업을 꾸려나가기 위해서 여론조사기관들의 정치 여론조사는 다른 일거리를 유인할 수 있도록 정확해야만 했다. 게다가, 정치 여론조사에서조차 몇 년 동안 동일한 회사가 다양한 정당을 위해 일하는 것이 드물지 않고, 따라서 편향되어 있다고 비춰졌다가는 그렇게 할 수가 없어진다. 가끔은 고객들에게 원하는 식의 대답을 안겨줄 수 있을 만한 서투른 표현의 질문들을 던지고 싶은 유혹도 여전히 있으며, 그렇게 해서 비판적이지 않은 저널리스트들 사이로 은근슬쩍 넘어가고 싶을 수도 있다. 영국의 여론조사기관들은 업계의 투명성 원칙 덕에 그 유혹을 의식적으로 넘기고 있다. 여론조사의 세부내역이 공개된다면 여론조사기관들은 진실이 누구나 찾아볼 수 있는 웹사이트 PDF 파일 속에 공개적으로 담겨져 있다고 안심하면서도 돈을 벌 수 있을 것이다.

그러나 미국은 좀 더 문제가 많은 동네다. 투명성 기준이 더 낮을 뿐 아니라, 아마도 배타적으로 오직 한쪽 편만 들어도 훨씬 더 많은 사업을 벌일 수 있기 때문에 당파적으로 왜곡된 조사결과를 내놓는 여론조사기관들도 있다. 영국의 여론조사원 매트 싱은 "미국에서의 어마어마한 예산 덕에 당파적인 기업들이 너무 많아서 일부 여론조사기관들이 상업적 이익을 위해 편향적으로 일하고 있다감사하게도 그런 기관이 아주 많지는 않다."라고 꼬집었다. 실제로 당파적 동기와 투명성 결여가 결합되면서 미국 정치 여론조사의 일부를 가짜 여론조사와 심지어 가짜 여론조사 기업 등이 문제를 일으키는 공격적인 정치의 장으로 만들었다. 이런 사기행각 때문에 파이브서티에잇 같은 여론조사 집계자와 분석가들은 바쁜 시간을 보내면서, 여론조사 추세를 분석하고 다양한 여론조사기업의 질을 점수화한다이런 사기행각들은 도널트 트럼프가 공격한 '가짜 여론조사'가 아니다. 그는 실제 사기행각들은 제쳐두고선 진짜 여론조사를 공격했다.

그러나 미국과 영국 모두에서 그리고 사실은 다른 국가에서도 일부 기본적인 기준이 다음과 같이 의문의 여지가 있는 여론조사 기업들을 걸러내는 데에 도움을 주고 있다.

---

1. 그 여론조사기업은 조사결과의 전체 데이터 내역을 공개하고 있는가?

2. 그 여론조사기업은 기꺼이 조사방법론을 공개하려 하는가?

3.그 여론조사기업은 어떻게 돈을 버는가? 여러분은 대부분 정치와 관련 없는 여론조사를 수행하는 기업(영국모델 그리고/또는 대중매체이든, 정당이든, 후보나 다른 조직이든 간에 정치적 스펙트럼 상의 고객을 위해 정치 여론조사를 실시하는 기업 등을 더 많이 믿을 수 있다.

앞서 살펴보았듯, 성적은 우리를 인도하기엔 한계가 있다. 훌륭한 기업조차도 형편없는 한 해를 보낼 수 있다. 의문스러운 기업들은 제할 뿐 아니라 지난 선거에서 최고의 성적을 낸 기업이 어디든 그 기업만 믿는 극단적인 행동도 금물이다. 어쨌든, 1930년대 덴마크 의회에서 처음 언급된 것처럼 "특히나 미래를 위해 예측을 하는 것은 어려운 일"이기 때문이다.

오만

위의 질문에 주의를 기울일 뿐 아니라 정치 여론조사의 능수능란한 소비자가 사용할 수 있는 또 다른 기본원칙이 있다. 바로, 여론조사회사가 아니라 조사원을 평가하라는 것이다. 한 여론조사기업의 결과가 다른 기업의 결과와 일치하지 않을 때, 그 기업의 중심인물이 어떻게 행동하는지를 잘 보자. 최고의 여론조사기관들은 겸손하고 조심스럽다. 가장 최악은 자신의 우월성을 철석같이 믿는 것이다. 오만함은 회의와, 겸손은 진가와 연결 짓자.

미국 여론조사원인 워렌 미토프스키는 20년 동안 CBS 뉴스의 선거와 설문조사팀을 이끌었다. 그는 임의적 전화 표본추출을 선구적으로 사용하고 1972년 미국 최초의 전국적인 출구조사를 이끄는 등 자신의 여론조사 커리어를 자랑스러워했다. 그러나 그는 신랄한 인물 그 자체로서 자신이 다른 사람들을 얼마나 하찮게 여기는지 신나서 이야기하고 "네가 틀린 이유가 이거야."라고 문장을 시작하기 좋아하면서도 여론조사원들에게는 겸손함을 주문했다. 그는 "여론조사에서는 창피를 당할 여지가 아주 많다. 매번 자만심에 찰 때마다 여러분은 질 것이다."라고 말했다. 그래서 그는 몇 년 동안 사무실 벽에 "듀이가 이기다"라고 쓰인 <시카고 트리뷴> 1면 사진을 붙여 놨다.

미토프스키의 말은 현명하면서도 여론조사원들에게는 까다로운 말이다. 여론조사를 위해 돈을 내는 사람들은 조용하고 미묘한 대답을 원하는 경우가 거의 없기 때문이다. 매체와 압력단체 그리고 그 외의 사람들은 표제가 되길 바란다. 가장 뛰어난 여론조사들조차 보도를 하거나 홍보를 할 때 주목을 끌고 싶은 욕망으로 고통 받는다. 그러나 여론조사를 보고하는 이들이 오만할 정도로 과한 확신을 가지고 여론조사에 관한 현명한 뉴스소비자들을 속일 필요는 없다. 특히 어떤 전문가들이 미래를 가장 잘 예언하는지를 보여주는 광범위한 근거가 있을 때는 더욱 그렇다. 모든 유형의 예측과 예보에서, 자기확실성과 허세가 아닌 겸손함과 의심은 몹시도 필요한 특징이 된다. 지난 몇 십 년 간 가장 뛰어난 여론조사원 가운데 하나이자 아이오와 주 출신인 앤 셀저가 디모인_{아이오와 주도 - 옮긴이}에서 고양이 카페 옆, 뜨개질 가게 건너편에 자리한 검소한 1층짜리 건물에 회사 사무실을 마련한 것은 결코 우연이 아니다.

제12장

여론조사
이해하기

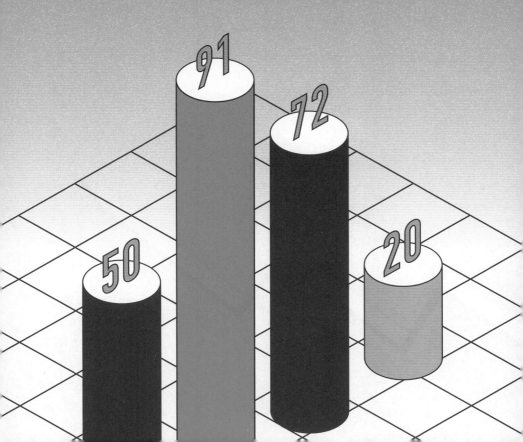

"여론조사는 잘못 사용되거나, 잘못 해석되거나, 잘못 이해될 수 있다.
그러나 조사를 통해 밝혀내고 신중하게 연구한 기본사실은 진실하다."

- 저널리스트 피터 히친스

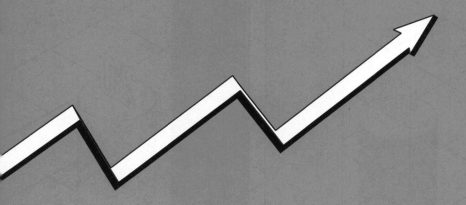

SNS에서 영국의 정치 여론조사를 팔로우 하는 사람이라면 피터 히친스가 한 위의 명언에 놀랄 수도 있다. 왜냐하면 특히 좌파성향을 가진 이들이 싫어하는 어느 정치 여론조사에 대해 가장 유명한 반응은 그의 다른 명언을 리포스트하는 것이기 때문이다. "여론조사는 여론을 측정하기 위한 장치가 아니라 여론에 영향을 미치기 위한 장치다. 그 점을 해독하면 모든 것이 이해가 간다." 그러나 히친스 자신도 경고했지만, 사람들은 종종 히친스가 실제로는 동의하지 않는 주장이 정당함을 보여주기 위해 그의 입에서 나온 표현을 사용한다.

"모든 여론조사가 조작됐고 그 조사들은 진실을 말하지 않는다"라는 말만큼 미숙한 말은 없다는 것을 이해해보자. 나는 그렇게 바보 같은 말은 절대로 하지 않을 것이다. 주요 기관에서 실시한 여론조사에서 기본적으로 수행한 연구는 건전하다. 그래야만 한다. 이들의 주요 연구는 정치인들이 아닌, 제품을 팔길 바라는 기업들을 위해 이뤄진다. 기업들을 위한 연구는 옳아야만 하고, 그렇지 않으면 망할 수밖에 없다. 가끔 여러분이 지켜봐야 할 것은 여론조사가 아니라, 어떻게 여론조사가 제시된 것인지다. 여론조사는 잘못 사용되거나, 잘못 해석되거나, 잘못 이해될 수 있다. 그러나 조사를 통해 밝혀내고 신중하게 연구한 기본사실은 진실하다. 여론조사의 예측이 틀렸다면, 여론이 바뀌었거나 이들이 인식하지 못한 요인들 때문이다. 내가 여론조사에 관해 하는 말들은 결코 여론조사의 의미를 일괄적으로 무시하려는 게 아니며, 사람들은 그런 식으로 사용하는 것을 그만둬야 한다.

제대로 실시된 정치여론조사는 우리가 무슨 일이 벌어지고 왜 벌어지는지 이해하는 데에 크게 도움이 된다. 그리고 선거나 국민투표 결과 자체가 들려주는 것보다 더 많은 이야기를 해준다. 대부분의 사람들과 쟁점들은 투표용지에 오를 일이 거의 없다. 투표용지에 오른다 하더라도, 선거결과의 간헐적인 깨달음 사이사이를 채우기에는 기나긴 간격이 존재한다.

20세기 초 이전의 정치사에서 정치 여론조사가 드물게 등장하고, 19세기 초 이전에는 아예 존재하지도 않았다는 사실이 이를 설명해준다 우리가 나폴레옹의 시대에 프랑스 지도자로서 그를 위해 매달 지지율 여론조사를 실시했다면 그 변화와 행운을 얼마나 더 잘 이해할 수 있었을지 상상해보자. 군사뉴스는 프랑스 경제의 건전성이 등락을 거듭하는 것보다 그의 지지율에 더 많은 영향을 미쳤을까? 또는 1832년 선거 대개혁법에 앞서 실시된 여론조사는 역사책에 담긴 것처럼 개혁을 향한 강렬한 열정만큼이나 폭넓은 무관심이 존재해서 적당히 발현되었으며 개혁이 시행된 후 10년 동안 투표율이 떨어지는 것을 어떻게 포착했을지를 상상해보자. 정치는 그 추가적인 정보 덕에 훨씬 달라보였을 것이다.

여론조사는 유용하다. 단, 그 결과를 어떻게 이해할지 아는 경우에만...

여론조사의 평등사상

여론조사는 근본적으로 민주주의적이다. 한 사람 당 한 번만 말하기. 정치학자 시드니 버바는 이렇게 덧붙인다. "설문조사는 민주주의가 생산해내기로 되어 있는 것을 생산할 뿐이다. 즉, 모든 시민의 동등한 대표성이다."

여러분은 돈이 많을 수도 있고, 신문사 사장의 친구일 수도 있으며, 여러 국가에서 온 CEO들과 로열 아스코트 경마장에 가거나, 여름방학을 햄튼에서 요트를 타며 보내거나 고위공무원들과 와츠앱 그룹채팅에 함께 들어가 있거나 총리와 함께 학교를 다녔을 수도 있지만, 이런 특권 가운데 그 무엇도 적절하게 실행된 정치 여론조사에서 추가적인 발언권을 주지 않는다. 정치에서 정치 여론조사가 맡은 역할은 법 제도에서 배심원 선정이 맡은 역할과 동일하다. 적절히 행해졌을 때 두 가지 모두, 사회의 불공평함을 넘어서는 공정함을 강조하는 평등주의자다.

물론, '적절히 행해졌을 때'라는 경고 안에서 다량의 문제점이 잠복하고 있다. 배심원단과 여론조사 모두 가장 순수하고 가장 단순한 설명에 따르면 대중의 무작위추출을 포함한다. 둘 모두 더 난잡한 현실을 지닌다. 그러나 둘 모두 밝게 빛나는 고귀한 목적을 지녔다. 그렇기 때문에 나는 "대중의 의견이란 것은 존재하지 않는다"라고 주장한 프랑스 사회학자 피에르 부르디외의 의견에 반대한다. 부르디외는 여론조사의 약점은 의견을 표현하는 사람의 지식이나 권력과는 상관없이 모든 의견이 동일한 가치를 가졌다고 취급하는 것이라고 보았다. 사실이긴 하나 그것이 가장 여론조사다운 가치다. 즉, 다양한 학위나 다양한 은행계좌를 지닌 이들을 높이 사는 게 아니라 그 모든 차이점들을 평등하게 만드는 일이다. 이는 여론조사의 특성이지, 버그가 아니다. 여론조사와 측정해야 할 여론의 개념은 평등주의적인 힘이다.

정치 지도자들이 어느 수준까지 여론을 따르거나 이끌어야 하는지는 논쟁의 여지가 있다. 그러나 '여론'을 만들어내는 '대중'은 단순히 학교시절 친구라거나 폭동을 일으키기로 작정한 이들을 넘어서는 존재여야 한다는 것은 매우 바람직하다. 제대로 실행됐을 때 여론조사는 혜택 받지 못한 이들과 뒤쳐진 이들의 견해에 권능을 부여해준다. 민주주의 선거는 여론의 금본위제일 수 있지만, 여론조사는 그 존재와 중요성, 전망을 매주 일깨워주는 리마인더가 된다.

다른 사람들이 무엇을 생각하는지 아는 것은 중요하다. 우리가 생각하는 것은 우리가 다른 사람의 생각이라고 생각하는 것에 따라 달라지기 때문이다. 여기에 대한 설명은 선거토론 중에 TV에 가끔 등장하는 '생방송 지렁이_{화면 한 가운데를 가로지르는 구불구불한 선}'를 들여다본 연구결과에서 나온 까다로운 발견에서 찾아볼 수 있다. '생방송 지렁이'는 표본에게 누가 잘하거나 못했는지 묻고 실시간으로 그들의 견해를 보여준다. 가끔 이 선들이 극도로 작은 표본을 바탕으로 할 때도 있다_{예를 들어 2008년 미국 대선에서 CNN은 고작 30명을}

. 그러나 더 합리적인 크기의 표본을 사용할 때조차 TV 토론 지렁이에 문제가 하나 있다. 아주 단순하게, 여러분이 그 데이터를 위조하고 정치인에게 더 나은 지렁이 흔적을 안겨준다면, 어떻게 개선하는가에 대한 청중들의 추측은 다음과 같다.

데이비스와 메몬은 150명의 런던대학교 학생을 모아서 2010년 영국 총선의 세 번째^{이면서 마지막} TV 토론을 보도록 했다. 학생들이 모르지만 방송에 등장하는 지렁이 선은 가짜로, 연구자들이 라이브 비디오 믹서로 만들어낸 것이다.

학생의 반은 현직 총리인 골든 브라운에게 호의적으로 조작된 방송을 보았다. 그중에서 47퍼센트는 그가 토론에서 이겼다고 보았고, 도전자인 닉 클레그는 35퍼센트, 데이비드 카메론은 13퍼센트였다. 다른 학생들은 클레그에게 호의적인 방송을 보았다. 그중에서 79퍼센트는 클레그가 이긴다고 보았고, 그에 비해 브라운과 카메론은 각각 9퍼센트와 4퍼센트였다.

정치 여론조사 데이터가 형편없거나 정치 여론조사 데이터를 잘못 이해하는 일 때문에 세계관이 뒤틀릴 수 있으며, 그렇기 때문에 좋은 데이터를 감지하고 사용하는 법을 알아야 할 필요성이 좀 더 생긴다.

열 가지 황금률

"그 작업이 얼마나 어려운지를 감안했을 때, 정치 여론조사가 얼마나 정확한지 참 놀라지 않을 수 없다"

– 양적 사회과학교수 패트릭 스터지스

다음번에 뉴스나 SNS 타임라인에서 여론조사를 보게 된다면, 그게 무슨 뜻인지 파악하려고 여러분이 잠시 멈추고 이 책을 다시 읽을 리 없다. 분명 그럴 리가 없지. 그렇다면 매번 본능적으로 적용할 수 있을 잘 정제된 황금률 열 가지를 배워보자.

---

1. 여론조사에 너무 많은 것을 기대하지 말자. 역사가 아널드 토인비는 "전능한 도구는 없다. 모든 문을 다 열 수 있는 마스터키 같은 것은 없다."라고 말했다. 여론조사는 뛰어난 도구지만, 여러분이 그로부터 너무 많이 얻어내려 애쓰지 않을 때 가장 많은 이야기를 들려준다.

2. 매체가 어떻게 여론조사를 보도하는지 살필 때 주의하자. 매체는 여론조사를 제대로 보도할 줄 모른다. 뉴스는 가끔 숫자에서 드러나는 것보다 더 드라마틱한 것을 원할 때도 있다. 따라서 여론조사나 주제관련 전문가, 특히 학자들이 무슨 이야기를 하는

지 찾아보자.

3. 표본의 질이 표본의 크기보다 훨씬 더 중요함을 기억하자. 누군 가가 표본 크기를 언급하는 것을 진지하게 받아들일 유일한 때 는 표본 크기 때문에 상세한 교차표를 정당하게 들여다보는 경 우다. 그게 아니라면 너무 적은 수의 사람들을 대상으로 하는 표 본은 무시하자여러분이 정말로 교차표에 주의를 기울이고 싶다면, 교차표는 다수 의 여론조사에 걸쳐 통째로 보는 것이 최선임을 기억하자.

4. 타이밍을 명심하자. 언제 여론조사를 위한 현장조사가 이뤄졌 는가? 여론조사는 보기보다 더 오래되지는 않았는가? 그 이후 견해나 상황이 바뀌면서 응답의 의미도 바뀌지 않았는가?

5. 추이는 개별적인 여론조사보다 더 많은 것을 보여준다. 개별적 인 여론조사보다 추이를 살피는 데에 더 많은 시간을 들이자. 추 이를 볼 때는 비슷한 것끼리 비교하고 있는 지를 확인하자. 특히 질문 표현법을 확인하자.

6. 정책 쟁점에 대한 여론조사의 장점은 투표의향 여론조사를 가 장 자주 틀리게 만드는 변화예: 투표율를 걱정할 필요가 없다는 것 이다. 그러나 정책 여론조사는 특히 올바른 질문 표현법을 찾아야 하는 등 나름대로 상당한 위험성을 가지고 있으며, 대조해서 확인 할 수 있는 실제 선거결과가 없다는 문제점이 있다. 이 점이 문제 가 되는 것은 존 커티스의 말마따나 "태도가 아닌 행동에 관한 데

이터일 때 그 유효성을 평가하는 일은 언제나 더 쉽기 때문"이다.

7. 개별적인 여론조사가 더 많은 주목을 끌수록 잘못될 가능성도 더 커진다. 그 대신 여론조사를 사격용 총알처럼 다루자. 진실을 겨누기 위해서는 여러 개의 여론조사가 필요한 법이다.

8. 좋은 소식이 담긴 여론조사 하나마다 환호성은 단 한 번만 지르자. 사람들은 아무 여론조사나 두고 지나치게 흥분하는 것을 좋아한다. 그러면서 여론조사 간의 무의미한 숫자변화로부터 너무 많은 내용들을 읽어낸다거나 불량 여론조사가 아닌 현실에서 큰 변화가 일어난 것이라고 가정하곤 한다. 특히 한 여론조사에서 여러분이 진짜이길 바라는 모습을 보게 될 때 빠지게 되는 위험한 유혹이다. 그 소식이 옳다는 것을 확인시켜주는 여론조사가 적어도 세 가지는 될 때만 만세삼창을 부르자.

9. 여론조사기관을 우상화하지 말자. 여론조사원과 그 기업들은 금융기관과 같다. 누군가가 다른 누군가보다 낫지만, 과거의 성과는 미래의 성과로 이끌어주기에는 형편없는 가이드다.

10. 마지막으로, 왜곡된 표본이나 복잡한 주제를 설명하는 질문 표현법의 한계 등 여론조사로 인한 문제는 이를 무시하는 것이 답이 아니라 더 많은 여론조사를 찾아보는 것이 답임을 기억하자.

이 원칙들을 따라보자. 그러다보면 여론조사를 잘 이해할 수 있을 것이다. 물론 이 황금률들이 항상 옳은 것은 아니다. 조지 갤럽은 "우리가 대부분 맞다는 것을 아는 것과 똑같은 확신을 가지고 가끔은 우리가 틀릴 것임을 안다. 그래야만 하니까."이라고 말했다. 그러나 날씨예보와 마찬가지로, 대부분은 맞기 때문에 여론조사를 통째로 무시하는 것보다는 세부적인 내용에 관심을 기울이는 것이 훨씬 낫다. 특히나 여론조사는 미리 예측하는 것만이 전부가 아니며, 사건이 벌어진 후에 설명하는 것에도 관련 있기 때문이다. 여론조사는 무엇을 할 수 있고, 어떤 가능성이 있는지 그리고 왜 상황이 벌어졌는지 등 전체적인 풍경을 파악할 수 있는 감각을 안겨준다.

더 많은 여론조사에 관심을 기울일수록 이해도도 더욱 좋아지리라.

감사의 말

"전시에 갤럽 여론조사의 신경질적인 분위기 속에 사는 것보다 더 위험한 건 없다. 여론조사는 언제나 누군가의 맥박을 느끼고 체온을 앗아가기 때문이다."

– 총리 윈스턴 처칠

내게는 여론조사 경험이 꽤 많다. 수행도 해보고 의뢰도 해봤으며, 대부분의 사람들보다 숫자를 두려워하지도 않는다. 그러나 나는 전문 여론조사원도 아니고 뛰어난 통계학자도 아니다. 나는 이 책을 통해 내가 대조하고, 단순화하며, 전체적으로 역사를 끼어넣을 수 있는 사람임을 보여주고 싶었다. 제임스 클리어가 《아주 작은 습관의 힘》의 서문에 쓴 말을 빌려오자면 "내가 여러분에게 제안하려는 것은 똑똑한 사람들이 알아낸 최고의 아이디어들을 통합한 내용들이다...이 책에 등장하는 어쩐지 현명한 부분들은 나보다 앞선 수많은 전문가들 덕이다. 바보 같은 부분이 있다면, 그건 다 내 잘못으로 추측된다."

이 책에 도움을 준 똑똑한 사람들로 말할 것 같으면, 순서대로 여러 번 감사의 말을 올려야겠다. 표본의 수학적 원리를 설명해주면서 내 노력을 확인하고 단순화해준 동생 피터에게 감사드린다.

날날이 파헤치는 여론조사의 모든 것

434

이렇게 훌륭한 스승을 둔 그의 제자들은 참 운도 좋지. 내 연구와 글 쓰기를 도와주고 수많은 내 질문에 답해준 팀 베일, 잭 블루메노, 필립 카울리, 존 커티스, 보비 더피, 머레이 구트, 윌 제닝스, 벤 로더데일, 데런 릴러커, 데미안 리온스 로우, 드보라 매틴슨, 매트 싱, 패트릭, 스터기스, 폴라 서리지, 조 트위먼, 앤 L. 워싱턴 그리고 앤서니 웰스에게 감사드린다. 또한 내 초기 원고에 현명한 피드백을 내어준 짐 윌리엄스에게도 감사한다 _{하지만 짐, 외출할 때는 말이야,}

_{책 원고 인쇄한 걸 들여다보는 대신에 자기가 어디로 가고 있는지를 정말로 봐야한단 말이야.}

미국 국가기록원과 오레곤대학교 도서관의 특별장서 서비스에게 감사드린다. 이들은 정치 여론조사를 규제하려는 피어스의 초기 시도들에 관한 소장본들을 내주었다. 인터넷 아카이브의 소장 목록은 코로나19 락다운으로 인해 전통적인 도서관을 사용하지 못하던 시기에 유명하지 않은 책들로부터 참고자료를 살펴보는 데에 매우 유용했다.

또한 몇 년 간에 걸쳐 내 질문에 답을 해준 그리고 EPOP_{Election, Public Opinion and Parties} 연례회의에서 가끔 열리는 토요일 밤 퀴즈대회에서 한 팀이 되어 함께 우승을 거둘 수 있었던 여러 영국 여론조사전문가들에게도 감사드린다. 이를 뒷받침하는 상업적 경쟁력을 갖춘 직업인으로서, EPOP 전문가들은 언제든 질문에 답하고 정보를 공유할 준비가 되어 있다.

몇 년 전 내게 여름 동안 일자리를 마련해준, 이제는 오랫동안 존재하지 않게 된 전화시장조사기업 그리고 내가 몇 년 동안 함께 일했던 자유민주당 동료들에게 감사인사를 보낸다. 이들은 이 책에서 언급된 적절한 여론조사와 일종의 왜곡된 설문조사 데이터 수집물을 제공해주었다. 그에 앞서 나는 우선 캠던 공공도서관에서 마이크로필름 리더기를 통해 여론조사의 상세한 내역들을 살펴보았다. 직원들의 능수능란함은 이 도서관의 오랜 유산이며, 내가 정말로 감사해하는 부분이다.

리액션 북스 팀은 내 원고를 책으로 탈바꿈해주는 경이로운 일을 해냈다. 내가 승낙하기에 딱 좋은 시기에 이 책을 쓰자는 제안을 해야겠다는 생각을 떠올린 에이미 샐터와 커미셔닝 에디터 데이브 왓킨스에게 특별한 감사를 전한다.

앞서 언급한 모든 도움에도 불구하고 이 책에 여전히 실수나 누락, 기괴한 판단 등이 남아 있다면, 당연히 다 내 탓이다. 여러분 눈에 너무 많이 띄어서 거슬리지 않기를 바랄 뿐이다.

마지막으로, 몇 년 전 내게 "Polling Unpack"이란 말장난식 제목의 아이디어를 준 도미닉 마선에게 감사한다. 나는 내 책이 그의 말장난 수준에 걸맞기를 기대한다.

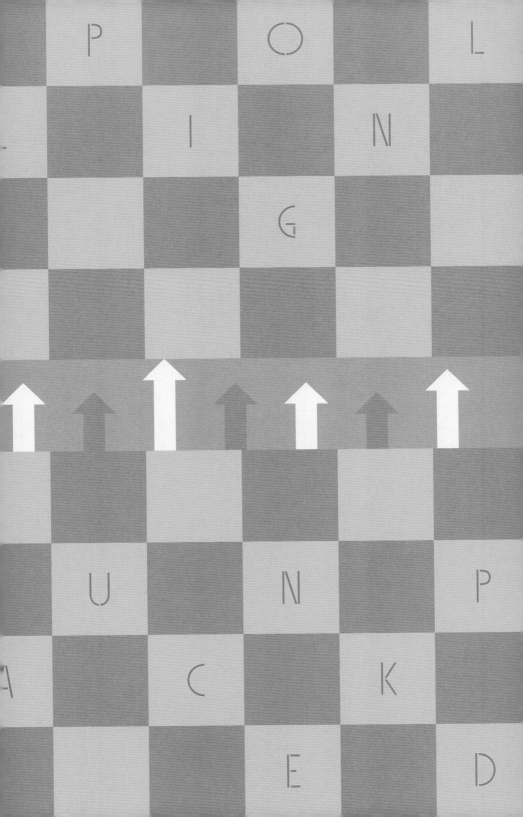

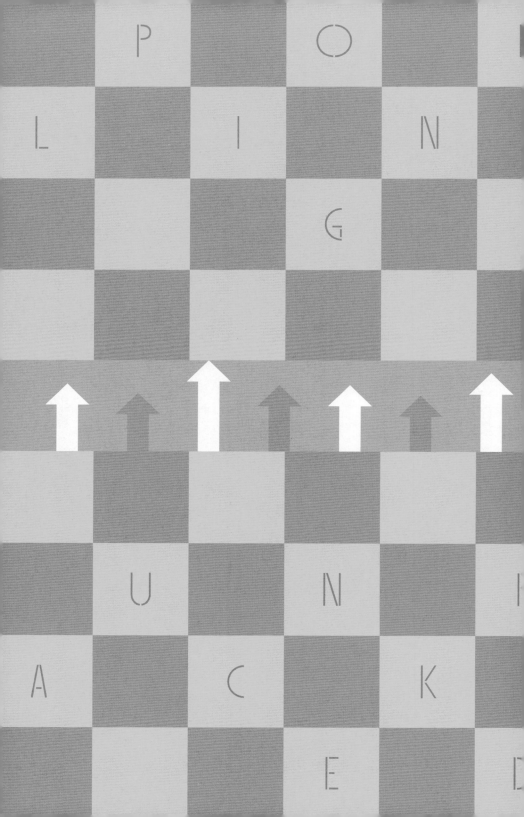